PETRA GERSTER
CHRISTIAN NÜRNBERGER

DIE MEINUNGS MASCHINE

PETRA GERSTER
CHRISTIAN NÜRNBERGER

DIE MEINUNGS MASCHINE

Wie Informationen gemacht werden –
und wem wir noch glauben können

LUDWIG

Sollte diese Publikation Links auf Webseiten Dritter enthalten, so übernehmen wir für deren Inhalte keine Haftung, da wir uns diese nicht zu eigen machen, sondern lediglich auf deren Stand zum Zeitpunkt der Erstveröffentlichung verweisen.

klimaneutral
powered by ClimatePartner°
Druck | ID 12537-1707-1001

MIX
Papier aus verantwortungsvollen Quellen
FSC® C014496
FSC
www.fsc.org

Verlagsgruppe Random House FSC® N001967

Originalausgabe 11/2017

Redaktion: Andrea Kunstmann
Umschlaggestaltung: Eisele Grafik Design, München,
unter Verwendung eines Fotos von:
© Random House/Kay Blaschke
Satz: Leingärtner, Nabburg
Druck und Bindung: GGP Media GmbH, Pößneck
Printed in Germany
ISBN: 978-3-453-28047-2

www.ludwig-verlag.de

INHALT

VORWORT

Vertrauen – die wichtigste Währung der Welt

Lügenpresse? Hört man kaum noch. Es ist still geworden um diese einst so lautstark skandierte Pegida-Kampfparole gegen die Presse, die Eliten, »die da oben«. Wenn hie und da Einzelne noch rufen »Haut die Presse in die Fresse«, interessiert das außer den Rufern und ihrer unmittelbaren Umgebung kaum noch jemanden.

Verläuft also die härteste Medienkritik, die es im Nachkriegsdeutschland je gegeben hat, gerade im Sande? Ist es den Medien etwa in Rekordzeit gelungen, verlorenes Vertrauen zurückzuerobern?

Das wäre schön für die Medien. Nur: So einfach ist es nicht. Der tägliche Blick in die Facebook-Foren lehrt, dass noch immer sehr viele Menschen tatsächlich glauben, Bundeskanzlerin Angela Merkel oder ihr Regierungssprecher Steffen Seibert riefen jeden Morgen bei den öffentlich-rechtlichen Sendern an, um den journalistischen Befehlsempfängern dort die Direktiven für die Berichterstattung des Tages zu übermitteln. Und noch immer sind zahlreiche Bundesbürger davon überzeugt, dass gekaufte Journalisten in der »Mainstream-Presse« ihre Berichte im Sinne ihrer Auftraggeber schreiben. Und wenn sie es nicht gegen Bezahlung tun, dann auf Befehl ihrer

Chefs oder Verleger. Auch zahlreiche Anrufe, Mails und Briefe von Zuschauern, Hörern und Lesern künden von einem fortgesetzten Misstrauen gegen die »Mainstream-Presse«.

Die Lautstärkeminderung der Lügenpressefraktion kann also wohl kaum mit einem Rückgang des Misstrauens erklärt werden. Eher schon mit Ermüdungserscheinungen.

Oder mit Erfolg. Schließlich regiert in den USA ein Präsident, der es gegen den Widerstand fast der gesamten Presse des Landes ins Weiße Haus geschafft hat. Die Wähler Donald Trumps haben den Medienberichten über Trump einfach nicht geglaubt und ihn gewählt. Er lügt wie getwittert, lässt seine Lügen als »alternative Fakten« darstellen und hat Erfolg damit, zumindest bei seinen Wählern. Und die Parole »Haut die Presse in die Fresse« erübrigt sich, seit dieses »auf die Fresse hauen« der Mann im Weißen Haus verbal und symbolisch mit seinen Fäusten[1] höchstselbst besorgt. Wenn das *ZDF* darüber und generell über Trump kritisch berichtet, rufen Zuschauer an oder schicken Mails, in denen sie sich über die einseitige Negativberichterstattung zu Trump beschweren.

Und wenn es nicht Misstrauen ist, dann ist es Gleichgültigkeit oder Desinteresse, was den Medien entgegenschlägt, denn der seit vielen Jahren anhaltende Auflagenverlust zahlreicher Zeitungen und Zeitschriften ist noch immer ungebrochen und führt zu anhaltendem Bedeutungsverlust. Die Vertrauenskrise der Medien ist also noch nicht vorbei.

Die Zahl derer, die Verschwörungstheorien anhängen und wirklich glauben, dass alle Medien von irgendwelchen Mächten im Geheimen gesteuert werden, mag gering sein, aber verunsichert doch auch viele Normalbürger, die sich fragen: Was ist dran am Verdacht gegen die Medien? Wem kann man denn nun noch trauen? Wozu brauchen wir sie noch?

Von der Antwort darauf hängt viel ab für unsere Demokratie und unsere Zukunft. Demokratie ist zwar institutionalisiertes Misstrauen – deshalb gehört zu jeder Demokratie Gewaltenteilung. Legislative, Exekutive und Judikative sollen einander gegenseitig kontrollieren. Und alle drei stehen unter Beobachtung einer freien Presse, die deshalb gerne als »vierte Gewalt« tituliert wird.

Aber mehr noch als vom Misstrauen lebt jede Demokratie vom Grundvertrauen ihrer Bürger. Diese können sich nicht zu jeder Detailfrage eine eigene Meinung und ein sicheres Urteil bilden. Sie sind daher darauf angewiesen, den vielen Experten in der Regierung, im Parlament, in der Justiz, in den Medien, in der Wirtschaft und in der Kultur zu glauben, dass sie wissen, was sie tun, dass deren Tun sachlich gerechtfertigt ist und dem Gemeinwohl dient. Umgekehrt sind all diese Experten darauf angewiesen, dass die Mehrheit der Bürger ihnen vertraut. Erodiert dieses Vertrauen, erodiert die Demokratie.

Eben das passiert gerade. Die wichtigste Währung der Demokratie ist angegriffen: Vertrauen. Der Wert dieser Währung sinkt nicht erst seit gestern, und die Verluste beschränken sich nicht nur auf ein Geschäftsfeld, sondern erstrecken sich über weite Bereiche. Schon lange erodiert in einem Jahrzehnte währenden Prozess das Vertrauen in die Politiker. Später – vor allem während der Finanzkrise, aber auch schon davor – schwand das Vertrauen gegenüber Bankern und Managern. Seit dem Bekanntwerden der Missbrauchsskandale in der katholischen Kirche und den Extravaganzen des Limburger Bischofs Franz-Peter Tebartz-van Elst leidet das Vertrauen zur Kirche. Im Sommer 2017 traf es das Herz der deutschen Wirtschaft: die Automobilindustrie.

Die Folgen des Betrugs bei der Abgasreinigung und die kartellartigen Absprachen unter konkurrierenden Autobauern sind noch nicht abzusehen.

Die Zweifel an der Vertrauenswürdigkeit von Journalisten wurden ab 2014 akut, als die Berichterstattung der sogenannten Mainstream-Medien über den Russland-Ukraine-Konflikt in die Kritik geriet. Die Zweifel verstärkten sich nach der Öffnung der Grenzen für Flüchtlinge. Da wurde den Medien vorgeworfen, die Probleme der »Flüchtlingsinvasion« schönzureden oder ganz zu verschweigen. Und nach der »Kölner Silvesternacht 2015« kannte die Kritik kein Halten mehr. Zwei weitere Ereignisse spielten eine wichtige Rolle bei diesem Vertrauensschwund: die mediale Hetzjagd gegen den Bundespräsidenten Christian Wulff 2011/2012 und die Berichterstattung über den Absturz der Germanwings-Maschine in den südfranzösischen Alpen im März 2015.

Die wichtigste Ursache für das plötzlich erwachende Misstrauen gegen die Medien liegt aber außerhalb ihrer selbst: in den sozialen Medien. Ohne deren Existenz wäre der Vertrauensverlust marginal geblieben. Durch die Tatsache aber, dass sich plötzlich Hunderttausende über die Berichterstattung der Medien zu bestimmten Themen austauschten und diese von Zehntausenden infrage gestellt wurde, gab es plötzlich so etwas wie eine massenhafte Beobachtung der Beobachter. Die anfangs vereinzelt vorgetragene Kritik von Laien an den journalistischen Profis führte durch die Präsenz dieser Kritik in den sozialen Medien und in bestimmten Foren zu einer so noch nicht dagewesenen Gegenöffentlichkeit. Die aber von den professionellen Herstellern der »Mainstream«-Öffentlichkeit zunächst nicht richtig ernstgenommen wurde, weil sie sich keiner Schuld bewusst waren. Der Mehrheit der Journalisten in den seriösen Medien erschien die Unterstellung, dass sie ihre Leser, Hörer, Zuschauer absichtlich täuschen, belügen oder manipulieren oder von irgendwelchen fremden Mächten gekauft sind, so absurd, dass sie sich weigerten, überhaupt darauf einzugehen.

Woraus ihre Kritiker ableiteten, dass sie recht hatten. Daher verstärkten sie ihre Kritik, die Kritik fand Widerhall, und der sich selbst verstärkende Effekt dieses Widerhalls führte dazu, dass Medienbashing sich zu einem neuen Volkssport entwickelte. Immer mehr Menschen ließen sich davon beeinflussen und fragten sich, ob »da was dran ist«. Auch den Medien Wohlgesinnte dachten nun: Wo viel Rauch ist, muss auch irgendwo ein Feuer sein. Was letztlich dazu geführt hat, dass noch mehr Rauch aufstieg, weil die Medien irgendwann nicht mehr daran vorbeikamen und über den Rauch berichten mussten.

Das war eine für sie neue Situation: Die Beobachter des Weltgeschehens sind plötzlich selbst Gegenstand der Beobachtung geworden. Hunderttausende von Amateurbeobachtern beobachten die Beobachter, weisen ihnen regelmäßig tatsächliche oder vermeintliche Fehler nach und tauschen sich darüber in Blogs, über Facebook und Twitter aus. Denen, deren Job es ist, den Mächtigen auf die Finger zu sehen, wird nun selbst auf die Finger gesehen. Es hat sich eine neue Medienkritik etabliert, an der sich ganz normale Bürger zu Hunderttausenden beteiligen. So etwas wie eine »fünfte Gewalt« ist entstanden.

Selbstverständlich mussten die Medien darüber berichten, also sich selbst zum Gegenstand der Berichterstattung machen. Sie sahen sich gezwungen, das Misstrauen zu reflektieren und sich selbstkritisch zu fragen, ob sie sich etwas vorzuwerfen haben, und wenn ja, was. Die nun einsetzende Dauerberichterstattung und Dauerreflexion über den eigenen Glaubwürdigkeitsverlust samt zugehöriger Selbstanklagen und eingestandener Fehler hat dann vermutlich mehr als alles andere zur Verunsicherung der Medienkonsumenten beigetragen.

Also eine paradoxe Ironie: Das sich in den neuen sozialen Medien selbst verstärkende Misstrauen gegenüber den alten Medien zwang diese, darüber zu berichten, wodurch der Effekt noch einmal verstärkt wurde. Die Geschichte vom Misstrauen erreichte nun auch den »analogen Rest« der Bevölkerung, der noch Twitter- und Facebook-abstinent lebt, und dieser Rest dachte nun auch: Wenn die schon darüber berichten, dann muss ja wohl was dran sein.

Damit soll die heftigste Medienkritik, die es je in Deutschland gegeben hat, keineswegs als reines Medienkonstrukt abgetan werden. Eine gewisse Erosion des Vertrauens war zuerst da, danach kam die Berichterstattung darüber und hat zu weiterer Erosion beigetragen, die aber möglicherweise noch stärker zugenommen hätte, wenn das Problem beschwiegen worden wäre.

Irgendetwas muss also passiert sein. Aber was? Warum erodiert so plötzlich das Vertrauen in die Glaubwürdigkeit der Medien? Und wem kann man denn nun noch trauen?

Diesen Fragen wollen wir hier nachgehen. Wir schreiben das Buch für die Verunsicherten, die Fragen und Zweifel haben, aber noch empfänglich sind für Argumente und noch willens, selber zu denken. Und wir schreiben dieses Buch gern, denn es ist höchst erfreulich, für die Medien nützlich und die Demokratie gut, wenn Zuschauer, Hörer und Leser in so großer Zahl und so eindringlich nach der Wahrheit der Medien fragen.

Von der Antwort darauf hängt viel ab. Nicht erst seit heute.

Hinweis: Wir haben aus Gründen der Lesbarkeit darauf verzichtet, das Binnen-I (JournalistInnen) zu benutzen oder grundsätzlich die männliche und weibliche Form parallel zu nennen (Journalistinnen und Journalisten). Es ist uns aber wichtig, darauf hinzuweisen, dass wir immer Frauen und Männer meinen, wenn wir von Politikern, Korrespondenten, Redakteuren etc. sprechen.

Erster Teil

DIE SOGENANNTE INFORMATIONS-GESELLSCHAFT

EINS

Die Medien sind unser Schicksal

Was seit der Erfindung des Buchdrucks gedruckt und seit Erfindung des Rundfunks gesendet wurde, hat das Schicksal aller nachfolgenden Generationen, Völker, Nationen beeinflusst, gestaltet, verunstaltet. Daher sind Medienprodukte keine gewöhnliche Ware wie Schrauben, Autos oder Versicherungen, sondern ein bewusstseinsverändernder Stoff. Dieser Stoff dringt ein in Gehirne, dient ihnen als Futter und verändert sie. Die Änderungen wirken sich unmittelbar aus auf das weitere Schicksal von Einzelnen, Gruppen, ganzen Völkern und Nationen.

Wenn dieser Stoff verdorben oder vergiftet ist, dann kann er jene »-ismen« und Phobien produzieren, die in der Vergangenheit ganze Völker ins Elend gestürzt haben: Nationalismus, Rassismus, Militarismus, Faschismus, Stalinismus. Der Stoff kann kollektive Ängste und Neurosen hervorrufen, Homophobie, Islamophobie und Xenophobie. Er kann Frauenverachtung, Neid, Hass und Missgunst erzeugen, und er kann ganze Völker, Nationen und Gläubige so gegeneinander aufbringen, dass sie sich gegenseitig umbringen.

Ist der Stoff aber gut, dann kann er demokratisierend wirken und Menschen dazu bringen, friedlich miteinander zu leben und zu arbeiten zum Wohle aller. Jedem Einzelnen kann er helfen, sich in einer zunehmend komplexer werdenden Welt zurechtzufinden. Guter Stoff ist Kompass,

Wegweiser und Trashfilter zugleich. Das Unwichtige rückt nach hinten oder bleibt ganz draußen, das Wichtige steht vorn. Guter Stoff liefert dem mündigen Bürger das Wissen, das er braucht, um sich selbst ein eigenständiges Urteil zu bilden.

Was einer im Lauf seines Lebens sieht, hört, liest, wirkt sich aus auf seine Entscheidungen als Wähler bei Bundestags-, Landtags- und Kommunalwahlen. Wie in seinem Kopf eine Meinung entsteht über Putin, Trump, Russland, Amerika, die Globalisierung, die Marktwirtschaft, Religionen, den Umgang mit Flüchtlingen, Minderheiten, Benachteiligten und Privilegierten, hängt von dem Stoff ab, der ihm über die Medien ins Haus geliefert wird.

Ob einer Zukunftsangst hat, in ständiger Furcht vor Mördern, Einbrechern und Dieben lebt oder angstfrei, fröhlich und optimistisch in die Zukunft blickt, kann mehr mit der Art seines Medienkonsums zusammenhängen als mit der tatsächlichen Lage, in der er und sein Land sich befinden. Wer sich hauptsächlich aus Medien informiert, die bevorzugt über kriminelle Delikte von Flüchtlingen und deren Verbrechen an Einheimischen berichten, wird schon nach kurzer Zeit ein komplett anderes Bild von der Realität haben als einer, der sich hauptsächlich aus Medien informiert, die auch über Angriffe von Einheimischen auf Migranten, Flüchtlinge und Flüchtlingsheime berichten.

Guter Stoff führt zu Bildung, Aufklärung, Kritik, Humanismus und wissenschaftlichem und gesellschaftlichem Fortschritt. Er stärkt und erhält den Rechts- und Sozialstaat, die Demokratie und die Meinungsfreiheit.

Und darum ist es tatsächlich eine lebenswichtige, ja schicksalsträchtige Frage, wie gut und verlässlich der Stoff ist, den die Medien produzieren. Schon Kinderhirne und Kinderseelen werden mit Bilderbüchern, Hörbüchern, Computerspielen, Songs, Videos und Fernsehsendungen gefüttert, von denen nicht immer sicher ist, ob sie der weiteren Entwicklung des jungen Menschen dienlich sind. Die Nahrung für den Leib unterliegt bei uns strengsten Vorschriften, wird penibel überwacht, und wenn diese Kontrollen einmal versagen und Spuren von Dioxin im Ei, Nitrat im Wasser und Pferd in der Rinderlasagne gefunden werden, ist der Teufel los. Die zahlreichen Lebensmittel- und Tierfutterskandale rufen jedenfalls exorbitant mehr allgemeine Empörung hervor als die Medienskandale, die es auch schon vor Erfindung der »Lügenpresse«-These gegeben hat.

Medien wirken mit an der Persönlichkeitsentwicklung und Charakterbildung jedes Einzelnen. Was aus einem Kind wird, hängt in hohem Maß davon ab, mit welchen Medien es von Eltern, Lehrern, Erziehern gefüttert wird. Und was diese Erwachsenen an Medien auswählen, welche Dosis sie verabreichen, ob und wie sie den Medienkonsum ihres Kindes kontrollieren, und ob und wie sie das Kind anleiten, von Medien einen kritischen Gebrauch zu machen, das ist selbst wieder ein Produkt jener Medien, deren sich die Erwachsenen im Lauf ihres Lebens bedient haben.

Medien helfen jedem Einzelnen, sich in einer immer komplexer werdenden Welt zu orientieren. Der Angestellte, der am Ende seines Berufslebens eine stattliche Summe von seiner Lebensversicherung ausbezahlt bekommt, steht vor der Frage: Wie anlegen? Immobilien? Aktien? Gold? Und ist dabei auf Medien angewiesen, die vor der US-Präsidentenwahl geschrieben hatten, wenn es Donald Trump wird, werden die Aktien in den Keller rauschen. Das Gegenteil passierte. Der Dow-Jones-Index erklomm ein neues historisches Hoch.[2] Die nachgeschobene Erklärung lautete: »Selbst wenn ein Clown im Weißen Haus sitzt, ist er ein Clown, der deine Steuern senken wird.«[3]

Wie viel Verlass ist also noch auf Medien, die heute dies und morgen das Gegenteil behaupten? Ist Berichten zu trauen, die nachweisen, dass »bio« wirklich besser und gesünder ist als »nicht-bio«? Ist Homöopathie Humbug oder eine ernstzunehmende Alternative zur Schulmedizin? Stimmt es wirklich, dass die Armen immer ärmer und die Reichen immer reicher werden? Welches Auto soll ich mir zulegen, welches Smartphone? Kann ich es verantworten, meine Tochter in Beirut studieren zu lassen? Und was ist, wenn der Clown im Weißen Haus ein Horrorclown ist, der zwar die Steuern senkt, dafür aber auch Schulden macht, Chaos verursacht, den Wohlstand und den Frieden gefährdet, Angst und Schrecken verbreitet? Kurzfristig mag es an der Börse aufwärtsgehen, aber auch mittel- und längerfristig?

Was immer wir entscheiden müssen: In den meisten Fällen sind wir auf Informationen aus den Medien angewiesen. Sie sind geistige Lebensmittel, deren Sauberkeit mindestens so wichtig ist wie die Nahrungsmittelsicherheit.

76 547 neue Buchtitel haben deutsche Buchverlage 2015 in den Markt geworfen.[4] 324 Tageszeitungen verkauften im Jahr 2016 täglich 15,3 Millionen Exemplare.[5] 450 Zeitschriftenverlage mit 9 000 Journalisten produzieren rund 6 000 Magazine, deren Inhalten übrigens rund 85 Prozent aller Menschen vertrauen.[6] Jeder Deutsche hört im Durchschnitt täglich rund drei Stunden Radioprogramm, das von über 400 Sendern[7] ausgestrahlt wird. Durchschnittlich 74 TV-Sender kann ein bundesdeutscher Haushalt empfangen. Das Fernsehen erreicht rund 80 Prozent aller Deutschen, das Radio 65 Prozent, das Internet 63 Prozent. Eine Zeitung lesen knapp 44 Prozent aller Deutschen, Bücher 27 Prozent. Mehr als 220 Minuten pro Tag verbringt der Durchschnittsdeutsche vor dem Fernsehgerät, eine andere Studie spricht gar von 270 Minuten, und diese Differenz beweist schon,

dass jede dieser Zahlen mit Vorsicht zu genießen ist. Ergebnisse von Umfragen hängen davon ab, wer wann wen wie fragt und wie viele Personen überhaupt gefragt wurden. Und dann kommt es außerdem auch noch darauf an, wie gut der Journalist das statistische Material, das er für sein Publikum aufbereitet, dieses gedanklich durchdrungen hat und wie gut er mit Zahlen und Statistiken umzugehen versteht.

Alle Zahlen zusammen bestätigen aber: Der Verbrauch an Hirnveränderungsstoff in Deutschland ist hoch, und darum ist die Frage nach dessen Qualität, Nützlichkeit und Bekömmlichkeit essenziell.

Müsste dann nicht längst die Lebensmittelpolizei einschreiten bei Facebook und Twitter, zwei Medien, die täglich eine Überdosis Gift aus Lügen, Gerüchten, Verschwörungstheorien, Aberglauben und Fake News verspritzen? Wenn Facebook vorgibt, seine Nutzer von diesem Giftmüll nicht verschonen zu können, muss dann vielleicht doch am Ende der Staat eingreifen, weil er nicht zulassen kann, dass Demokratie an Desinformation zugrunde geht? So, wie er die Pflicht hat, seine Bürger vor Umweltgiften zu schützen, sollte er doch auch die Pflicht haben, seine Bürger vor Hirnvergiftung zu schützen.

Aber wenn er es täte, würde er damit nicht die Pressefreiheit verletzen? Geriete er nicht in Gefahr, in der guten Absicht, die Bürger zu schützen, sich zu einem Zensor zu entwickeln? Sollte man das Problem also weiterhin von jener Kraft lösen lassen, der man bisher vertraut hatte: dem Markt? Aber was ist, wenn sich auf diesem Markt gigantische Weltkonzerne wie Amazon, Apple, Facebook und Google als Monopolisten etablieren und mit demokratisch gewählten Regierungen Katz und Maus spielen?

Das sind schwierige Fragen. Wir werden versuchen, in diesem Buch Antworten zu skizzieren.

ZWEI

Informationsgesellschaft oder Desinformationsgesellschaft?

Vieles, was als »Information« daherkommt, ist Werbung, PR, Propaganda, Irrelevantes, das sich als wichtig und bedeutsam aufplustert. Den Umgang damit haben die meisten von uns gelernt. Des Lesens und Schreibens Kundige waren bisher in der Lage, Werbung, PR und Propaganda von Information zu unterscheiden.

Aber das ändert sich gerade, denn wir befinden uns mitten in einer grundlegend neuen Entwicklung: der Digitalisierung der Welt. Und diese bedeutet den Austritt unserer Zivilisation aus der »Gutenberg-Galaxis« (Marshall McLuhan), einer Epoche, die vom Buch als Leitmedium geprägt war. Ihr Beginn fällt zusammen mit jener Kulturrevolution, die als »Reformation« bezeichnet wird, im Jahr 2017 ihr 500-jähriges Jubiläum hatte und ohne Gutenbergs epochemachende Erfindung des Buchdrucks gar nicht möglich gewesen wäre.

Just zum Zeitpunkt der Reformationsfeierlichkeiten verlassen wir diese Galaxis und treten ein in etwas Neues, für das wir noch keinen richtigen Namen haben und von dem wir nicht wissen, wohin es die Welt in den nächsten 500 Jahren führen wird. Wir wissen nur: Das, was wir derzeit noch mit dem unzureichenden technischen Begriff der »Digitalisierung« bezeichnen, bedeutet nicht nur eine weitere technische Änderung in einigen Betriebsabläufen der Welt, sondern deren komplettes Ende und den Beginn neuer Abläufe.

Daher spricht man auch von Disruption, was so viel heißt wie: Auf vielen Gebieten ändern sich die Dinge sehr schnell und sehr grundsätzlich, etwas reißt ab, evolutionäre Entwicklungen kommen an ihr Ende, und etwas grundsätzlich Neues beginnt, das sich nun auch evolutionär weiter entwickeln wird, aber mit dem Bisherigen nur noch lose oder gar nicht mehr verbunden ist. Beschrieben hat diese Veränderung Marshall McLuhan schon im Jahr 1962. Umschrieben worden ist sie auch mit Begriffen wie »Siliziumzeit« – nach Stein-, Bronze- und Eisenzeit. Oder »Wissensgesellschaft« und »Informationsgesellschaft« – weil Wirtschaft und Gesellschaft nicht mehr von Material-, sondern von Wissens- und Informationsverarbeitung angetrieben werden. Zu den bisherigen drei Grundgrößen Raum, Zeit und Materie kommt jetzt als vierte die Information hinzu.

Sie ist es, die mit ihren gewaltigen Datenmengen, die täglich neu produziert, registriert und ausgewertet werden, bestehende Wirtschaftszweige umkrempeln und ganz neue Produkte und Dienstleistungen entstehen lassen wird. Das wird die Welt von Grund auf verändern. Begonnen hat diese Entwicklung mit der Erfindung des Internets Mitte der 1990er-Jahre. Aber erst jetzt beginnt sie sich auf alle Bereiche der Politik, der Wirtschaft, des Militärs, der Gesellschaft, der Wissenschaft und der Kultur auszuwirken – spürbar für jeden Einzelnen bis hinein in sein privates Leben und Verhalten.

Plötzlich, fast über Nacht, entstehen neue Unternehmen, die den alten, angestammten das Leben schwer machen, und zwar weltweit. Uber konkurriert mit dem alten Taxigewerbe, Airbnb erschwert den Hotels das Geschäft, Amazon bedrängt Buchhändler und Einzelhändler. Banken und Versicherungen fühlen sich von sogenannten FinTechs bedrängt, jungen Software-Schmieden, die daran arbeiten, das alte Bank- und Versicherungsgeschäft fast komplett von Algorithmen erledigen zu lassen. Selbstfahrende Autos und ferngesteuerte Drohnen werden die Autoindustrie, den Verkehr und die Logistik radikal verändern, zahlreiche Arbeitsplätze zerstören und neue schaffen.

Und mittendrin das gedruckte und gesendete Wort und Bild. Die Drucker und Schriftsetzer waren die Ersten, die vom Strudel des Neuen erfasst wurden. Ihre Berufe gibt es nicht mehr. Danach erfasste der Strudel die Musik- und Filmindustrie. Deren Geschäftsmodell, Filme, Musik, Hörspiele auf materiellen Tonträgern wie Schallplatten, Tonbändern, CDs zu verkaufen, funktioniert nicht mehr. Die ganze Industrie geriet in eine Krise, in der sie noch immer steckt und neue Überlebensmodelle erprobt.

Seit ungefähr der Jahrtausendwende werden auch Buch-, Zeitungs- und Zeitschriftenverlage von der Digitalisierungswelle gebeutelt. Werbeerlöse sind dramatisch eingebrochen, und die Zahl der Abonnenten ist drastisch gesunken. Neue Player wie Google und Facebook haben sich fast des gesamten Werbekuchens bemächtigt, der früher die privaten Zeitungen, Zeitschriften und Rundfunksender finanzierte. Verlage suchen nun nach einer Antwort, wie sie Journalismus noch bezahlen und dessen Qualität sichern können, und haben begonnen, unterschiedlichste Wege zu erproben.

Dazu kamen drei weitere einschneidende Änderungen: der Rückkanal, die Cloud und die sogenannten sozialen Medien wie Facebook, Twitter, Instagram, Snapchat und dergleichen.

Früher, in der analogen Welt, gab es nur einen Kanal von wenigen Sendern zu vielen Empfängern. Die Zeitung, das Radio, das Fernsehen teilte dem Publikum mit, was die Journalisten für mitteilenswert hielten. Der einzelne Empfänger konnte das zur Kenntnis nehmen, und wenn er sich über einen Bericht oder Kommentar ärgerte oder ihn für fehlerhaft hielt, musste er sich hinsetzen und einen Leserbrief tippen, eintüten, frankieren und zum nächsten Briefkasten bringen. Wurde der Brief von der Redaktion für würdig befunden, gedruckt zu werden, konnte der Leser ein paar Tage später eine stark gekürzte Fassung seines Briefs in der Zeitung lesen. Die anderen Leserbriefschreiber bekamen eine kurze Antwort des Redakteurs und fertig. Die Umständlichkeit dieses Verfahrens und die langen Kommunikationswege bremsten den Willen der Empfänger, mit dem Sender in Kontakt zu treten – eine angenehme Situation für die Sender, eine unbefriedigende für die Empfänger.

Damit ist es vorbei, seit es das Internet und damit einen Rückkanal vom Empfänger zum Sender gibt. Auf diesem Kanal konnte man zunächst nur per Mail Stellung nehmen zu einem Artikel oder einer Sendung, aber schon das war eine Erleichterung, weil es per Mail schneller und einfacher ging. Seit aber die Sender den Empfängern die Möglichkeit eröffneten, direkt und sofort mit eigenen Kommentaren auf einen Artikel oder eine Sendung zu reagieren, und alle anderen diese Kommentare mitlesen und ebenfalls darauf reagieren können, ist das Verhältnis zwischen Sender und Empfänger grundlegend anders.

Früher saß der Redakteur fast unangreifbar auf hohem Ross. Durch die Existenz des Rückkanals wurde er gezwungen, von seinem Ross herabzusteigen und sich auf Augenhöhe zu begeben mit Lesern, Hörern, Zuschauern. Der Leitartikler oder Star-Kolumnist kann jetzt für alle sichtbar unflätig beschimpft oder sachlich und fachkundig korrigiert werden. Und er muss zur Kenntnis nehmen, dass andere gelegentlich auf dem gleichen Niveau ebenso fundierte Gegenleitartikel und Gegenkolumnen zu schreiben imstande sind wie er. Außerdem erhält jeder Chefredakteur genaue Angaben darüber, wie oft ein Artikel gelesen und über die sozialen Medien weiterverbreitet wurde, und so mancher Redakteur lernt staunend, dass die »Netzgemeinde« ganz andere Artikel für interessant und wichtig hält als die Redaktion.

Auch die sogenannte Cloud, jene »Wolke«, die in Wahrheit aus Millionen von Speichermedien in fest auf der Erde ruhenden Gebäuden besteht, hat den einzelnen Empfänger gegenüber seinem Sender gestärkt. Hat früher der eigentliche Feierabend in der Familie damit begonnen, dass diese sich um 19.00 Uhr vor *heute* oder um 20.00 Uhr vor der *Tagesschau* versammelte, so bestimmt nun jeder Einzelne selbst, wann er sich die Nachrichten ansieht, die in der Cloud gespeichert sind und jederzeit von jedem Ort der Welt aus abgerufen werden können. Auch die Versammlung der Familie am Samstagabend vor der großen TV-Unterhaltungsshow gibt es nicht mehr. Zu weit haben sich die Interessen der individualistischen Familienmitglieder auseinanderentwickelt, als dass es noch möglich wäre, diese zur selben Zeit am selben Ort fürs selbe Programm zu interessieren. Jeder ist heute sein eigener Programmdirektor und entscheidet selbst, wann er was guckt, hört oder liest, und ob er dies auf Papier, mit dem iPad, Smartphone, Computer oder dem guten alten TV-Gerät tut, das bald ebenso aus der Welt verschwinden wird, wie schon Plattenspieler, Tonbandgerät, CD-Player und Radiogerät verschwunden sind.

Was bleiben wird, ist die immer flacher werdende Scheibe in der Hand, die einst ein mobiles Telefon war, Handy genannt wurde und sich inzwischen unter der Bezeichnung Smartphone zu einer Art Zauberstab weiterentwickelt hat. In ihm stecken all die Geräte von früher und noch mehr: das Telefon und der elektronische Briefkasten, das Navi und die

Bank, die Zeitung und das Fernsehen, die amerikanische TV-Serie und die Blockbuster von Amazon, Apple, Netflix oder der Telekom, Videos und Musik von Youtube oder Spotify, neue Apps und deren Updates, Bücher und Hörbücher. Mit dieser Scheibe in der Hand bezahlt man seine Einkäufe, bucht Reisen und kommuniziert mit der Familie, den Freunden und dem Arbeitgeber.

Die vielleicht einschneidendste Änderung sind die sozialen Medien, die den Unterschied zwischen Sender und Empfänger vollends egalisieren und in Konkurrenz treten zu den etablierten Medien. Jeder kann heute Sender und Empfänger zugleich sein. Jeder kann Empfehlungen, Meinungen, Berichte, Reportagen, Fotos, Videos »ins Netz stellen« und sie für jeden anderen auf dieser Welt zum Lesen, Hören, Sehen, Teilen und Kommentieren verfügbar machen. Jeder kann ein Buch rezensieren, das er gelesen hat, Film-, Theater- und Konzertkritiken veröffentlichen, eine Hotel- oder Restaurantkritik schreiben. Jeder kann über seine Erfahrungen mit Händlern, Dienstleistungen, gekauften Produkten berichten. Jeder kann Verleger, Kritiker, Leitartikler, Reporter sein. Künstler, Sänger, Bands, Autoren können an den etablierten Industrien vorbei Geld verdienen, berühmt werden oder einfach nur ihr Ding machen, ohne dass ihnen Dutzende Besserwisser dreinreden.

Alles zusammen verändert die gesamte Medienproduktion und zugleich die Art, wie wir uns informieren und wie wir miteinander kommunizieren, von Grund auf und stellt uns vor die Frage, wie seriöser Qualitätsjournalismus weiterhin garantiert werden kann, wenn sein bisheriges Finanzierungsmodell nicht mehr funktioniert. Und vor die noch grundlegendere Frage: Wie kann unter den neuen Bedingungen der Hirnfutterproduktion deren Sauberkeit, Zuverlässigkeit und Qualität gewährleistet werden?

Facebook und Twitter sind heute voll von Fake Accounts, Fake News, Meinungsrobotern, Propagandaschleudern, Hoaxes und Trollen. Das meiste dessen, was im Netz veröffentlicht wird, ist leeres Stroh und Geschwätz, produziert von Pseudokritikern, Pseudojournalisten, Amateurautoren und der Sprache nicht mächtigen Trägern von »Geheimwissen«, die mit profunder Ignoranz, Unprofessionalität und trüben Quellen mehr Verwirrung als Aufklärung produzieren. Dazu kommt dann noch ein wachsender Ausstoß an Werbung, PR, Propaganda und Betrug. Es lässt sich derzeit kaum ermitteln, was größer ist: die Summe an kursierender Information oder die Summe an kursierender Desinformation. Und selbst wenn sich belegen ließe, dass die Summe an Information die Summe an Desinformation übertrifft, könnte es sein, dass der Desinformation mehr Aufmerksamkeit geschenkt und eher geglaubt wird und vor allem jene sozial Benachteiligten darauf hereinfallen, die gute seriöse Information besonders nötig hätten.

Was also sind wir? Eine Informationsgesellschaft oder eine Desinformationsgesellschaft? Eine Wissensgesellschaft oder ein Konglomerat von Verschwörungsgemeinschaften? Das Fragen danach fängt gerade erst an, der Umgang mit dem Neuen muss erst noch erlernt werden, und die Frage, wem man denn inmitten dieses Informationschaos noch trauen kann, bekommt eine geradezu existenzielle Bedeutung für das Leben jedes Einzelnen wie für die Entwicklung ganzer Gesellschaften, Nationen und der Demokratie.

Daher ist es tatsächlich gerade jetzt, inmitten dieses revolutionären Umbruchs, überlebensnotwendig zu fragen, wie gut denn die alten und neuen Medien informieren. Woher sollen Leser, Hörer, Zuschauer die Gewissheit nehmen, dass sie von den Medien nicht getäuscht und nicht belogen werden? Woher soll man wissen, ob die Menschen, die in den

Medien arbeiten, nicht von irgendwelchen Mächten dafür bezahlt, gezwungen oder zumindest gegängelt werden? Wie ist auszuschließen, dass Journalisten nicht einfach nur dazu benutzt werden, etwas zu verkaufen, mit billiger Unterhaltung vom Wichtigen abzulenken oder die Massen zu manipulieren?

Selbst wenn sie sich ehrlich mühen, als Beobachter des Weltgeschehens so wahrhaftig und objektiv wie möglich ein getreues Abbild dessen zu liefern, was sie sehen und hören – wie kann man ausschließen, dass diese Beobachter nicht schwerhörig, kurzsichtig, weitsichtig, farbenblind sind? Oder schlecht platziert? Oder sie werden am Beobachten gehindert oder blicken aus Gewohnheit immer in dieselbe Richtung. Was lässt uns glauben, dass das, was die Medien berichten, im Großen und Ganzen schon stimmen wird? Wann kann man sich nach den Nachrichten richten? Und wann sollte man das eher nicht tun? Lässt sich lernen, welchen Nachrichten und Medien man in welchem Maß trauen kann und welchen eher nicht?

Wir behaupten: Ja. Das kann man lernen, indem man lernt, wie die Medien funktionieren, welchen Mechanismen sie gehorchen und welchen Zwängen sie unterliegen. Wer das lernt, entwickelt ein kritisches Bewusstsein dafür, welche Quelle seriös ist und welche eher nicht. Wer weiß, wie die Medien funktionieren, kann besser nachvollziehen, wie eine Meinung im Kopf entsteht und worauf dieser Kopf achten muss, um sich unabhängig und frei ein eigenes kritisches Urteil bilden zu können. Das ist der Zweck dieses Buches.

Wir werden daher die Gesamtheit der Medien als eine Maschine beschreiben und zeigen, nach welchen Regeln sie funktioniert. Wir werden sagen, wem sie gehört, was sie antreibt, wer sie bedient, was das für Menschen sind, von welchen Interessen sie sich leiten lassen, wo ihre Macht aufhört und ihre Ohnmacht beginnt. Wir beschreiben aus eigenem Erleben und mithilfe der Aussagen und Erfahrungen von Kollegen, wo, wann und unter welchen Bedingungen diese Maschine verlässlich arbeitet und wie sie ins Schlingern kommt. Wir schildern die Qualitätskontrollen, die Fehlerquellen und die Fehlerkorrekturen, aber auch die Zwänge, denen alle Bediener der Maschine unterworfen, die Versuchungen, denen sie ausgesetzt, und die unlösbaren Probleme, mit denen sie konfrontiert sind. Und wir benennen die wahrheitsfördernden Mechanismen, auf die man sich als Medienkonsument auch dann verlassen kann, wenn man uns und den Produkten dieser Maschine, ihren Besitzern und Bedienern zutiefst misstraut.

Wir werden begründen, warum eine nicht zu beseitigende Kluft besteht zwischen der wirklichen Welt da draußen und dem medial konstruierten Abbild von dieser Welt. Wir wollen versuchen, die Frage, wem man warum trauen kann, nach bestem Wissen und Gewissen so zu beantworten, dass die Antworten auch dann noch überzeugen, wenn man uns, den beiden Autoren, keinen Meter über den Weg traute. Wir hoffen natürlich, dass es uns gelingt, das Vertrauen unserer Leser zu gewinnen, bemühen uns aber zuvörderst, die Tatsachen selbst so sprechen zu lassen, dass die Leser daraus für sich die richtigen Schlüsse ziehen können.

Wir wollen den Dschungel lichten, gangbare Wege in ihn hauen und Wegweiser errichten für all jene, die für Tatsachen und Argumente noch empfänglich sind, wissend, dass wir die anderen nicht mehr erreichen werden, die den Medien und überhaupt allen »denen da oben« das Vertrauen entzogen haben, um sie zu bestrafen. Wer sich entschlossen hat, »die da oben« zu bestrafen, will davon durch Argumente nicht mehr abgebracht werden. Daher sind auch nicht die Scharfrichter unsere Zielgruppe, sondern die Fragenden, denen Tatsachen, Fakten, Logik, Argumente und Vernunft noch etwas bedeuten.

Wohin die neue Daten-Galaxis treiben wird, ob das Leben in ihr lebenswerter, besser, sicherer, freier sein wird als in der Gutenberg-Galaxis, oder schlechter, unfreier, gefährlicher, wird in erheblichem Maße davon abhängen, wie wahrhaftig, umfassend und gut die Menschen auf diesem Globus informiert werden und ob sie gebildet genug sein werden, um von sich aus nach Wahrheit, Information und unabhängigem Qualitätsjournalismus zu verlangen.

Darum irrt, wer denkt, das Schicksal der Medien und der Medienschaffenden könne ihm gleichgültig sein. Das Schicksal der Demokratie und das Schicksal jedes Einzelnen hängt direkt vom Schicksal der Medien ab.

DREI

Misstrauensvotum

»Donald Trump wird zwar niemals amerikanischer Präsident, aber er leistet wertvolle therapeutische Dienste in einem zutiefst neurotischen Land«, schrieb ungefähr ein Jahr vor der US-Präsidentenwahl Markus Günther in der *FAS* (02.08.2015). Diesem Satz ließ Günther eine sehr genaue Personenbeschreibung des heutigen Präsidenten folgen, die mit sehr einleuchtenden Begründungen, warum Trump die Wahl nicht gewinnen könne, endete: »Trump hat weder in der eigenen Partei noch in der amerikanischen Öffentlichkeit eine halbwegs relevante Unterstützung. (…) Welcher Kandidat wird am meisten gehasst? Donald Trump. Und welcher Kandidat liegt in den wichtigen Vorwahlstaaten am weitesten zurück? Donald Trump. Gegen welchen Republikaner würde Hillary Clinton mit dem größten Vorsprung gewinnen? Donald Trump. Seine Kandidatur ist ein Skandal und eine Gaudi, eine Art Wirtshausschlägerei im Politikbetrieb. Aber sie wird bedeutungslos bleiben.«

Dann wurde Donald Trump zum Präsidenten der Vereinigten Staaten gewählt.

Was David Letterman und andere Komiker regelmäßig aus ihrer Witzkiste gezogen hatten, wenn sie einen sicheren Lacher brauchten – Trump wird Präsident –, war plötzlich Realität. Auch die Macher der Zeichentrickserie *Die Simpsons* waren schon vor vielen Jahren auf die Idee gekommen, mal durchzuspielen, was passierte, wenn Trump Präsident würde. Es endete mit dem Staatsbankrott.

Immerhin hatte sich der *FAS*-Journalist mehr als ein ganzes Jahr *vor* der Wahl geirrt. Fast alle anderen Experten hatten noch bis kurz vor Schließung des letzten Wahllokals Hillary Clinton vorn gesehen. In Deutschland ging man also zu Bett mit dem Gedanken: Es wird wohl auf Clinton hinauslaufen. Aufgewacht ist man mit jenem Donald Trump, der sich schon mal darüber freute, dass man als Promi mit Frauen machen kann, was man will, sie zum Beispiel auch einfach »an der Pussy« packen.

Und so eröffnete Seth Meyers seine Late-Night-Show am Abend nach der Wahl mit den Worten: »So, das war jetzt ein echter Griff an die Pussy. Wir haben 18 Monate lang über Trump geredet, und ich lag jedes Mal falsch. Ich habe gesagt, er würde nie kandidieren, niemals die Kandidatur der Republikaner gewinnen und definitiv niemals Präsident werden. Die gute Nachricht: Basierend auf meinen Vorhersagen könnte es sein, dass er ein verdammt guter Präsident wird. Lasst uns einfach hoffen.«

Das selbstironische Eingeständnis seines Irrtums dürfte Meyers nicht sonderlich schwer gefallen sein, befand er sich doch in bester Gesellschaft fast aller Experten, Demoskopen und Journalisten. »Trump hatte nicht nur Hillary Clinton besiegt, sondern praktisch alle Meinungsforscher. Elf von zwölf Instituten hatten die Demokratin in ihren letzten Prognosen vorne gesehen, die meisten mit drei oder vier Punkten, einige mit fünf oder sechs.«[8] Und so gut wie alle Medien beteten kritiklos nach, was die Umfrageexperten sicher zu wissen glaubten.

Als dann der Fall eingetreten war, von dem bis zur letzten Minute behauptet wurde, er werde niemals eintreten, konnten dieselben Experten in der nächsten Minute genau erklären, warum dieser Fall zwangsläufig eintreten musste, was Hillary Clinton alles falsch gemacht hatte und warum die Wähler der prüden, politisch korrekten Vereinigten Staaten von Amerika sich mehrheitlich, wenn auch knapp, für einen Mann entschieden hatten, der seinen Wahlkampf mit rassistischen, sexistischen, islamophoben Sprüchen, Lügen, Selbstwidersprüchen, Beleidigungen und üblen Beschimpfungen bestritten hatte.[9]

Und die Welt hatte ein Déjà-vu-Erlebnis: War nicht erst ein paar Monate zuvor die Abstimmung über den Brexit ebenfalls ganz anders ausgegangen als von den meinungsführenden Eliten vorhergesagt? Und sind wir hinterher nicht ebenfalls mit Erklärungen überschwemmt worden für das Abstimmungsverhalten der Briten?

Der Brexit und die Trump-Wahl waren weiteres Wasser auf die Mühlen derer, die sich schon seit einiger Zeit sehr sicher sind, dass sie von »denen da oben« – Politik, Wirtschaft, Wissenschaft und Medien werden da gerne in einen Topf geworfen – immer nur belogen und betrogen werden.

Spätestens nach dieser US-Präsidentenwahl konnten sechs deutsche Journalisten eine »noble Aufgabe« abhaken, die sie sich ein paar Jahrzehnte zuvor selbst gestellt hatten. Im Jahr 1984 hatten diese sechs – fünf Journalistenschüler und ihr Lehrer Wolf Schneider – forsch in ein Buch hineingeschrieben: »70 Prozent der Bundesbürger trauen dem, was sie im Rundfunk hören! Das sollten wir ihnen abgewöhnen. Misstrauen zu hegen und auszubreiten ist für Journalisten eine noble Aufgabe.«[10]

Längst kann man ihnen zurufen: Aufhören! Plansoll übererfüllt.

Das Misstrauen ist kaum mehr zu bändigen, und Hans-Josef Susenburger, Herrscher über das Archiv der *FAZ*, ist unser Zeuge. Befragt, was es denn so für Bücher zum Thema

»Lüge« gebe, präsentierte er dem Redakteur Jan Grossarth im Handumdrehen eine keineswegs vollständige Liste aus mehr als zwei Dutzend Buchtiteln der letzten Jahre, und zwar: Inflationslüge, Pensionslüge, Schöpfungslüge, Vorsorgelüge, Weiterbildungslüge, Joghurtlüge, Reformlüge, Soziallüge, Glückslüge, Geschlechterlüge, ADHS-Lüge, Supermarktlüge, Cholesterinlüge, CIA-Lüge, Methusalemlüge, All-inclusive-Lüge, Burn-out-Lüge, Reformlüge, Patchworklüge, Talentlüge, Mondlüge, Atomlüge, Ökolüge, Tetanuslüge, Pharmalüge und die Virenlüge. Und da war das Standardwerk der neuen Aufklärung noch gar nicht dabei: *So lügen Journalisten* vom Journalisten Udo Ulfkotte.[11]

Danach nannte Grossarth ein paar Neuerscheinungen des Jahres 2015: die Alles-ist-möglich-Lüge, Milchlüge, Mutterglück-Lüge, Fleiß-Lüge. Auch diese Aufzählung ist nicht vollständig, und es wäre eigentlich höchste Zeit für ein Buch mit dem Titel »Die Lügenlüge«.

Aber das lässt wohl noch ein wenig auf sich warten, denn im Jahr 2016 drehte sich das Karussell weiter mit anscheinend ganz neuen misstrauensbildenden Phänomenen wie Fake News, Social Bots, Hate Speech, Microtargeting und Meinungsrobotern. »Das Netz«, das bisher immer die Beweise für die Lügen der »Mainstreammedien« geliefert hat, ist im Herbst des Jahres 2016 selbst als größte Lügen- und Desinformationsschleuder in den Fokus der Aufmerksamkeit gerückt. Dann kam Donald Trump und gewann mithilfe dreister Lügen die Präsidentenwahl in den USA, wie schon zuvor die Befürworter des Brexit in Großbritannien die Abstimmung mithilfe von Lügen gewonnen hatten.

So entließ das Jahr 2016 die Bundesbürger mit der Frage »Wem kann man denn überhaupt noch trauen?« ins Jahr 2017. Und es war nun nur noch eine Frage der Zeit, bis der erste Alphajournalist einen Epochenwechsel ausrufen würde.

Spannend blieb allein die Frage, ob der Ausrufer Gabor Steingart, Henryk M. Broder, Hans-Ulrich Jörges, Sascha Lobo, Jürgen Todenhöfer oder Jakob Augstein heißen würde. Der Preis ging dann an Augstein, der erkannt hatte: »Wir stehen am Anfang eines neuen Zeitalters. Die Lüge wird zur Weltordnung gemacht.«[12]

Zu den Berufskrankheiten der Journalisten gehört – neben dem Zynismus – der Hang zur Übertreibung. Daher rufen sie gerne alle paar Tage den Epochenwechsel, ein neues Zeitalter, das Weltbeben, die Götterdämmerung, den Methusalemkomplex, die Selbstabschaffung Deutschlands, des Abendlands, der Welt oder deren Untergang aus.

Und darum folgt jetzt eine der wichtigsten Regeln für Medienkonsumenten: *Wenn ein Journalist mit einer ganz großen Sache kommt, dann vermuten Sie, dass er übertreibt.* Wenn also einer ein neues Zeitalter ausruft, in dem die Lüge »zur Weltordnung gemacht wird«, dann könnte es sein, dass es ganz so schlimm vielleicht doch nicht ist. Möglicherweise ist es nur so, dass neuerdings etwas mehr gelogen wird als sonst. Vielleicht ist es aber auch nur so, dass jetzt plötzlich alle über die Lüge schreiben, weil alle darüber schreiben, und wenn alle darüber schreiben, bekommt man nur dann noch die höchste Aufmerksamkeit, wenn man am stärksten reinknallt.

Daher empfiehlt es sich für den um Aufmerksamkeit ringenden Journalisten, eine neue Epoche auszurufen. Und für den an Wahrheit interessierten Leser empfiehlt es sich aus demselben Grund, gelassen zu bleiben, die Ausrufung einer neuen Epoche zu den übrigen Epochenwechselausrufungen zu legen, aber wachsam zu bleiben für wirkliche Epochenwechsel.

Es hilft, seinen eigenen Verstand einzuschalten und von seinem eigenen Welt- und Alltagswissen Gebrauch zu machen. Und das sagt einem sofort: Dreist gelogen wurde schon immer, in jeder Epoche. Um das Jahr 800 etwa präsentierte beispielsweise die Kirche der staunenden Welt eine Urkunde, die »bewies«, dass der römische Kaiser Konstantin (gestorben im Jahr 337) die Kirche mit Reichtümern geradezu überschüttet habe. Aus Dankbarkeit für seine Heilung von der Lepra soll er zum Christentum konvertiert sein und Papst Silvester I. (314–335) die Herrschaft über Rom, Italien, die gesamte Westhälfte des Römischen Reichs, aber auch das gesamte Erdenrund mittels Schenkung übertragen haben. Auf dieses Dokument gründete die Kirche ihre Machtstellung und territorialen Ansprüche, bis es im 15. Jahrhundert als Fälschung entlarvt wurde – was die Kirche nicht daran hinderte, ein paar weitere Jahrhunderte lang ihre Ansprüche zu behaupten mit dem Argument, auch wenn das Papier gefälscht sei, so habe es dennoch die Schenkung gegeben.[13] Erst im 19. Jahrhundert erkannte der Vatikan offiziell an, dass der Anspruch auf weltliche Macht nicht durch ein Geschenk des römischen Kaisers gerechtfertigt war. Und erst 2006 verzichtete Papst Benedikt XVI. auf den Titel »Patriarch des Abendlandes« und ließ aus seinem Wappen die Tiara, das Zeichen der weltlichen Gewalt, entfernen.[14]

Seien wir also ehrlich: Das »Zeitalter der Lüge« hatte begonnen, als Adam seiner Eva die Schuld gab für den verbotenen Genuss der Frucht vom Baum der Erkenntnis. Seitdem hat das Lügen nicht mehr aufgehört, und wenigstens in unserem Kurzzeitgedächtnis sollten noch Reste jener beruhigenden Geschichten vorhanden sein, die uns von Politikern erzählt wurden über die Sicherheit der Renten, die Rettung Griechenlands, die Kosten der Elbphilharmonie, die Fertigstellung des Berliner Flughafens, das Ende der NSA-Schnüffelei in Deutschland, die Massenvernichtungswaffen im Irak oder die zeitlich limitierte Erhebung des Solidaritätszuschlags für die ehemals neuen Bundesländer. Oder die Geschichten des Bischofs Tebartz-van Elst, der mit ein paar kleineren Baumaßnahmen seinen Limburger Bischofssitz für gerade mal 5,5 Millionen Euro verschönern wollte und am Ende eine Rechnung über mehr als 31 Millionen Euro präsentierte.[15]

»Überhaupt sagten bis soeben noch alle die Wahrheit: die Eheleute einander, die Bürger dem Finanzamt, die Eltern den Kindern, die Chefs den Beschäftigten und diese ihnen, die Kirche den Gläubigen und die Sportler den Dopingkommissionen. Darum konnten auch die Massenmedien, allein schon um nicht negativ aufzufallen, gar nicht anders, als ihrerseits stets bei den Tatsachen zu bleiben. Bis vor Kurzem gab es beispielsweise gar keine *Bild*-Zeitung. Lange war sie eine Erfindung von Günter Wallraff. Der hat – wahrscheinlich, wir wollen ja nichts Falsches behaupten – im neunzehnten Jahrhundert auch das Wort ›Ente‹ erfunden«, spottete kürzlich der *FAZ*-Mitherausgeber Jürgen Kaube [16] Und die Existenz von Bielefeld ist ja auch nur ein Gerücht.

Schon lange gibt es anerkannte Fake-News-Produzenten, die als »Werbeagenturen« zu bezeichnen wir uns angewöhnt haben. Auch schon ziemlich lange leben wir mit Dampfplauderer-Programmen und Ratgeber-Journalismus auf allen Kanälen, mit der Mode-, Fitness- und Wunderheilerpresse, dem *Wachtturm* und den Esoterik-, Horoskop- und Hokuspokus-Blättern, von denen die allermeisten in der Regel höhere Werte kennen als die nachprüfbare Wahrheit.

Und schließlich ist da noch die gute alte Regenbogenpresse, die gar nicht existieren könnte ohne Lüge, die geradezu deren Geschäftsgrundlage ist. Es soll zwar noch Menschen geben, die das nicht wissen, aber die Mehrheit greift beim Friseur oder in der Arztpraxis doch eher nur deshalb zu dem einen oder anderen Blatt dieses Genres, um zu sehen, welche Lüge sie sich diesmal wieder ausgedacht haben.

Wer es genauer wissen will, dem sei die Kolumne von Jörg Thomann in der *FAS* empfohlen. Woche für Woche trennt er dort auf höchst vergnügliche Weise die Spreu von der Spreu bei der Adels- und Königshaus-Berichterstattung und nimmt Anteil an den Dramen, die sich in den Adelsresidenzen abspielen, deren Türen für die »High-Society«-Reporter aber genauso versperrt sind wie für jeden Normalsterblichen. Also sind die Reporter auf ihre Fantasie angewiesen, und diese Fantasien nimmt Thomann einfühlsam beim Wort.

Wenn etwa die *Neue Post* dem Prinzen Harry eine Sängerin namens Joss Stone andichtet und eine »Blitz-Hochzeit noch in diesem Jahr« erwartet, während das *Goldene Blatt* von einer Chelsy weiß und mit »Hochzeit & ein Baby« auftrumpft, sorgt sich Thomann: »Ist Harry Bigamist? Ziehen sie zu dritt dort [in die kürzlich gekaufte Water Hall Farm in der Grafschaft Norfolk] ein? Oder setzt er darauf, dass sich in einem Anwesen mit so vielen Zimmern Joss und Chelsy womöglich nie über den Weg laufen werden?«[17]

Die Blätter, die mit Fiktionen handeln, sind bei Thomann in besten Händen, aber während dieser die Yellow-Press-Erfindungen mit abgeklärtem Humor zerpflückt, recherchieren zwei junge Newcomer, Mats Schönauer und Moritz Tschermak, den Schocknachrichten und Familiendramen von »Herzogin Kate & William«, »Maxima & Alexander« und »Kronprinzessin Victoria« mit aufklärerischem Furor hinterher. In ihrem eigens dafür gegründeten Watchblog *Topfvollgold.de* berichten sie ihren Lesern, was wirklich geschah: Das Drama bei Maxima bestand darin, dass sie abgenommen hat. Ein anderes Mal taten ihr die Knie weh. Victoria konnte ihre Patenkinder nur selten besuchen. Und in der Nähe des Landsitzes von Kate steht ein giftiger Strauch.

Längst haben wir gelernt, mit der Lüge zu leben.

Und doch ist spätestens seit Trump und auch Erdoğan etwas neu, zumindest in den demokratischen Ländern: Wahrheit als Norm hat – vorübergehend, wie wir glauben und später noch begründen werden – ihre Gültigkeit verloren. In der Demokratie stehen Politiker stets unter dem Generalverdacht, dass sie lügen, daher verwendeten sie bis vor Kurzem viel Energie darauf, als ehrlich, aufrichtig, wahrhaftig zu erscheinen. Die größten Lügner und Heuchler unter ihnen erkannten also immerhin die Norm der Wahrhaftigkeit als gültig an und sahen sich mit Rücktrittsforderungen konfrontiert, wenn sie beim Lügen ertappt wurden.

Das ist seit Trumps Wahlerfolg nicht mehr so. Trump hat bewiesen, dass man es mit offensichtlichen, dreisten Lügen bis ins Weiße Haus schaffen kann, wo er nun unbekümmert weiterlügt, ja die Lüge zur Staatskunst erhebt – in der nicht ganz vergeblichen Erwartung, dass man etwas nur oft genug behaupten müsse, damit es irgendwann von vielen geglaubt wird. Zumindest seine Anhänger verübeln ihm das Lügen nicht und sagen sich: Die anderen haben doch schon immer genauso gelogen, also lassen wir uns lieber von einem der Unseren belügen als von den anderen.

Dieses Novum in Demokratien führt zu einer bestürzenden Gefahr: Eine Gesellschaft, die den Erfolg vergötzt, neigt dazu, den Verstoß gegen die Norm hinzunehmen, wenn er zum Erfolg führt. Schon lange gilt das »taktische Foul« im Fußball nicht mehr als unsportlich, sondern als professionell. In der Politik scheint das jetzt auch einzureißen. Deshalb sehen wir nun überall in der Welt kleine Trumps nachwachsen, die bewusst Foul spielen. Putin spielt schon immer so, Erdoğan versucht gerade, ihn darin zu übertreffen, und die Wilders, Kaczyńskis, Le Pens, Farages und Johnsons eifern ihm alle nach.

Als wäre das alles nicht schon deprimierend genug, taucht immer häufiger der Verdacht auf, dass auch die Medien mitspielen. Wenn er sich als wahr erwiese, wäre das noch katastrophaler für unsere Demokratie als lügende Politiker, die ungeschoren davonkommen.

VIER

Lügenpresse? Das war gestern!

Längst haben wir gelernt, mit der Lüge zu leben. Als im Januar 2014 herauskam, dass der ADAC bei der Vergabe des Autopreises »Gelber Engel« das Ranking über Jahre hinweg gewohnheitsmäßig manipuliert hatte, und als dann nebenbei auch publik wurde, wie das ADAC-Führungspersonal den milliardenschweren gemeinnützigen Verein als Selbstbedienungsladen missbrauchte, fragwürdige Geschäfte betrieb und seine Pannenhelfer anwies, Autofahrern überteuerte Batterien zu verkaufen, war die Empörung groß, aber nicht von Dauer. Nur 320 000 der rund 20 Millionen ADAC-Mitglieder kündigten ihre Mitgliedschaft. Gleichzeitig traten aber 370 000 Autofahrer neu ein,[18] vermutlich mit dem pragmatischen Gedanken: Sollen sie ruhig lügen, Hauptsache, sie kommen, wenn ich mit meinem Auto eine Panne habe.

Auf solch einen abgeklärten Pragmatismus hofft die gebeutelte »Lügenpresse« vergeblich. Hier kennen viele kein Pardon. Aber warum? Warum diese Wut in den sozialen Medien gegen die »gleichgeschalteten Mainstream-Medien«, die »Systempresse« und die »Zwangsgebührensender«? Warum der laute Ruf nach Wahrheitskommissionen, dem Staat, der Polizei, die den Fake News den Kampf ansagen sollen?

Haben Bonus-Journalisten mit Fantasiegeschichten ihre Leser, Hörer, Zuschauer finanziell ruiniert? Davon hätte man erfahren. Sind Verlagsmanager, Intendanten, Chefredakteure verhaftet, angeklagt, verurteilt worden, weil sie durch Lügen, einseitige Parteinahme, Nachrichtenunterdrückung oder heimliche Absprachen Politiker stürzten, Börsen manipulierten, Wahlen entschieden oder sich einseitig für einen Kanzlerkandidaten starkmachten? Nichts davon ist vorgekommen, jedenfalls nicht in Deutschland. Gibt es Fälle von schwerem Missbrauch der Medienmacht mit gravierenden Folgen für die Bevölkerung? Wir kennen nicht einen einzigen Fall. Den größten Medienskandal in der Geschichte der Bundesrepublik hatte einst das Hamburger Magazin *Stern* mit seinen »Hitler-Tagebüchern« angerichtet. Eine ganze Redaktion, ja ein ganzer Verlag, war auf den Betrug des Kunstfälschers Konrad Kujau hereingefallen und wollte auf der Grundlage des Betrugs die Geschichte Deutschlands umschreiben. Aber das war 1983 und ist längst Geschichte.

Auch ein anderer großer Medienskandal ist fast schon Geschichte: Sebnitz im November 2000.[19] Zahlreiche Zeitungen hatten berichtet, dass in der sächsischen Kleinstadt Sebnitz der sechsjährige Joseph, Sohn eines deutsch-irakischen Ehepaars, im Freibad von Neonazis geschlagen, gequält und schließlich ertränkt worden ist und dass viele bei diesem ungeheuren Geschehen zu- oder bewusst weggeschaut haben und niemand eingegriffen hat. Man hatte es geglaubt, weil es in der *FAZ*, der *SZ* und so gut wie allen seriösen Zeitungen gestanden hatte. Aber: Die gemeinsame Quelle dieser Medien war die *Bild*-Zeitung. Deren Quelle wiederum war das Elternpaar des Jungen, und die Legitimation zur Veröffentlichung der Geschichte lieferte die Dresdner Staatsanwaltschaft, die drei verdächtige Neonazis verhaftet hatte. Die Ermittler aber hatten geschlampt. Sebnitz war auch ein Justizskandal,[20] aber zunächst vor allem ein Medienskandal, denn Zeitungen, Radio und Fernsehen hatten die Geschichte ungeprüft übernommen.

Erst später begannen erste Skeptiker zu recherchieren, und nach und nach schälte sich heraus: Ein vermeintlicher Täter hatte ein Alibi. Bei den anderen Verdächtigen gab es so viele Ungereimtheiten, dass man sie wieder aus dem Polizeigewahrsam entlassen musste. Und es kam heraus, dass die Eltern des Jungen einigen Zeugen, die ihre Version stützten, Geld gegeben hatten. Den Mord hatte es nie gegeben.

Die Wahrheit lautete: »Der kleine Joseph, Sohn eines deutsch-irakischen Apotheker-Ehepaares, ertrank im Dr.-Petzold-Bad. Ursache war wohl ein Herzleiden. Ein Badeunfall. Für wenige Tage hatte sich das ganze Land täuschen lassen von vermeintlichen Ermittlungsergebnissen verzweifelter Eltern. Von voreiligen Gutachtern und falschen Signalen einer unglücklich agierenden Justiz.«[21]

Nachdem klar war, dass alle nur nacherzählt hatten, was die *Bild* vorerzählt hatte, wurde allerorten die Krise des Journalismus beschworen. Diskussionsveranstaltungen mit Themen wie: »Recherche – Nein danke« hatten Zulauf, und es wurde gefragt, wem man in den Medien noch trauen könne.

Die Mehrheit der Deutschen dürfte den Fall längst vergessen haben, aber in den Journalistenschulen spielt er seitdem eine wichtige Rolle. Sebnitz, sagt Wolfgang Donsbach, Professor für Kommunikationswissenschaft an der TU Dresden, »war ein Lehrstück« darüber, wie Journalisten zu einem kollektiven Fehlurteil gelangen. »Kaum einer von Donsbachs Studenten durchläuft seine Ausbildung, ohne von Sebnitz gehört, ohne auf eine Collage aus Joseph-Schlagzeilen geblickt zu haben. Der Fall ist Grundwissen.«[22]

Eine verhängnisvolle Nebenwirkung war die Exkulpierung der gesamten Neonaziszene infolge dieser Geschichte. Der sächsische SPD-Politiker Martin Dulig sagte dazu: »Man tut jetzt so, als hätte es in Sebnitz keine Nazis gegeben und wir hätten hier kein Problem mit Rechtsextremismus.« Stattdessen sei nun «das andere Extrem eingetreten, dass niemand mehr tatsächlich über die Skinheads, Sächsische Schweiz, über die Umtriebe von Neonazis und der NPD selber in Sebnitz berichtet hat, als sei Sebnitz reingewaschen, und das ist das eigentlich Problematische, denn schließlich ist Sebnitz immer noch eine Hochburg der Neonazis.«[23]

Ebenfalls schon Geschichte ist ein kleinerer Medienskandal aus dem Jahr 2000: Der Schweizer Journalist Tom Kummer hatte sich einen Namen gemacht mit Interviews der größten Stars von Hollywood. Pamela Anderson, Brad Pitt, Charles Bronson oder Sharon Stone gaben ihm ihr Innerstes preis, und zahlreiche Medien druckten diese Interviews sehr gerne, auch das *SZ-Magazin* – bis sich herausstellte: Die Interviews haben nie stattgefunden,[24] Tom Kummer hatte sich das alles sehr schön ausgedacht, und er hatte auch kein schlechtes Gewissen deshalb, sondern wollte seine Fantasiegeschichten als irgendwie legitime Kunstform eines »Borderline-Journalismus«[25] verstanden wissen. Die beiden Chefredakteure des *SZ-Magazins*, Ulf Poschardt und Christian Kämmerling, wurden daraufhin entlassen. Tom Kummer versuchte weiterhin mit mal mehr und mal weniger Erfolg, Kompositionen aus Fiction, Non-Fiction, News und Plagiaten als Journalismus zu verkaufen.[26]

In den Jahren 2014 und 2015 ist in den deutschen Medien nichts vorgefallen, was mit den Hitler-Tagebüchern, Sebnitz oder auch nur Tom Kummer vergleichbar wäre – auch kein Fall, der dem Skandal um die britische Boulevardzeitung *News of the World* im Jahr 2011 ähneln würde. Redakteure dieses Murdoch-Blattes hatten Telefongespräche von Prominenten abgehört und sich in die Handys der Opfer von Entführungen und Terroranschlägen gehackt.[27] Skandalös war auch die jahrelange Herrschaft Silvio Berlusconis, der sich mithilfe seines Medienimperiums die politische Macht über

Italien gesichert und sich dadurch wiederum vor staatsanwaltschaftlicher Verfolgung geschützt hatte – in Deutschland undenkbar.

Trotzdem prasselt seit 2014 auf bundesdeutsche Medien die schärfste Medienkritik nieder, die es je in Deutschland gegeben hat. Warum? Was ist heute schlimmer an den Medien als zu Zeiten von Sebnitz und den Hitler-Tagebüchern?

Nichts ist schlimmer. Die Kritik hat andere Ursachen, und eine davon haben wir schon im Vorwort genannt: Der Digitalisierungs-Tsunami hat einen Medienkritik-Tsunami entfacht, den es ohne Internet, Facebook und Twitter so vermutlich nie gegeben hätte. Dort, in den sogenannten sozialen Medien bildete sich die Meinung, die alten Medien taugten nichts und könnten nicht mehr mithalten mit den schnelleren, umfassender informierten, authentischeren und vielfältigeren neuen. Zwei Jahre lang bauten sich im Netz Spott, Häme, Wut und Hass gegen die alten »Mainstream-Medien« auf, zwei Jahre lang kultivierten Hinz und Kunz, aber auch Stars des Netzjournalismus wie etwa Richard Gutjahr und Stefan Niggemeier, ein gepflegtes *ARD*-, *ZDF*-, *FAZ*-, *Spiegel*- und *SZ*-Bashing, immer gut begründet, aber selten wegen wirklich gravierender Anlässe. Einen Medienskandal vom Ausmaß der Hitler-Tagebücher oder Sebnitz hat »das Netz« bisher noch nicht aufgedeckt.

Seit Beginn des Jahres 2017 lässt das Bashing nach, ebbt die Kritik an den alten Mainstreammedien ab. Ja, es sieht sogar so aus, als erfreuten sich die »Alten« wieder einer neu wachsenden Wertschätzung, während das Misstrauen nun den »Neuen« entgegenschlägt – und zu verdanken haben die etablierten Mainstreammedien diese Wende dem neuen Präsidenten der USA. Seit Donald Trump aus dem Weißen Haus an den Medien vorbeitwittert und diese mit Fake-Vorwürfen überzieht, während sie ihm nachweisen, wie er selber lügt und lügen lässt, verzeichnen US-Medien nach Jahren des Niedergangs wieder steigende Abonnentenzahlen.

Über 132 000 neue Abonnenten konnte die *New York Times* in dem kurzen Zeitraum zwischen dem 8. und 26. November gewinnen, also in der Zeit kurz nach der Wahl Donald Trumps zum US-Präsidenten.[28] Die Zahl der Digital-Abos ist allein im ersten Quartal 2017 um rund eine Million,[29] der Aktienkurs der *New York Times* seit November 2016 um 30 Prozent gestiegen.[30] »Das Magazin *New Yorker* gewinnt seit November monatlich an die 100 000 Abonnenten dazu, vier- bis fünfmal so viele wie im Vorjahr, und liegt nun bei einer Rekordauflage von 1,1 Millionen (digital und Print), die Kollegen von *The Atlantic* mussten im Januar 40 000 Exemplare ihres Heftes nachdrucken, weil es ausverkauft war, ein Begriff, der im Zeitschriftenhandel schon ewig nicht mehr zum Wortschatz gehörte«, berichtete im April 2017 die *FAS*.[31]

Ein Sprecher der *Washington Post* teilte mit, man nenne keine genauen Zahlen, nehme aber erfreut einen »stetigen Anstieg an Abonnenten im Laufe des Jahres« zur Kenntnis. Das *Wall Street Journal* berichtete, am Tag nach der Präsidentschaftswahl sei die Zahl der Neuabonnenten um 300 Prozent in die Höhe geschossen.

Die Stiftung für investigativen Journalismus *Pro Publica* erhält normalerweise zehn Spenden pro Tag. Am Tag nach der US-Präsidentschaftswahl registrierte die Webseite drei Spenden pro Minute. Hatte das Magazin im gesamten Jahr 2015 rund eine halbe Million Dollar bekommen, so hatte es nach der US-Wahl in kürzester Zeit 750 000 Dollar an Spenden eingenommen, und Richard Tofel, der Chef der Stiftung, erwartete danach, dass bis zum Ende des Jahres 2016 die 1,5-Millionen-Dollar-Marke geknackt werde. Das *Center for Public Integrity*, ein internationales Konsortium für investigativen Journalismus, verzeichnete in den Tagen nach der Wahl ein um 70 Prozent höheres Spendenaufkommen als im Vorjahreszeitraum.[32] Leslie Moonves, der Chef des Senders *CBS*, äußerte sich denn auch unverhohlen begeistert von Trumps Präsidentschaft: «Das mag nicht gut für Amerika sein, aber es ist verdammt gut für CBS. (…) Es ist schrecklich, so etwas zu sagen, aber leg los, Donald. Nur zu. Mach weiter so!«[33]

Trump sei vielleicht »das Beste, was dem Journalismus passieren konnte«, meint auch Stephan Weichert, Professor für Journalismus und Kommunikationswissenschaft an der Hamburg Media School: »Erstens, weil Trump und seine Mitstreiter die Relevanz qualifizierter Berichterstattung erhöhen. Das zeigen etwa die nennenswerten Auflagensteigerungen von Qualitätszeitungen und deren Digitalabos in Amerika. Je schwieriger es wird, zwischen Wahrheit und Lüge zu unterscheiden, desto wichtiger werden die etablierten Medien als Anlaufstelle für seriöse Informationen und Orientierung. Zweitens, weil Populisten wie Trump eher ihre eigene Glaubwürdigkeit und die ihres Amtes beschädigen als die der Zeitungen und Fernsehsender, die sie für dumm verkaufen wollen.«[34] Und es gebe noch einen dritten positiven Trump-Effekt: eine »Repolitisierung unter Intellektuellen, Medienschaffenden und Kreativen, wie wir sie bisher eigentlich nur aus Diktaturen kannten«. Trump hat die Medien und die Intellektuellen munter gemacht.[35]

Seit Trump am 9. Mai 2017 seinen FBI-Direktor James Comey feuerte, gibt es auch noch einen vierten Trump-Effekt: Trumps journalistische Hilfstruppen verlieren ihr Publikum. Die Zahl der Nutzer des sehr rechtslastigen Nachrichten- und Meinungsportals *Breitbart* hat sich zwischen November 2016 und April 2017 mehr als halbiert. Und Murdochs Trump-Sprachrohr *Fox News* liegt nach dem ersten Quartal 2017 mit seinen Einschaltquoten zum ersten Mal seit 17 Jahren hinter den Konkurrenten *MSNBC* und *CNN*.[36]

Die Erklärungen dafür lauten: Vor der Wahl waren *Breitbart* und *Fox News* Opposition, Rebellen gegen das System Clinton-Obama-Demokraten-Kommunisten, gegen das sich wunderbar hetzen ließ. Seit Trump Präsident ist, ist man nun selbst Teil des Systems und muss den Präsidenten verteidigen, was wegen dessen bisheriger Erfolglosigkeit von Anfang an schon schwierig war und sich seit dem Rausschmiss Comeys zu einer fast unlösbaren Aufgabe entwickelt, denn gerade diesen Comey hatten *Fox* und *Breitbart* als Helden gefeiert. Er nämlich war es, der während des Wahlkampfs Hillary Clintons E-Mail-Affäre ins Rollen brachte.

Nun, da Comey gegen Trump wegen dessen Russland-Connections ermitteln wollte, muss der Held von gestern dem Publikum plötzlich als Schurke von heute verkauft werden. Dabei geben sich *Fox* und *Breitbart* größte Mühe, das Wort Russland zu vermeiden und lieber darüber zu spekulieren, wie Clinton doch noch ins Gefängnis gebracht werden könnte. »Das fanden dann wohl doch auch gemäßigt konservative Zuschauer absurd, seit diesem Tag jedenfalls sind die Einschaltquoten erheblich gesunken. Die Nutzerzahlen von *Breitbart* und anderen rechtspopulistischen Webseiten wie *National Review Online*, *Infowars* und *Drudge Report* sind ebenfalls um dieses Datum herum – eine Woche nach der 100-Tage-Marke von Trumps Präsidentschaft – deutlich zurückgegangen«, so die *SZ*.[37] Zu diesem Problem kamen dann noch ein Skandal um sexuelle Belästigung, eine unhaltbare Verschwörungsthese und eine Pädophilie-Verharmlosungsaktion dreier Galionsfiguren von *Fox* und *Breitbart*. Einer von ihnen wurde in Urlaub geschickt, die zwei anderen mussten gefeuert werden, denn zahlreiche Unternehmen hatten deshalb ihre Werbebuchungen zurückgezogen,[38] und Geld ist eine Sprache, die auch von rechten Hetzern verstanden wird.

Ob es sich bei all dem um eine nachhaltige Trendumkehr handelt, lässt sich noch nicht belegen. Aber schon jetzt scheint zweifelhaft, dass Donald Trumps Strategie der Wahrheitsabschaffung aufgehen wird. Die etablierten Medien wieder und wieder als Fake-News-Produzenten zu beschimpfen und durch Produktion eigener »alternativer Fakten« per Twitter und Facebook an den Medien vorbei direkt mit dem Volk zu kommunizieren, um dessen Vertrauen in die etablierten kritischen Medien so weit auszuhöhlen, dass denen die Puste ausgeht, sie ihr Publikum verlieren und aus der Geschichte verschwinden – das wird so lange nicht klappen, solange die demokratischen Kontrollinstanzen, also die Parlamente, Gerichte, Medien, ihre Arbeit machen. Und das tun sie. Trump müsste schon durch einen Staatsstreich eine Diktatur etablieren, um mit seinen Lügen durchzukommen.

Die Putins, Erdoğans, Wilders, Le Pens, Kaczyńskis und Orbáns in Europa verfolgen seine Strategie dennoch mit großem Interesse und mühen sich fleißig, dem Trump'schen Vorbild nachzueifern und mithilfe »alternativer Fakten« eine eigene Wirklichkeit zu konstruieren. Aber es sieht so aus, als ob das auf Dauer nur in Diktaturen funktioniert. In Demokratien wachsen die Widerstände, wie man nun in den USA sieht, und man darf gespannt sein, wie das Trump'sche Experiment ausgeht. Dort zeigten die Ereignisse schon jetzt, »wohin es führt, wenn Vertreter eines angeblichen Anti-Establishments darüber bestimmen wollen, was wahr ist und was nicht«, sagt der Würzburger Professor für Fachjournalismus und Unternehmenskommunikation, Lutz Frühbrodt, und das »dürfte auch hierzulande den Menschen vor Augen führen, dass die klassischen Medien eben doch Anker der Glaubwürdigkeit bilden.«[39]

Kann also gut sein, dass die Lügenpresse-Debatte von gestern ist und die heute noch gescholtenen Lügenpresse- und

Mainstream-Medien in ein paar Jahren über sich selbst berichten werden: Trump hat uns gerettet. Aber auch Putin. Die russische Propaganda in den sozialen Netzwerken, die Fake News, Bildmanipulationen, Trolle, Meinungsroboter, planmäßig betriebene Desinformationskampagnen, die Hackerangriffe aus Russland und der Versuch, von Russland aus Wahlen in den USA und in Europa zu beeinflussen, all das macht immer mehr Menschen misstrauisch gegenüber Texten, Bildern und Videos aus dem Internet und kann wieder zur häufigeren Nutzung der alten klassischen Medien führen, von denen man weiß, dass deren Reputation und geschäftlicher Erfolg von der Wahrhaftigkeit ihrer Berichterstattung abhängen. Das Vertrauen »ins Netz« jedenfalls hat 2017 einen empfindlichen Schlag bekommen, und die Nutzer der neuen Medien beginnen nun gerade zu lernen, was sie im Umgang mit den alten Medien schon lange gelernt haben: Lügen zu erkennen und mit den Lügen zu leben.

Den alten etablierten Medien, die sich von den Schlägen, die sie bekommen haben, noch nicht erholt haben, verschafft das eine Verschnaufpause. Ihr Kampf um die Wiederherstellung ihrer Reputation ist damit jedoch noch nicht gewonnen, erst recht nicht ihr Kampf ums Überleben. Denn wenn auch das Vertrauen in sie vielleicht wieder wächst – die Zahl der Abos und ihre Einnahmen aus Werbung sinken bei den meisten Verlagen in Deutschland weiter oder stagnieren zumindest. Das Bemühen der Journalisten, Zeitungshäuser und Rundfunksender um die Rückeroberung verlorenen Vertrauens erscheint zwar im Jahr 2017 nicht mehr ganz so vergeblich wie in den Jahren davor, aber sie stehen einer verunsicherten Gesellschaft gegenüber, die nun, nachdem auch die neuen Medien als höchst unzuverlässige Informationsquelle geoutet wurden, noch weniger weiß, wem sie eigentlich noch vertrauen kann.

Ein wenig mehr Klarheit wird das nächste Kapitel bringen.

FÜNF

Überraschung: Warum das berechtigte Misstrauen gegen »die da oben« ein Grund für das Vertrauen in die Medien ist

Eigentlich handelt es sich bei dem viel beschriebenen Vertrauensverlust gegenüber den Medien um eine Übersprungshandlung, denn das geballte Misstrauen erwischte die Medien erst, als es alle anderen – die Politik, die Wirtschaft, den Sport, die Kirchen und die Kultur – schon erwischt hatte und sich ein generelles Misstrauen gegen alle Eliten etablierte. Als sich die Stimmung gegen »die da oben«, die an den Schalthebeln der Macht sitzen und »uns da unten« nach allen Regeln der Kunst belügen, betrügen, austricksen und ausbeuten, zu einem Grundrauschen entwickelt hatte, wurde entdeckt, dass die Medien ja auch ein Teil der Eliten sind – warum sollte für sie die Unschuldsvermutung gelten?

Und dieses Gefühl, betrogen zu werden, hatte ja durchaus eine reale Ursache in zahlreichen nachgewiesenen Verfehlungen der Eliten unseres Landes und der gesamten EU. Da hat sich viel angehäuft während der letzten Jahrzehnte. Die Frage lautet daher, warum »die da unten« erst jetzt aufbegehren.

Die bittere Ironie der Geschichte ist: »Die da unten«, die sich dauernd belogen, betrogen, um ihre soziale Sicherheit gebracht und ihrer Zukunft beraubt fühlen, haben sich inzwischen gewehrt – auf die denkbar verrückteste Weise: indem sie Donald Trump ins Weiße Haus, Großbritannien aus der EU und die AfD in deutsche Parlamente wählten – wie es aussieht, Wahlentscheidungen, die den Belogenen und Betrogenen keine bessere Zukunft verschaffen werden.

Dass »die da oben« vor der Wut der Deklassierten nun zittern müssen, daran sind sie zum Teil selber schuld. Der Wutbürger ist ein Produkt, an dem sie mit ihren Mauscheleien und Fehltritten über Jahrzehnte mitgearbeitet haben.

Zu den ersten großen Skandalen, an die sich Ältere noch erinnern, gehört die »politische Landschaftspflege« des milliardenschweren Unternehmers Friedrich Karl Flick, der während der 1970er-Jahre Politikern aller Parteien prall mit Bargeld gefüllte Kuverts zustecken ließ. Dafür erwartete Flick, dass die Beschenkten sich bei ihrer Willensbildung nicht mehr allein von ihrem Gewissen, sondern auch ein bisschen von den Interessen des Flick-Konzerns leiten ließen. Insgesamt flossen zwischen 1969 und 1980 aus Flicks Kasse 25 Millionen Mark an die Parteien, worüber etliche Minister gestürzt sind, woraus aber nichts gelernt wurde. Denn 1999 flog auf, dass CDU und CSU mehr als zwanzig Millionen Mark schwarz kassiert und ins Ausland verschoben hatten. Das kostete dann Ex-Bundeskanzler Kohl ein Bußgeld und den Ehrenvorsitz der CDU.

Das Bundesland Bayern mit seiner CSU ist besonders reich an solchen Geschichten und Affären. Man denke an den unter dem Begriff »Amigo-Affäre« bekannten Korruptionsskandal um den Ministerpräsidenten Streibl in den 1990er-Jahren, fast Peanuts im Vergleich zu den Machenschaften des eng mit der Familie Strauß befreundeten Waffenhändlers Karlheinz Schreiber. Er hatte unter anderem den Staatssekretär Ludwig-Holger Pfahls mit 3,8 Mio. D-Mark bestochen, um eine schnelle Lieferung von »Fuchs«-Panzern nach Saudi-Arabien zu ermöglichen. Die Details zu diesen Geschichten kann man alle googeln oder in dem Buch *Macht und Missbrauch* des ehemaligen Ministerialbeamten und CSU-Mitglieds Wilhelm Schlötterer nachlesen. Darin beschreibt er, wie Bayern zu einem Staat gemacht wurde, in dem für Gefälligkeiten, Vergünstigungen, Ermessensüberschreitungen, Pflichtwidrigkeiten und Rechtsbrüche immer wieder bedeutende Gegenleistungen erbracht wurden – nach dem Motto »Eine Hand wäscht die andere«.

Wie die Parteien, wenn es um ihre Interessen und Vorteile geht, Gesetze und Urteile umgehen und die Presse hinters Licht führen, beschreibt seit vielen Jahren in regelmäßigen Abständen der Rechts- und Wirtschaftswissenschaftler Hans Herbert von Arnim.[40] Und das ist auch im Ausland so, in so gut wie allen Ländern der Europäischen Union. In einigen Ländern, wie etwa Rumänien und Bulgarien, ist das Ausmaß an Korruption und Rechtsbeugung sogar noch viel größer, und Italien wird von einem kaum zu trennenden Amalgam aus Politik, Wirtschaft, Kirche und Mafia ausgelaugt.

Die Skandalgeschichten der politischen Klasse in ganz Europa, deren Lügen, die Intrigen, gebrochenen Wahlversprechen, parteitaktischen Spielchen, Postengeschacher und Schuldenmacherei führten im Verlauf mehrerer Jahrzehnte zu jener Entwicklung, die Parteien- oder Demokratieverdrossenheit genannt wird. Die vielen einzelnen Skandale und deren Details haben die meisten Bürger heute schon wieder vergessen, aber jeder dieser Skandale, Affären, Korruptionsvorwürfe hat Spuren in den Köpfen hinterlassen und in der Summe zu dem Eindruck geführt, dass Politiker alle gleichermaßen unfähig, verlogen und korrupt seien. Hierin liegt eine der Ursachen für die Entstehung von Pegida und AfD, die Zunahme des europaweiten Populismus, der Ressentiments gegen »Brüssel« und letztlich auch für den Brexit.

Es sind aber nicht nur die politischen Parteien, die dieses Gefühl des andauernden Betrogenwerdens im Volk geweckt und genährt haben. Dazu beigetragen haben auch (ohne Anspruch auf Vollständigkeit):

- VW-Betriebsräte, die sich Bordellbesuche in Brasilien von der Konzernleitung bezahlen ließen,
- Autokonzerne, die mit Betrugs-Software Abgaswerte schönen,
- Landwirtschaft und Lebensmittelindustrie mit Hormonen im Kalbfleisch, Antibiotika im Geflügel, Dioxinen im Ei, Pferden in der Rinderlasagne, Phosphaten, Nitriten und Nitraten im Grundwasser,
- die FIFA, IOC und DFB als Synonyme für Mafia, Doping und Korruption,
- Regierungen, die Steuerbetrug legalisieren (Stichwort »Luxemburg-Leaks« oder »Panama Papers«[41])
- dem »Ethos der Wahrheit« verpflichtete Wissenschaftler, die ihre Doktorarbeiten mithilfe von Plagiaten anfertigen, Forschungsergebnisse frisieren oder fälschen oder im Auftrag von Unternehmen, Verbänden oder Lobbyisten Gutachten erstellen, in denen »wissenschaftlich bewiesen« wird, was die Auftraggeber wünschen.

Dies alles aber wurde in den Schatten gestellt von jenen international agierenden Bonus- und Investmentbankern, die in den Jahren 2007 und 2008 das Weltfinanzsystem an den Rand des Abgrunds gebracht hatten, weswegen zahlreiche Staaten gezwungen waren, mit den Steuergeldern ihrer Bürger Banken zu retten und für Schulden aufzukommen, die die Angestellten dieser Banken beim Zocken an den Weltbörsen angehäuft hatten. Und sie hatten nicht nur in verantwortungsloser Weise gezockt, sondern auch auf kriminelle Weise betrogen. Knapp 100 Milliarden Dollar Bußgelder mussten Banken in Amerika und Europa wegen Geldwäsche, Devisen-, Libor- und Zinsmanipulationen, Beihilfe zur Steuerhinterziehung, der Verschleierung von Risiken, fragwürdiger Hypothekengeschäfte, Verstößen gegen Wirtschaftssanktionen und wegen diverser anderer Betrügereien seit 2009 zahlen.

Die Enttäuschung darüber ist gewaltig, besonders in konservativen Kreisen, in denen man ein halbes oder ganzes Leben lang geglaubt hat, Familie, Anstand, individuelle Freiheit, Markt, Einkommen nach Fleiß, Leistung und Tüchtigkeit, bürgerliche Tugenden und Moral gehörten zusammen. Nun hatte ausgerechnet das wertkonservative und liberale Bürgertum die Erfahrung machen müssen, dass diese bürgerlichen Werte von den »eigenen Leuten« zerstört worden waren. Das hat sich tief in die Köpfe vieler Staatsbürger eingegraben und wirkt noch heute weltweit nach.

Es gibt also wahrlich eine Fülle von Gründen für ein begründetes Misstrauen der Bürger gegenüber »denen da oben«. Die Frage ist nur – und damit bekommt die ganze Geschichte nun die angekündigte überraschende Wendung –, ob damit auch das Misstrauen gegenüber den Medien gerechtfertigt ist: Denn woher wissen denn die Bürger von all den Skandalen und Affären, die jegliches Misstrauen als berechtigt erscheinen lassen? Sie wissen es aus den Medien! Dass wir über all die Fehltritte und Fehlleistungen der Eliten unterrichtet sind, ist doch eigentlich ein ziemlich starkes Indiz dafür, dass die Medien tatsächlich funktionieren.

Damit sollen diese nicht mal eben von aller Kritik reingewaschen werden. Damit soll nur die Bereitschaft der Medienskeptiker und Medienkritiker geweckt werden, ihre Skepsis auch einmal gegen die eigene Skepsis spielen zu lassen und die eigene Kritikfähigkeit auch einmal auf die populäre Medienkritik anzuwenden, und wenn sie schon dabei sind: auch auf die populäre Demokratiekritik.

So kann man zwar die vielen Affären und Skandale, die soeben aufgezählt wurden, als Indiz dafür nehmen, dass es schlimm zugeht in Deutschland, der EU und der übrigen Welt. Ihre Aufdeckung könnte aber auch als Indiz dafür gewertet werden, dass unsere Demokratie funktioniert, die in ihr eingebauten Kontrollmechanismen ihren Zweck erfüllen und von jedem aufgedeckten Skandal eine reinigende Wirkung ausgeht. Immerhin kann man in der EU Politiker, die es gar zu toll treiben, abwählen, immerhin wird über die unfähigen, verlogenen, korrupten Betrüger berichtet, und die Berichtenden kommen dafür nicht in den Knast oder werden vergiftet oder kommen auf mysteriöse Weise ums Leben, sondern bekommen den Pulitzer-Preis.

Also: Die Putzfrauen unserer Demokratie, nämlich die Medien, bringen zwar regelmäßig Berge von Schmutz zum Vorschein, aber diese Berge werden ebenso regelmäßig entsorgt, und so bleibt das ganze Haus einigermaßen sauber – ganz im Gegensatz zu den Diktaturen, wo viel mehr Schmutz entsteht, aber unsichtbar bleibt, weil er unter den Teppich gekehrt wird.

Der Beweis, dass die Medien die Wahrheit und nichts als die Wahrheit berichten, ist damit natürlich noch nicht erbracht. Doch zu einer gewissen Skepsis, was das eigene Misstrauen gegen die »Mainstream-Medien« betrifft, gibt auch die Misstrauensforschung Anlass, wie wir im nächsten Kapitel sehen werden.

SECHS

Warum die Misstrauensforschung neuerdings ihrem eigenen Misstrauen misstraut

Seit rund zwei Jahren werden die »Mainstream-Medien« der Lüge geziehen, der Nachrichtenunterdrückung, der Gleichschaltung, der Einseitigkeit, der Schulmeisterei.

Deren Berichterstattung zu bestimmten Themen wie »Flüchtlinge«, »Russland-Ukraine-Konflikt« oder »Kölner Silvesternacht« sei unerträglich gewesen. Die Flüchtlingskrise sei verharmlost, die Wahrheit über Flüchtlings- und Migrantenkriminalität verschwiegen worden. Im Russland-Ukraine-Konflikt hätten die Mainstream-Medien einseitig Partei ergriffen gegen Putin, lautet der nächste Vorwurf, und nach der Kölner Silvesternacht 2015, in der Frauen von Migranten massenhaft sexuell belästigt wurden, hätten die Medien komplett versagt. Außerdem, so hieß es, schlage die große Nähe der Journalisten zur Politik, zu mächtigen Verbänden und Netzwerken durch auf die Berichterstattung. Die Journalisten würden gegängelt von ihren Verlegern, Chefs und Werbeabteilungen und beeinflusst und manipuliert von Parteien, PR-Leuten und Lobbyisten. Ein anderer Vorwurf lautet, Journalisten verstünden sich als Volkserzieher und betätigten sich im Verein mit Grünen und Genderforscherinnen als Sprach- und Gedankenpolizei. So in etwa lautet die Summe der Vorwürfe gegen die »Mainstream-Medien«.

Wer aber ist eigentlich gemeint, wenn von den »Mainstream-Medien« die Rede ist? Manche verstehen darunter nur das Hauptinformationsmedium, also das Fernsehen, und da wiederum gelten vor allem die öffentlich-rechtlichen Rundfunksender als Mainstream und im engsten Sinn deren Nachrichtenformate *Tagesschau, Tagesthemen, heute* und *heute journal*. Andere rechnen die Talkshows und die politischen Magazinsendungen und Dokumentationen dazu. Eine dritte Gruppe fasst den Begriff noch weiter und zählt zum Mainstream auch die überregionalen Tageszeitungen, also *Bild, Die Welt, Frankfurter Allgemeine Zeitung, Frankfurter Rundschau, Süddeutsche Zeitung* und die *taz*, plus Wochenzeitungen und Magazine wie *Der Spiegel, Frankfurter Allgemeine Sonntagszeitung, Stern*. Im weitesten Sinn kommen zu den Genannten noch die öffentlich-rechtlichen Radiosender wie der *Deutschlandfunk* und *Deutschlandradio*.

Zu behaupten, diese Mainstream-Medien hätten im Russland-Ukraine-Konflikt einseitig Partei ergriffen gegen Putin, in der Flüchtlingskrise die Probleme der Integration beschwiegen und nach der Kölner Silvesternacht komplett versagt, erscheint ziemlich mutig angesichts der Fülle des Gedruckten und Gesendeten zu diesen drei Themen. Kann denn auch nur einer der Millionen Mainstream-Kritiker für sich in Anspruch nehmen, die gesamte Berichterstattung zu diesen drei Themen lückenlos verfolgt zu haben? Wenn einer, sagen wir, immerhin 75 Prozent gelesen, gehört und gesehen hätte, könnte er vielleicht behaupten, an den Vorwürfen sei etwas dran, aber wer kann das schon für sich in Anspruch nehmen? Die schiere Menge des Gedruckten und Gesendeten würde einen einzelnen Menschen komplett überfordern.

Unserer eigenen subjektiven Erfahrung nach schreien diejenigen am lautesten »Lügenpresse halt die Fresse«, die sich am wenigsten und am einseitigsten informiert haben. Schon lange habe ich (CN) es mir in Facebook daher zur Angewohnheit gemacht, die Verbreiter der Lügenthese persönlich zu bitten, mir doch mitzuteilen, welcher Journalist in welchem Medium wann welche Lüge verbreitet hat. Meistens höre ich von der Person nichts mehr, oder es kommt ein Link zu einer dubiosen Quelle oder zu jenen Foren, in denen Fake News, Propaganda und Troll-Produkte als Wahrheit gelten.

Auch im persönlichen Gespräch fragen wir solche Medienkritiker immer, auf welche Sendung genau sie sich beziehen und wann sie zuletzt im Fernsehen eine Sendung gesehen haben, in der willentlich oder zumindest ungewollt falsch informiert wurde. Meistens kommt dann das »Argument«, dass man schon lange kein Fernsehen mehr gucke, denn da werde man ja doch nur belogen und betrogen, das sei ja allgemein bekannt. Also: Ich gucke zwar nicht, weiß aber, dass sie lügen, und weil sie lügen, gucke ich nicht.

Diese subjektive Erfahrung deckt sich mit der Aussage einer internationalen Vergleichsstudie von Medienforschern der Universität Zürich. In ihrem *Jahrbuch Qualität der Medien 2016*[42] kommen sie zu dem Ergebnis: »Wer häufig Nachrichten des öffentlichen Rundfunks nutzt, entwickelt größeres Vertrauen ins Mediensystem. Dieser Befund gilt im internationalen Vergleich und für die Schweiz.«[43] Und: »Umgekehrt geht Vertrauen verloren, wenn die ritualisierte Nutzung professioneller Informationsmedien an Bedeutung verliert oder News überwiegend bis ausschließlich via Social Media konsumiert werden.«[44]

Mit anderen Worten: Ich vertraue dem Medium, das ich häufig nutze, und ich nutze das Medium, dem ich vertraue. Und wenn man sich nun den gewaltigen – im Vorwort erwähnten – Medienkonsum der Bundesbürger vergegenwärtigt, lässt dies eigentlich nur den Schluss zu: Das Vertrauen in die Medien muss ziemlich groß sein, es sei denn, man unterstellt den Medienkonsumenten, dass sie das ganze Geld für Zeitungen, Zeitschriften, Bücher und Fernsehen nur deshalb ausgeben, weil es ihnen Spaß macht, sich anlügen zu lassen. Daher nehmen wir die Zahlen lieber als das, was sie sehr wahrscheinlich sind: ein ziemlich deutlicher Hinweis darauf, dass das Vertrauen in die Medien größer ist, als die Medienberichte darüber und das Geschrei einer lautstarken Minderheit suggerieren.

Was die Statistiken, wenn man sie genauer betrachtet, nahelegen, ist eine Auseinanderentwicklung in zwei Gruppen: Offenbar gibt es eine (noch?) sehr große Zahl von Nutzern der Mainstream-Medien, die diesen vertrauen, besonders unter den Älteren, und eine kleinere, aber laute (vielleicht wachsende?) Gruppe unter den Jüngeren,[45] deren Vertrauen gering oder nicht mehr vorhanden ist. Nur: Begründen können die Misstrauenden ihr Misstrauen nicht. Es kann sich ja aus keiner Erfahrung speisen, da es eine Erfahrung mit dem Gebrauch von Medien, die angeblich lügen, gar nicht gibt. Mag sein, dass einige oder viele vor langer Zeit klassische Medien genutzt und sich so schlecht informiert gefühlt haben, dass sie aufgehört haben, diese Medien zu nutzen. Wahrscheinlicher aber ist, dass die Jüngeren mit dem Zeitunglesen gar nicht erst angefangen haben, weil ihr Interesse an Politik, Wirtschaft und Kultur sowieso nie sonderlich ausgeprägt war, Zeitunglesen und Nachrichtengucken nicht zu den vorherrschenden Gewohnheiten der Peergroup zählen und man nur liest, was einem von Freunden über Facebook und Twitter empfohlen wird.

Nun wirken Zahlen, auch wenn es sich »nur« um statistische handelt, immer besonders objektiv, obwohl sie es nicht sind, denn hinter jeder Zahl steckt eine bestimmte Zählweise, eine bestimmte Methode der Ermittlung, ein bestimmter Zeitpunkt der Ermittlung und eine bestimmte Datenbasis.

»Das Misstrauen gegenüber Medien in Deutschland ist groß – und es wächst«, berichtete die Wochenzeitung *Die Zeit* über eine von ihr selbst beauftragte Studie des Umfrage-Instituts infratest dimap. Die Mehrheit der Befragten, insgesamt 60 Prozent, habe wenig (53 Prozent) oder gar kein (7 Prozent) Vertrauen in die Medien. Etwa ein Viertel der Befragten habe gesagt, ihr Zutrauen in die Berichterstattung der Medien sei in den vergangenen Jahren gesunken.[46] Laut einer Studie desselben Instituts, diesmal vom *WDR* in Auftrag gegeben, haben sogar 37 Prozent der Befragten geäußert, dass ihr Vertrauen in die Medien in den letzten Jahren abgenommen habe.[47] Und auch diese Zahl wird noch getoppt, und zwar vom Institut für Demoskopie Allensbach, demzufolge sogar »39 Prozent der erwachsenen Bevölkerung finden, an dem von Pegida propagierten Vorwurf der ›Lügenpresse‹ sei etwas dran, Medien verdrehten Sachverhalte und verheimlichten wesentliche Informationen; in Ostdeutschland halten sogar 44 Prozent diesen Vorwurf für zutreffend«.[48]

Ganz schlimm war es im Jahr 2016 um das Medienvertrauen bestellt. Die Mehrzahl der Menschen in Deutschland hält Nachrichtenmedien für gelenkt und zu einseitig berichtend. Dass Medien Sachverhalte so wiedergeben, wie sie wirklich sind, glaubt nicht einmal die Hälfte der Befragten, konstatierte das Institut TNS Emnid in einer Studie für den Bayerischen Rundfunk.[49]

Die Medien könnten einpacken, wenn es so wäre, wie hier geschildert. Nur: Ist es denn wirklich so? Ein Forschungsteam an der Johannes-Gutenberg-Universität Mainz hat sich zahlreiche Studien angesehen und dann selber noch einmal gründlicher nachgefragt. Auf der Grundlage einer Bevölkerungsumfrage (Okt./Nov. 2016) kam das Team zu dem Ergebnis: »Es gibt nicht nur den einen Trend – mehr Skepsis.« Es gebe auch mehr Vertrauen. Und drittens weniger Unentschiedenheit, eine klarere Positionierung.

Also: Mehr Menschen als früher geben an, dass sie den Medien eher nicht trauen. Zugleich geben mehr Menschen als früher an, dass sie ihnen eher trauen. Und weniger geben an, dass sie den Medien nur teilweise vertrauen.[50] Es sind also zwei Gruppen – Vertrauende und Misstrauende – gewachsen auf Kosten der Unentschiedenen.

Die Forscher sahen »zugleich auch viel Kontinuität und Vertrauen. Die Nutzung und das Vertrauen in öffentlich-rechtliche Sender und klassische Tageszeitungen sind recht stabil.«[51] Zum Teil sei sogar eine Zunahme des Vertrauens zu erkennen, die mit einer gesteigerten Aufmerksamkeit infolge der gegenwärtigen Diskussionen erklärt werden könne. »Weil so viel darüber gesprochen wird und auch so viel pauschale Kritik kursiert, wird einigen Bürgern bewusst, wie sehr sie den etablierten Medien dann doch vertrauen – und was man, gerade im Vergleich zu anderen Staaten, in Deutschland an den hiesigen Medien hat.«[52]

Ja, aber was ist dann mit all den Umfragen, die mit »alarmierenden Zahlen« zeigten, wie sehr das Vertrauen in die Medien gesunken sei? Dieser Eindruck sei vor allem dadurch erzeugt worden, dass nicht alle vorliegenden Daten berücksichtigt wurden, wandten Carsten Reinmann und Nayla Fawzi im *Tagesspiegel* ein.[53] Ganz anders stelle sich die Sache dar, wenn man einen längeren Zeitraum betrachtet. Die These vom Vertrauensverlust stütze sich vor allem auf die Zahlen des Jahres 2012, und dieses sei statistisch ein Ausreißer gewesen, sodass die beiden Autoren zu dem Ergebnis kommen: Hätte man auch die weiter zurückliegenden infratest-Umfragen berücksichtigt, dann wäre deutlich geworden, dass das gemessene Medienvertrauen nicht kontinuierlich sinkt, sondern zeitlich schwankt. Im Dezember 2014 lag es nicht viel niedriger als schon 2007 oder 2009.

Langzeitdaten der Archive des Instituts für Demoskopie in Allensbach oder der »European Values Study« zeigen für den Zeitraum von Anfang der 1990er-Jahre bis 2014 Folgendes: »Erstens steht ein Großteil der Deutschen der Presse und dem Fernsehen schon seit Jahrzehnten eher skeptisch gegenüber. Zweitens konnten Zeitungen und Rundfunk seit der Etablierung des Internets an Vertrauen gewinnen. Drittens hält sich der Anteil von Skeptikern und Vertrauenden etwa die Waage, wenn auch mit einem leichten Übergewicht für die Skeptiker.«[54]

Und natürlich gelte auch für diese Umfragen, was für alle Umfragen gilt: Die Antworten hängen sehr davon ab, wer wann wen wie fragt. Je unbestimmter die Frage, etwa nach »den Medien«, umso größer die Skepsis.

Lautet die Frage beispielsweise: Wenn unterschiedliche Medien wie Zeitungen, Zeitschriften, Fernsehen und soziale Medien über dasselbe Ereignis berichten – wem glaubst du mehr? – dann ergibt sich: 69 Prozent glauben am ehesten den Zeitungen und Zeitschriften, 63 Prozent dem Fernsehen und nur zehn Prozent den sozialen Medien.[55] Das Ergebnis wäre sicher noch einmal anders ausgefallen, wenn auch innerhalb der Kategorien Zeitung/Zeitschrift, Fernsehen, soziale Medien noch weiter differenziert worden wäre.

Was sagen nun all diese vielen Studien – von denen hier ein ganz kleiner Ausschnitt zitiert wurde – in all ihrer Unterschiedlichkeit und Widersprüchlichkeit dem verunsicherten Mediennutzer? Vor allem sagen sie ihm, dass sie ihm seine Verunsicherung nicht nehmen können. Wer mit einem ausreichenden Maß an Sicherheit wissen will, wem er noch vertrauen kann, muss das selbst herausfinden. Er selbst muss herausfinden, welche Quellen seriös und zuverlässig sind. Er selbst muss ein Gefühl dafür entwickeln, welchen Quellen er vertrauen kann und welchen nicht. Dazu braucht er ein Mindestmaß an Medienkompetenz. Diese Kompetenz wollen wir im nächsten größeren Abschnitt vermitteln. Dort werden wir in den Maschinenraum der Medien hinabsteigen und erklären, wie diese Maschine funktioniert, wem sie gehört, was deren Besitzer mit ihr bezwecken, wer die Maschine bedient, was deren Bediener dafür qualifiziert und wovon sie sich bei ihrer Arbeit leiten lassen.

Zweiter Teil

DIE MEDIENMASCHINE

EINS

Die Medienmaschine – wie sie funktioniert

Welchen Grund sollte es eigentlich dafür geben, dass »gleichgeschaltete Mainstream-Medien« die Öffentlichkeit nicht mehr richtig informieren, ja regelrecht belügen, manipulieren und bewusst in die Irre führen? Entweder, so lauteten die Erklärungen, sind die Angestellten in den Zeitungen und besonders in den öffentlich-rechtlichen Sendern allesamt gekauft – von den USA, den Geheimdiensten, den Milliardären, der Wirtschaft, den Parteien, mächtigen Netzwerken – oder sie sind Befehlsempfänger von Angela Merkel oder sie haben sich gemeinsam verschworen, ihre Kundschaft im Sinne einer »links-grün versifften Gutmenschenpolitik« zu manipulieren.

In der seriöseren Variante hört man seit der Theorie von der »Schweigespirale« aus den 70er-Jahren[56] immer wieder: Die Mehrheit der deutschen Journalisten ticke rot-grün und entsprechend sei ihre Berichterstattung. Sie müssten sich gar nicht verschwören. Auch ohne Absprache ergäbe sich aufgrund der politischen Überzeugungen der Journalistenmehrheit wie von selbst eine Berichterstattung mit rot-grüner Schlagseite, und ganz besonders deutlich geworden sei das zuletzt an der Art, wie in Deutschland über das Flüchtlingsproblem berichtet worden war. Besonders die öffentlich-rechtlichen Sender hätten die Flüchtlinge geradezu gefeiert wie Helden, während die Schattenseiten der massenhaften Einwanderung verschwiegen worden seien. Generell würden die Probleme der Migration und das Scheitern der Integration in den linksliberalen und besonders den öffentlich-rechtlichen Medien kleingeredet, beschönigt, vertuscht.

Dass diese Fragen heute mit großer Dringlichkeit gestellt werden, ist ebenso ein Novum wie die Massivität der Vorwürfe und Verdächtigungen. Über Jahrzehnte hat der Medienkonsument die Auswahl, Gewichtung und den Inhalt der Nachrichten kaum infrage gestellt. Ein Publikum, das bei seiner Zeitung oder seinem Sender die Nachrichten beanstandet, gibt es erst, seit es das Internet und die sozialen Medien gibt. Und daher nehmen Nachrichtenredakteure erst jetzt staunend zur Kenntnis, dass sich die Meinung ihres Publikums über das, was berichtet werden sollte, nicht immer mit der Meinung der Redakteure deckt.

Wir wollen uns diesen Vorwürfen in diesem Abschnitt auf verschiedenen Wegen nähern. Im ersten, größeren Teil des Abschnitts geht es um Grundsätzliches: Es soll erklärt werden, wie diese Medienmaschine überhaupt funktioniert. Täglich, rund um die Uhr, liefert sie Millionen Menschen etwas, das den Anspruch erhebt, ein Abbild der Wirklichkeit zu sein. Ein ununterbrochener Strom von Nachrichten, Reportagen, Kommentaren, Kritiken, Essays zu Politik, Wirtschaft, Kultur und Gesellschaft soll dem mündigen Bürger die Art von Information liefern, die er braucht, um sich selbst ein eigenes Urteil bilden zu können.

Wie muss die Maschine arbeiten, damit die Informationen diesen Ansprüchen genügen? Wem gehört die Maschine überhaupt, was sind das für Leute, die mit Medien Geld verdienen, und von welchen Absichten lassen sie sich leiten? Und wer sind die Bediener der Maschine? Welchen Einflüssen sind sie ausgesetzt? Werden sie von den Besitzern der Maschine gegängelt, oder sind sie frei in ihren Entscheidungen? Nach welchen Regeln treffen sie ihre Entscheidungen? Nach welchen Kriterien entscheidet eine Redaktion, worüber berichtet wird und worüber nicht? Warum berichten Journalisten immer nur das Negative? Und vor allem: Wie objektiv und neutral gehen sie zu Werke, wenn sie ihr tägliches Abbild des Weltgeschehens konstruieren?

Im letzten Teil dieses Abschnittes wollen wir drei »Sündenfälle« der »Mainstream-Medien« – Ukraine, Flüchtlinge, Silvesternacht – näher untersuchen und die erhobenen Vorwürfe prüfen, plus den Verdacht, die Medien vertuschten kriminelle Taten und Verbrechen von Migranten und Flüchtlingen. Abgerundet wird das Ganze durch einen Blick auf den Pressekodex.

ZWEI

Wem die Maschine gehört

Während der Achtzigerjahre vertraten Politiker der CDU, CSU und FDP energisch die Ansicht, unserem Land mangele es an Meinungsvielfalt, und das sei schlecht für die Demokratie. Zahlreiche Zeitungen beklagten den Mangel ebenfalls mit Nachdruck. Und so fühlten die Politiker sich berufen, der Meinungsvielfalt und der Demokratie durch die Einführung des Privatfernsehens auf die Sprünge zu helfen. Und tatsächlich: Die Meinungsvielfalt in unserem Land wurde ungeheuer gestärkt durch so innovative Produkte wie *Tutti Frutti*, die über das Aussehen der Brüste junger Frauen informierten. 1001 aufklärerische Folgen des *Schulmädchenreports*, der öffentliche *Big-Brother-Container*, die kritische Verbrauchersendung *Dschungelcamp* und Hilfsaufrufe für geplagte Bauern, die trotz üppiger Subventionen auf keinen grünen Zweig kommen und darum eine Frau suchen, leisteten und leisten bis heute wertvolle Beiträge zur Stärkung der Demokratie in Deutschland.

Die konservativen und teilweise sittenstrengen Politiker, denen wir solche Demokratie-Innovationen verdanken, zeigten sich davon ziemlich überrascht und wollen heute eigentlich nicht mehr darauf angesprochen werden. Tatsächlich hätten sie es aber wissen können. Tatsächlich hätte es nicht erst des »Tittensenders RTL«[57] und des »Unterschichtenfernsehens«[58] bedurft, um auf ein seit Anbeginn bestehendes Grundproblem unserer Medienordnung aufmerksam zu werden: des Widerspruchs zwischen der großen verantwortungsvollen Rolle, die Medien in einer Demokratie spielen sollen, und der Rolle, die sie tatsächlich spielen.

Nach dem Lehrbuch der Demokratie sollen Medien den mündigen Bürger umfassend informieren, aufklären und ihm durch Hintergrundberichterstattung, Kritik, Dokumentation und Einordnung helfen, sich ein eigenständiges fundiertes Urteil zu bilden. Unterhalten dürfen sie ihr Publikum auch, aber bitte anspruchsvoll und auf so hohem Niveau, dass auch ein Bildungsauftrag erfüllt wird. Deshalb haben Presse- und Meinungsfreiheit in jeder Demokratie Verfassungsrang. Deshalb werden Medienprodukte rechtlich nicht als gewöhnliche Produkte wie etwa Cola, Chips, Autos oder Smartphones gehandelt, sondern als etwas Besonderes, Schützenswertes und Förderungswürdiges.

Der Geburtsfehler dieses Gedankens besteht nun darin, dass diese besonderen Medienprodukte in der Regel von gewöhnlichen Unternehmern fabriziert werden, denen ihre Rendite nähersteht als die Demokratie. Zwar nehmen sie gerne die Privilegien des Besonderen für ihre Produkte in Anspruch, aber produziert und verkauft werden diese besonderen Stücke von den Unternehmern wie normale Ware. Wie jedes andere Unternehmen schüttet der Besitzer in seine Medienfabrik also vorne Geld hinein, in der Erwartung, dass hinten mehr Geld herauskommt. Entsprechend dieser Praxis betrachten sie die Redaktion in ihrer Medienfabrik als »diejenige Abteilung, welche die von der Anzeigenabteilung freigelassenen Seiten zu den von der Herstellung bestimmten Terminen mit einem Stoff füllen muss, den der Vertrieb verkaufen kann«.[59] Eben deshalb muss die Anzeigenabteilung genug Seiten oder Sendezeit freilassen für den Stoff, den die Redaktion zu liefern hat, denn nicht wegen der Werbung, sondern wegen dieses Stoffes ist ein Leser (oder Zuschauer) bereit, dafür Geld auszugeben.

Besteht dieser Stoff aus so etwas Ähnlichem wie Wahrheit, Information, Aufklärung und Kritik, sind die Politiker und sonstigen Hüter der Demokratie zufrieden, der Medienfabrikant jedoch nur so lange, wie es genügend Kunden gibt, die bereit sind, dafür zu zahlen, und genügend Werbekunden, die es für nützlich halten, in dem betreffenden Medium zu werben. Sobald sich herausstellt, dass der Redaktionsstoff zwar pädagogisch und demokratietheoretisch wertvoll ist, aber leider mehr kostet, als er einbringt, muss der Unternehmer Maßnahmen ergreifen.

Die erste Maßnahme wird stets sein: den Chefredakteur feuern und einen anderen einstellen, der die Aufgabe hat, einen anderen Stoff zu produzieren, der sich besser verkaufen lässt und mehr Werbekunden anlockt. Die Aufgabe kann auch lauten: weniger Stoff billiger produzieren.

Produkte, die den Anspruch haben, mündige Bürger zu informieren, erfordern leider häufig große redaktionelle Anstrengungen, müssen zu hohen Kosten produziert werden, und ihr Gebrauch stellt Ansprüche an den Nutzer. Die Nachfrage hält sich in Grenzen, das Angebot auch, der damit zu erzielende Gewinn ist mager.

Häufig lassen sich andere Stoffe leichter und gewinnbringender verkaufen: Kriminalität und Koitus, Klatsch und Tratsch über die Schönen und Reichen, Glamour, Sport und Mode, Magie und Sehnsüchte, It-Girls, Adel und Promis, Wellness, Fitness und Sickness, Uhren, Autos und Jachten, Ratgeber für alle Lebenslagen, Befriedigung niederer Instinkte, Bedienung des Voyeurismus und erstaunlicherweise noch immer das TV-Programm. Damit wird der Löwenanteil des Geldes verdient, von dem die Branche lebt. Nur ein geringer Teil fließt in die Kasse jener Verleger, die den

Auftrag noch ernst nehmen, richtig guten Journalismus zu machen.

Der Anspruch, aufzuklären, zu informieren, auf hohem Niveau zu unterhalten und Wissen zu vermitteln und neben Legislative, Exekutive und Judikative als »vierte Gewalt« diesen dreien und allen Mächtigen auf die Finger zu sehen, wird in vielen Medienkonzernen schon deshalb nicht besonders hoch gehalten, weil das ja bedeuten könnte, auch den Mächtigen des Mediengeschäfts, also quasi sich selbst, auf die Finger zu sehen.

Also besteht Pressefreiheit gar nicht in der Freiheit einiger reicher Leute, ihre Meinung zu verbreiten, sondern in der Freiheit, ihren Reichtum zu vermehren?

Um dieser Frage nachzugehen, blicken wir jetzt auf die wirklich Großen im Medienbusiness, auf jene berühmten Milliardäre, die von ihren Angestellten, den Journalisten, gerne als Zar, Mogul und Tycoon oder mindestens als Zampano tituliert werden. Und um eine erste einfache und zusammenfassende Antwort vorwegzunehmen: Es ist mal so und mal so, aber meistens sowohl so als auch so. Sie wollen ihren Reichtum vermehren, und wenn sie dafür Politiker einspannen können oder die öffentliche Meinung beeinflussen müssen, damit die ihnen wohlgesinnten und hilfreichen Politiker an die Macht kommen, dann tun sie es, natürlich möglichst im Verborgenen, aber manchmal werden sie dabei entdeckt.

Zum Beispiel in Frankreich. Da gab es im französischen Präsidentschaftswahlkampf den chancenlosen Kandidaten Nicolas Dupont-Aignan, einen abtrünnigen Gaullisten aus der Partei des angeschlagenen rechtsbürgerlichen Kandidaten François Fillon. Dupont-Aignans Kandidatur war nicht nur chancenlos, sondern sinnlos, weil sie für den rechtsbürgerlichen Kandidaten François Fillon den Todesstoß bedeutete. Denn Dupont-Aignan wilderte in Fillons Revier und holte 4,7 Prozent –

genauso so viel, wie François Fillon gefehlt haben, um Emmanuel Macron zu schlagen. Mit Dupont-Aignans Stimmen wäre Fillon als Sieger in die Stichwahl gegen Macron gegangen – daher war Dupont-Aignan dem Fillon-Lager schon während des Wahlkampfs verhasst und erst recht danach.

Und nicht nur dem Fillon-Lager war er verhasst, sondern auch, wie Dupont-Aignan immer vermutete, der konservativen Tageszeitung *Le Figaro*, die er verdächtigte, ihn zu boykottieren – auf Geheiß von ganz oben. Die Zeitung gehört dem Rüstungsunternehmer und Senator Serge Dassault. Bei ihm beschwerte sich Dupont-Aignan per SMS über die seiner Meinung schlechte Behandlung durch den *Figaro*.

Die Antwort des Unternehmers, Senators und Zeitungsbesitzers Dassault und die ganze sich anschließende Kommunikation zwischen ihm und Dassault las Dupont-Aignan in einer Fernsehsendung vor: »Der Boykott meiner Zeitung ist nur die Folge deiner Haltung gegenüber Fillon. Nur in seiner Regierungsmannschaft wird etwas aus dir und nicht, wenn du in deiner Ecke bleibst. Iss lieber Suppe als trockenes Brot.« – »Ich bin schockiert, dass du den Boykott verteidigst.« – »Das wird nicht mehr vorkommen, wenn du aufhörst, Fillon zu bekämpfen.« – »Das ist Zensur.« – »Wenn du deine Meinung änderst, gibt es keine Zensur mehr, das verspreche ich dir.« All das las Dupont-Aignan von seinem Mobiltelefon vor.[60]

Es gibt sie also, die politische Einflussnahme von Medien. Ob es für die *Figaro*-Redakteure tatsächlich einer Anweisung ihres Besitzers bedurft hat, wissen wir nicht. Meist ist das gar nicht nötig. Man geht ja zu einer Zeitung und wird von dieser eingestellt, weil man mit der redaktionellen Linie dieser Zeitung und vielleicht sogar mit der politischen Meinung des Besitzers einigermaßen übereinstimmt. Axel Cäsar Springer, Rudolf Augstein oder Henri Nannen mussten ihren Redakteuren nicht sagen, was sie schreiben sollen. Die schrieben, was sie selber dachten, aber wussten, dass ihre Verleger genauso oder ähnlich dachten.

So kann es auch beim *Figaro* gewesen sein. Aber auch, dass Redakteure nach Weisung ihres Auftraggebers schreiben, kommt natürlich vor, lässt sich jedoch nur schwer nachweisen. Jedenfalls ist es ein Faktum, und zwar weltweit, dass Politik, Wirtschaft und Medien oft auf freundschaftlicher Ebene miteinander verkehren, auch und besonders in Frankreich. Dort, so weiß Ulrich Wickert, der viele Jahre lang Korrespondent in Frankreich war, helfe die Wirtschaft gerne ihr nahestehenden Politikern, ebenso gern revanchierten sich die protegierten Politiker mit Staatshilfen, nützlichen Gesetzen und Rücksichtnahme bei der Besetzung wichtiger Posten.[61] »So kann ein Präsident wie Nicolas Sarkozy schon einmal bei dem Eigentümer einer Fernsehanstalt die Entlassung des populärsten Nachrichtenmoderators veranlassen, weil der ihm unangenehme Fragen gestellt hat.«[62]

Der größte französische Fernsehsender, *TF 1*, gehört einem Bauunternehmer.[63] Eine Zeitung wie *Le Parisien* gehört dem Luxusgüterkonzern LVHM. Vincent Bolloré, vier Milliarden Euro schwer, achtreichster Franzose, skrupellos, von Beruf »Heuschrecke«, »Meister der Verunsicherung« und »am meisten gefürchteter Investor Frankreichs«[64], hat sich den Pay-TV-Kanal *Canal+* gekauft und dort dann »als Erstes die beliebte, aber politisch äußerst kritische Satireshow *Les Guignols de l'info* aus dem Programm« genommen.[65] »Frankreichs Medien befinden sich in der Hand der zehn bis zwanzig reichsten Franzosen, und zu diesen Superreichen im Lande gehört kein Verleger«, schrieb Jürg Altwegg in der FAZ (15.08.2017).

Über den schon erwähnten Rüstungsfabrikanten Dassault und seine Tageszeitung *Le Figaro* schreibt Wickert, die Redaktion zeichnete sich zunächst »durch äußerst freundliche Berichterstattung über den konservativen Expräsidenten

Nicolas Sarkozy aus, während sie heftige Kritik an dessen Widersacher, dem sozialistischen Präsidenten François Hollande«, übte. Nachdem es Hollande jedoch gelungen war, »das von Dassault hergestellte, bisher auf dem internationalen Markt unverkäufliche Kampfflugzeug Rafale nach Ägypten, Katar und in andere Länder zu verkaufen, was kein konservativer Präsident geschafft hatte, änderte der *Figaro* seine politische Linie und schwächte seine Kritik an dem sozialistischen Präsidenten ab, ja, lobte ihn sogar manchmal.«[66]

Ja, Medien nehmen Einfluss, ihre Besitzer nehmen Einfluss und versuchen ganz egoistisch ihre Interessen durchzudrücken und Politikern zur Macht zu verhelfen, die ihnen nutzen. Und weil die Besitzer von Medien mit diesen Geld verdienen möchten, nehmen sie auch Einfluss auf redaktionelle Inhalte.

Mediennutzer sollten daher wissen, wem die Medien gehören, welche Interessen deren Besitzer verfolgen und wer ihnen dabei hilft. Zum Glück ist das kein Geheimnis. Die Medien selbst berichten darüber gelegentlich. So wird beispielsweise in Deutschland seit August 2017 die Personalie Stefan Holthoff-Pförtner diskutiert. Er ist in Nordrhein-Westfalen Minister für Bundesangelegenheiten, Europa, internationale Beziehungen und – das ist der Grund der Diskussion – leider auch für Medien. »Leider« deshalb, weil ihm 17 % der Funke Mediengruppe gehören, der wiederum die wichtigsten Medien dieses Bundeslandes gehören: *Westdeutsche Allgemeine Zeitung, Neue Ruhr Zeitung/Neue Rhein Zeitung, Westfalen Post, Iserlohner Kreisanzeiger und Zeitung* sowie *Westfälische Rundschau*, dazu rund 20 Programmzeitschriften, etwa 20 Frauenzeitschriften sowie mehr als 100 Anzeigenblätter, auch etliche lokale Radiosender und sehr viele Onlineangebote (http://www.funkemedien.de/de/). Holthoff-Pförtner, der ehemalige Anwalt von Helmut Kohl, ist also so etwas wie ein kleiner Berlusconi von Nordrhein-

Westfalen. Es ist unwahrscheinlich, dass er es noch ist, wenn dieses Buch erscheint, denn man legt Wert auf Demokratiehygiene in Deutschland. Auf solche Interessensvergnügungen reagiert die Öffentlichkeit hierzulande empfindlich.

Wissen sollten Mediennutzer außerdem: Hinter Zeitungen wie der *FAZ* oder der *Frankfurter Rundschau* steht kein einzelner Verleger, der Geld aus der Zeitung ziehen will und Renditeziele vorgibt, sondern sie gehören mehrheitlich der gemeinnützigen Fazit-Stiftung, die gegründet wurde, damit nicht durch die Mehrheitsbeteiligung einer bestimmten Interessengruppe der politische Kurs der *FAZ* verändert werden könnte und um damit »die redaktionelle und unternehmerische Unabhängigkeit der Zeitung wirkungsvoll und dauerhaft«[67] zu sichern.

Auch hinter *ARD* und *ZDF* steht kein gewinnorientierter Unternehmer. Vielmehr gehören die viel gescholtenen »Zwangsgebührensender« als Anstalten des öffentlichen Rechts eigentlich dem Volk. Da aber ein Volk als Ganzes nicht das Fernsehen kontrollieren kann, wird das öffentlich-rechtliche von Gremien kontrolliert, den Verwaltungs-, Fernseh- und Rundfunkräten, in die Vertreter aus allen gesellschaftlichen Gruppen entsandt werden. Sie sollen einen Querschnitt der Bevölkerung abbilden.

Früher hatten in diesen Gremien die Politiker und Parteien das Sagen und standen deshalb heftig unter Beschuss der Öffentlichkeit. Wie sehr Politiker in die öffentlich-rechtlichen Sender hineinregiert haben, ist zuletzt noch einmal deutlich geworden, als Hessens ehemaliger Ministerpräsident Roland Koch und Bayerns ehemaliger Ministerpräsident Edmund Stoiber im Jahr 2009 im *ZDF*-Verwaltungsrat »durchregiert« und gegen den Willen des Intendanten Markus Schächter die Vertragsverlängerung des Chefredakteurs Nikolaus Brender verhindert hatten. Brender musste gehen, weil er gegen einen bis dahin gültigen Comment verstoßen hatte: »Der Intendant und der Programmdirektor, sie gingen stets zum ›schwarzen Freundeskreis‹, der Chefredakteur und der Verwaltungsdirektor stets zum ›roten Freundeskreis‹. Nach dieser Farben-und-Partei-Logik waren die Posten stets besetzt worden.«[68] Und nach dieser Farbenlehre sind die Sitzungen des Fernsehrates maßgeblich von den »Freundeskreisen« vorstrukturiert worden.[69]

Brender sagte dazu dem Deutschlandfunk: »Als ich kam, war es immer noch üblich, dass von Parteivertretern, Generalsekretären, Ministern oder deren Sprechern unmittelbar im Programm herumgefuhrwerkt wurde. Dass dort in laufende Sendungen hinein angerufen wurde und Ähnliches. Und ich habe dann so reagiert, dass ich gesagt habe: Wenn das noch mal vorkommt, veröffentliche ich das. Das muss veröffentlicht werden, weil diese Einflussnahme kein Privatvergnügen ist. Es belastet die Journalisten, es tangiert die Freiheit des Unternehmens. Und deswegen habe ich in den Verwaltungsräten beziehungsweise im Fernsehrat eindeutig gesagt: Wehe, das geschieht noch mal, derjenige wird veröffentlicht.«[70]

Brender ist daher auch nur einmal hingegangen zu so einem »Freundeskreis«, und zwar zum »roten«, »aber nur um zu erklären, dass er es kein zweites Mal tun werde. Die Journalisten im Haus ermunterte er, es ihm gleichzutun.«[71] Und das habe dann auch aufgehört. Es sei keiner mehr hingegangen, zitiert der *Tagesspiegel* unter Berufung auf eine Dissertation von Inga Wagner einen nicht näher benannten Experten.[72] Damit war Brender zwar seinen Posten los, aber das *ZDF* hat er maßgeblich vom Einfluss der Politik befreit, denn durch die öffentliche Debatte über den skandalträchtigen Eingriff von Koch und Stoiber kam diese Herrschaft ins Wanken. Als Folge der Debatte strebten die Bundesländer Rheinland-Pfalz und Hamburg eine Klärung der Verhältnisse vor dem Verfassungsgericht an, und dieses entschied im März 2014: Teile des *ZDF*-Staatsvertrags sind verfassungswidrig. Er kann so nicht bleiben.[73]

Was so nicht bleiben kann, ist die »Staatsnähe« – zu viele Politiker, ehemalige Politiker und Parteien nahestehende Rundfunk- und Verwaltungsräte. Konsequenz: Der Anteil von Politikern und »staatsnahen Personen« muss von derzeit mehr als 40 Prozent auf ein Drittel reduziert werden. Zudem dürfen Politiker bei der Auswahl der aus gesellschaftlichen Gruppen entsandten Mitglieder des Fernsehrates »keinen bestimmenden Einfluss« mehr ausüben. Dass Politiker auch noch darauf Einfluss nehmen, wen Kirchen, Gewerkschaften, Verbände in die Gremien entsenden, muss aufhören. Und es hat aufgehört. Seit dem 8. Juli 2016 besteht der *ZDF*-Fernsehrat nur noch aus 60 statt aus 77 Mitgliedern. Ihm gehören nicht mehr 31 Politiker aus der Bundesregierung, den Ländern und den Parteien an, sondern nur noch 18: 16 Vertreter der Länder, zwei Vertreter des Bundes.[74] Auch die Zusammensetzung des *ZDF*-Verwaltungsrats hat sich geändert. Seit 1. Juli 2017 besteht er aus zwölf Mitgliedern, dem nur noch vier Vertreter der Bundesländer angehören. Weitere acht Mitglieder wurden vom Fernsehrat gewählt unter der Auflage, dass sie keiner Regierung oder gesetzgebenden Körperschaft angehören dürfen.[75] Dem öffentlich-rechtlichen Rundfunk ist also mit diesem Verfassungsgerichtsurteil ein großes Stück parteipolitischer Unabhängigkeit zugewachsen. Wirtschaftlich unabhängig waren die Sender schon immer und werden es bleiben, solange sie weiter aus den sogenannten Zwangsgebühren finanziert werden, die in Wahrheit ein Beitrag zur Pressefreiheit sind. Privatwirtschaftlich betriebene Medien werden derzeit von den technologischen Umbrüchen und den großen Big Playern Facebook und Google finanziell so gebeutelt, dass ihr Überleben ernsthaft gefährdet ist. Damit ist auch ein großes Stück der jetzt noch bestehenden Pressefreiheit gefährdet. Politiker und private Medienunternehmer müssen sich daher überlegen, wie in Zeiten von Facebook und Google der für die Demokratie lebenswichtige Qualitätsjournalismus noch finanziert werden kann.

Ein Medium wie die französische Satirezeitung *Le Canard enchaîné* ist leider eine rare Ausnahme im Blätterwald. Sie zeichnet sich durch völlige wirtschaftliche Unabhängigkeit aus. »Vor hundert Jahren als Protest gegen die staatliche Zensur während des Ersten Weltkriegs gegründet, hat die wöchentlich erscheinende Zeitung von Anfang an auf Werbung verzichtet. (...) Das Blatt gehört der Redaktion, die sämtliche Gewinne der vergangenen Jahre angespart hat und somit über Rückstellungen von mehr als 125 Millionen Euro verfügt, (...) immer wieder landen bei diesem Blatt Artikel, die Journalisten für andere Zeitschriften recherchiert haben, die aber dort aus Angst vor den Folgen nicht gedruckt wurden.«[76]

Der Anspruch, unabhängig und frei zu sagen, was ist und ein möglichst korrektes Abbild der Wirklichkeit zu liefern, wird also tatsächlich oft eingeschränkt durch das kommerzielle Interesse der Medienbesitzer. Aber: Dieses Interesse kann sich nicht schrankenlos durchsetzen, sondern wird – zumindest in der Demokratie – wiederum selbst beschränkt durch die Vielzahl und Konkurrenz der Medien untereinander und die Tatsache, dass bei Weitem nicht alle ausschließlich einem bloß kommerziellen Interesse unterworfen sind. Hinzu kommt: Die Existenz einer ausreichend großen Zahl von Medienbesitzern mit unterschiedlichen Interessen verhindert Monopole, und wo nicht, schreitet bei uns das Kartellamt ein. Und schließlich: Dass wir doch einiges auch über die Besitzer der Medien wissen, verdanken wir den Medien, die es uns berichten.

DREI

Zaren, Mogule, Tycoons

Wenn es einem Zaren wichtig ist, seine eigene Meinung durchzudrücken, wird er es tun, solange er damit dem eigenen Geschäft nicht schadet. Aber es gibt auch eine große Zahl von Medienproduzenten, die überhaupt nicht den Ehrgeiz haben, ihrer privaten Meinung Raum zu geben, sondern völlig zufrieden sind, wenn das, was ihre Angestellten verbreiten, die Kasse füllt. Was sie verbreiten, ist diesem Typ von Medienunternehmer ziemlich egal. Er könnte statt mit Medienprodukten genauso gut auch mit Holz oder Eisenwaren handeln.

Letzteres schließt aber nicht aus, dass er dennoch, wie die meisten anderen Unternehmer auch, einen kurzen Draht zur Politik unterhält und versucht, Politiker für seine Interessen einzuspannen, sie sich gefügig zu machen oder zumindest für den Abbau gewisser Hürden zu gewinnen. Es gibt ja immer Hürden, die dem Geschäft im Wege stehen – Hürden, die gerade deshalb dastehen, weil der Gesetzgeber noch immer darauf beharrt, dass Medienprodukte keine Schrauben sind, sondern besondere, für das Funktionieren jeder Demokratie notwendige Produkte. Oder zumindest sein sollen. Und da Politiker in den meisten Fällen von den Medien wesentlich abhängiger sind als von der Holz- oder Papierindustrie, werden Medienunternehmer quasi von Natur aus mehr Macht über Politiker haben als die Papier- und Holzfabrikanten.

Rupert Murdoch

Der internationale Großmeister der Kunst, Politiker für seine Zwecke einzuspannen, ist der milliardenschwere US-Australier Rupert Murdoch, einer der Reichsten, Mächtigsten und Schillerndsten unter den Medienzaren dieser Welt. Er gebietet über ein weltweit verflochtenes und verschachteltes Reich aus Zeitungsverlagen, TV-Sendern und Radiostationen und besendet die Welt fast flächendeckend über eigene Satelliten. Ihm gehört die 21th Century Fox, eines der größten Medienkonglomerate der Welt. Unter seinen zahlreichen TV-Sendern befinden sich *Fox News* und *Sky*. Auch das Hollywood-Filmstudio 20th Century Fox gehört ihm, dazu knapp zweihundert Zeitungen, darunter Blätter wie das *Wall Street Journal*, die *New York Post* (nicht zu verwechseln mit der *New York Times*) oder die britische *Sun*.[77]

Murdoch sei israelfreundlich, heißt es, zionistisch sogar.[78] Sein US-Sender *Fox News* ist das Sprachrohr der Rechtskonservativen und war Geburtshelfer der rechten Tea-Party-Bewegung, und Murdoch verleugnet auch gar nicht, dass er mit seinen Medien nicht nur Geschäfte, sondern auch Politik macht. Wer im Mediengeschäft arbeite, müsse auch seinen Einfluss geltend machen dürfen, sagt Murdoch.[79] Er steht zu seiner stark konservativen Gesinnung, die ihm aber sofort unwichtig wird, wenn es um seine geschäftlichen Interessen geht. Dann kann er sehr flexibel agieren, wie er schon mehrfach bewiesen hat.

So hatte er einst mit seinen britischen Blättern dem Tory John Major zur Macht verholfen, aber anschließend dem Labour-Mann Tony Blair,[80] und danach wieder dem Tory David Cameron. Für die *FAZ*-Korrespondentin Gina Thomas war es damals, vor Camerons Wahlkampf, kurios zu beobachten, wie sich die Dinge unter unterschiedlichen Vorzeichen wiederholten. Einst, im Jahr 1995, hatte sich Blair auf die Hayman-Insel an der Nordküste von Australien fliegen lassen, um Murdoch seine Aufwartung zu machen. Mit Erfolg. Murdoch setzte auf Blair.

Im Sommer 2008 wiederholte sich das Spiel. Diesmal war es der Konservative David Cameron, der Murdoch auf dessen Jacht besuchte und von diesem die Zusage erhielt, ihn im britischen Wahlkampf zu unterstützen. Und so »wie Tony Blair im März 2003 vor dem Eingriff im Irak mehrfach mit Murdoch telefonierte, um sich der Unterstützung der *Sun* für die Operation zu vergewissern, holte auch David Cameron den Rat des *Sun*-Chefredakteurs ein, bevor er kürzlich ankündigte, dass er sich, anders als versprochen, nicht mehr für eine Volksabstimmung über den Vertrag von Lissabon einsetzen werde.«[81]

Auch vor den Unterhauswahlen 2015 setzte Murdoch auf die Konservativen. Da soll er seine Zeitungen angewiesen haben, Labour wesentlich aggressiver zu attackieren und in den Wochen vor der Wahl die Leistungen der Konservativen positiv zu würdigen.[82] Mit Erfolg. Die Tories gewannen. Offenbar kann in Großbritannien niemand mehr gegen den Willen Murdochs Premierminister werden.

Der Medienzar, Mogul, Tycoon oder wie immer man ihn nennen will, hat Interessen. Und diese versucht er durchzusetzen mithilfe seines Geldes und seiner publizistischen Macht. Was ihm umso leichter fällt, je kleiner die Staaten und je schwächer die Regierungen sind, mit denen er verhandelt. Daher mag er die EU nicht. Sie ist ihm zu groß, zu mächtig, zu unübersichtlich, zu regelungswütig. Deren relative Stärke begrenzt seine eigene Macht und Stärke. Deshalb haben seine Blätter, vor allem die *Sun*, vor der Brexit-Abstimmung massiv die Brexit-Kampagne unterstützt.[83]

Flexibel war und ist auch Murdochs Verhältnis zu Donald Trump. Eigentlich könne Murdoch Trump nicht besonders gut leiden, heißt es, und im Wahlkampf hatte er sich tatsächlich des Öfteren kritisch über Trump geäußert. Einmal twitterte er: »Wann wird Donald Trump aufhören, seine Freunde zu blamieren, ganz zu schweigen vom ganzen Land?«[84] Ein anderes Mal bedrängte er den früheren New Yorker Bürgermeister Michael Bloomberg, in das Rennen um die amerikanische Präsidentschaft einzusteigen.[85]

Seine Medien – *Fox News*, das *Wall Street Journal* – berichteten häufig kritisch über Trump. Seit er jedoch Präsident ist, ist Murdoch sehr freundlich zu ihm. Murdochs *New York Post* ist die erste Zeitung, die Trump morgens aufschlägt. *Fox* behandelt Trump wohlwollend. Das erste Zeitungsinterview nach der Wahl gewährte Trump Murdochs *Wall Street Journal*.[86]

Interessant auch für deutsche Leser: Der ehemalige *Bild*-Herausgeber Kai Diekmann sitzt im Aufsichtsrat der britischen Murdoch-Zeitung *Times*, der ersten ausländischen Zeitung, der Trump ein Interview gewährte. Interviewer waren Kai Diekmann und Michael Gove, Autor der *Times*. Im Hintergrund während des Interviews persönlich anwesend: Rupert Murdoch.[87]

Murdoch braucht Trump, zum Beispiel beim geplanten Zusammenschluss von AT&T und Time Warner, zwei starken Konkurrenten von Murdoch. Trump könnte diese Fusion verhindern. Oder bei der Netzneutralität, die ein freies und gleiches Internet für alle gewährleistet. Murdoch ist dagegen. Er will im Netz Privilegien für sein Imperium, Trump könnte ihm dabei helfen, hat ihm vielleicht schon ein bisschen geholfen, denn an die Spitze der wichtigen Telekommunikationsbehörde FCC hat Trump inzwischen einen Netzneutralitätsgegner gesetzt. Nach einem Bericht des *New York Magazine* telefoniert Murdoch inzwischen regelmäßig mit Trump.[88] Und im Sender *Fox News* hat Trump noch immer den treuesten Vasallen unter Amerikas Medien. Allerdings fällt es dem Sender zunehmend schwerer, noch Politiker zu finden, die Trump verteidigen.[89]

Dass Murdoch die Macht inzwischen mit seinen Kindern teilt, ändert nichts am Kurs des Unternehmens. Die Familie billigt offenbar, dass er und sein Sohn James überall auf der Welt mit ähnlichen Methoden dieselben Ziele verfolgen: die Macht und den Reichtum des Unternehmens zu mehren, mithilfe von Deals mit Politikern nach dem Motto: Hilfst du mir, helfe ich dir. Es scheint auch niemanden im Unternehmen zu stören, wenn die leitenden Angestellten und deren Untergebene auch mal unter die Gürtellinie gehen, durchs Schlüsselloch gucken, an der Grenze der Legalität arbeiten oder diese überschreiten und richtig kriminell werden.

So geschehen in England, wo Reporter der Murdoch-Zeitung *News of the World* jahrelang – zwischen 2002 und 2006 – Handys von Prominenten und normalen Bürgern abhörten, um in den Besitz exklusiver Informationen zu gelangen.[90] Die Polizei teilte mit, sie habe die Namen von insgesamt 3 870 Personen, die möglicherweise Opfer der Ausspähung geworden seien.[91] Auch die Mailboxen von Kate Middleton, Prinz William und Prinz Harry wurden abgehört[92] und ranghohe Beamte von Scotland Yard bestochen.[93]

Als bekannt wurde, dass die Zeitung nicht einmal davor zurückgeschreckt war, das Mobiltelefon einer 13-jährigen Schülerin abzuhören und zu manipulieren, die entführt und später ermordet worden war, wurde es den Briten, die von ihren Boulevardblättern einiges gewohnt sind, zu viel. Es hagelte nicht nur Briefe und E-Mails wütender Briten, sondern Anzeigenkunden kündigten reihenweise ihre Verträge.[94]

Spätestens zu diesem Zeitpunkt wusste der Unternehmer Murdoch, dass er etwas unternehmen musste. Denn wenn nicht nur sein Ansehen schwindet, sondern sogar der

Geldstrom, ist größte Gefahr im Verzug. Sein Sohn James Murdoch schloss das Kapitel *News of the World*, indem er die Zeitung einfach einstellte. Der Belegschaft sollten Beschäftigungsmöglichkeiten in anderen Unternehmen angeboten werden.[95] Gerichte verurteilten einige leitende Redakteure zu Haftstrafen, aber die Chefredakteurin der Zeitung, Rebekah Brooks, wurde freigesprochen. Der Nachweis, dass sie von den Abhörpraktiken, den Bestechungen der Polizei und anderer Geheimnisträger wusste, konnte nicht erbracht werden.[96] Und Murdoch beteuerte vor einem parlamentarischen Untersuchungsausschuss »demütig« und treuherzig, entsetzt zu sein und von all dem natürlich nichts gewusst zu haben.[97]

Murdoch kam aus dieser Affäre juristisch ungeschoren heraus, aber nicht mit weißer Weste. Seitdem schaut die Öffentlichkeit genauer hin, interessiert sich für Murdochs Geschäfte und Unternehmungen und beobachtet schärfer seine persönlichen Verbindungen zu Politikern. Auch ohne gerichtliches Beweisverfahren weiß man jetzt: Dieser Medienzar sucht sich Politiker aus unter dem Aspekt, ob und wie sie ihm nützlich sein können. Vom Wohlverhalten der jeweiligen Kandidaten ihm gegenüber macht er abhängig, ob er sie publizistisch unterstützt oder nicht. Und er unternimmt nichts, um diesen Eindruck zu widerlegen. Im Gegenteil. Es ist für ihn von Vorteil, wenn die Politiker glauben, dass sie ohne ihn nicht gewinnen können, und darum bereit sind, Deals mit ihm zu machen.[98]

So machte er zum Beispiel nie ein Geheimnis aus seiner Abneigung gegen die Rundfunkgebühr für die *BBC* oder die Medienaufsichtsbehörde Ofcom, die dem Monopolstreben mächtiger Medienkonzerne immer wieder Grenzen setzt. Zumindest verbal ist ihm Cameron in dieser Sache entgegengekommen. In Murdochs *Sun* wetterte er gehorsam gegen die aufgeblähte *BBC*, die ihre subventionierte Stellung im Wettbewerb mit den privatwirtschaftlichen Internetgeschäften von Zeitungen missbrauche.[99]

So deprimierend dieser Widerspruch zwischen den hehren Ansprüchen an die Presse und ihrer Erfüllung in der Realität auch ist, so wenig lässt sich behaupten, dass die Pressefreiheit nicht funktioniere, denn woher wissen wir von den Machenschaften eines Rupert Murdoch? Woher wissen wir von den Mauscheleien zwischen Spitzenpolitikern und Medienmogulen? Die zahlreichen Quellenbelege in diesem Kapitel geben die Antwort: aus den Medien. Die Familie Murdoch mag noch so mächtig und reich sein, von der Beherrschung der Welt ist sie weit entfernt.

Haim Saban

Ihrem Einfluss unterliegen gerade einmal zwei Prozent der global vertriebenen Medien. Und dieser Einfluss wird relativiert durch die Einflüsse anderer Medienzaren, die anders denken und handeln als er. Haim Saban zum Beispiel, ein gebürtiger Ägypter mit israelischem und US-amerikanischem Pass, der ebenfalls zum Klub der Medienmilliardäre gehört. Die Deutschen hörten seinen Namen erstmals im Jahr 2003, als er aus der Konkursmasse des untergegangenen Leo-Kirch-Imperiums die ProSiebenSat.1 Media AG kaufte.

Die deutsche Presse täuschte sich anfangs ein wenig in ihm, denn sie beschrieb ihn als einen jener global engagierten Medienunternehmer, die keinerlei verlegerische oder politische, ja nicht einmal längerfristige wirtschaftliche, sondern allein kurzfristige kommerzielle Absichten verfolgen. Ihnen ist nicht nur die Information eine reine Ware, die es gewinnbringend zu verkaufen gilt, sondern die ganze Informationsfabrik. Und damit, mit Informationsfabriken, handelt Haim Saban. Auf der ganzen Welt sucht er nach Medienunternehmen, die etwas schwächeln und daher billig zu haben sind, kauft sie, modelt sie so um, dass sie nach einigen Jahren wieder ordentliche Gewinne abwerfen, und verkauft sie dann teuer wieder.

Dass ihn mit seiner Ware keine persönliche Leidenschaft verbindet, gab Saban sogar selber zu. Dem *Spiegel* sagte er, in »einer viel neutraleren Position als jeder deutsche Investor« zu sein. »Ich wähle nicht in Deutschland, ich habe kein anderes als ein ökonomisches Interesse. Und es ist doch sowieso total naiv anzunehmen, dass ich auf die Informationsprogramme wie etwa unseren Nachrichtenkanal *N24* auch nur im Entferntesten inhaltlich Einfluss nähme. Ich kenne nicht einmal die Namen der Redakteure, die dafür zuständig sind, geschweige denn habe ich sie jemals getroffen.«[100]

Man nahm daher an, dass Saban den Konzern innerhalb weniger Jahre wirtschaftlich auf Vordermann bringen würde, um ihn dann wieder gewinnbringend zu verkaufen. Seine Finanzpartner halten Beteiligungen maximal drei bis fünf Jahre. Im Interview musste er dem Verdacht, nur auf ein schnelles Geschäft erpicht zu sein, notgedrungen widersprechen und beteuerte, die Anteile seiner Partner notfalls zu übernehmen, denn er verfolge mit der Senderfamilie ein langfristiges Engagement.[101] Das »langfristige Engagement« hat dann dreieinviertel Jahre gedauert und sich sehr gelohnt. Für 525 Millionen Euro hatte er den Konzern 2003 gekauft und für 3,1 Milliarden Ende 2006 wieder verkauft.[102] Das Bild vom unpolitischen Kaufmann ohne verlegerischen Ehrgeiz, das die deutsche Presse von Saban malte, schien zu stimmen.

Und doch war es falsch. In den USA nämlich hat Saban sich eindeutig positioniert als Unterstützer Barack Obamas und Hillary Clintons, als Fürsprecher der Latinos und als großer Gegner Donald Trumps. In Florida ist Sabans Latino-Sender *Univision Communication* mit einem klaren Kurs gegen Trump und für Clinton aufgefallen. Jorge Ramos, eine Art Claus Kleber dieses Senders, hatte sich gar nicht erst die Mühe gegeben, seine Abneigung gegen Trump zu verbergen und steht auch dazu: Neutralität sei keine Option, schrieb er in einer Kolumne. »Manchmal muss man einen Standpunkt einnehmen.« Dafür hat er die Rückendeckung Sabans,[103] der freimütig bekannte, als Einwanderer entsetzt zu sein über die Art, wie Trump über Einwanderer, Latinos und Minderheiten herziehe.[104]

Neben den Medienzaren, die nur Geschäfte machen, und denen, die auch Politik machen wollen, gibt es noch die relativ kleine Gruppe derer, die ihre Imperien nutzen, um sich direkt in politische Ämter wählen zu lassen. In Deutschland hatte das Rudolf Augstein einmal getan, der 1972 als Abgeordneter der FDP in den Bundestag gewählt wurde, aber rasch erkannte, dass er als Verleger des *Spiegel* mehr Macht und Einfluss hatte als ein kleiner Abgeordneter im Bundestag. Nach drei Monaten legte er sein Mandat nieder und beendete sein Gastspiel als Politiker.

Silvio Berlusconi

Ganz anders Silvio Berlusconi, der Multiunternehmer und Politiker, der nicht nur im Film-, Fernseh-, Radio-, Buch- und Zeitungsgeschäft sein Geld verdient, sondern zuerst als Bauunternehmer und im Versicherungsgeschäft aktiv war, mehrere Handelsketten besaß. Die 99,93% Anteile, die seine Firma Fininvest noch bis vor Kurzem am Fußballklub AC Mailand besaß, wurden im April 2017 an ein luxemburgisches Unternehmen verkauft. Beim Aufbau seines Medienimperiums hatte ihm der ehemalige Ministerpräsident Bettino Craxi sehr geholfen.

Vermutlich hätte sich Berlusconi mit seiner Rolle als italienischer Medienzar begnügt, wenn ihm nicht politischer Gegenwind ins Gesicht geblasen hätte. Einigen Parlamentariern war er mit seinem Konzern *Mediaset* zu mächtig geworden. Daher wollten sie dessen publizistische Vorherrschaft beschneiden – für Berlusconi das Signal, die Dinge selbst in die Hand zu nehmen, bevor es andere taten. Skrupellos nutzte er seine ganze Medienmacht, um Regierungschef in Italien zu werden, und schaffte das auch bei der Wahl am 27. und 28. März 1994. In seinen Jahren an der Macht gelang es ihm, Gesetze in seinem Interesse durchzupauken, unter anderem auch solche, die ihn vor dem Staatsanwalt schützten. Das zeigt, was möglich ist, wenn Medienmacht in der Hand einzelner Unternehmer gebündelt ist.

Die deutschen Zaren

In Deutschland ist es bisher noch ziemlich unvorstellbar, dass ein Unternehmer seinen Reichtum nutzt, um sich in ein politisches Amt wählen zu lassen. Zum Glück ist privater Reichtum nicht nötig, um in der deutschen Politik Karriere zu machen. Auch das Einsammeln von Spenden in großem Stil ist nicht erforderlich, weil die Parteien die Kosten ihres Wahlkampfs weit überwiegend aus der staatlichen Parteienfinanzierung decken können. Daher sind sie auch nicht auf die Hilfe von Pressezaren angewiesen. Willkommen ist solche Hilfe aber schon. Und Pressezaren, die es verstanden, ihren Geschäftssinn mit dem Bedürfnis zu verbinden, ihre Meinung zu verbreiten, hatte unser Land auch. Deren größte

Gemeinsamkeit jedoch ist, dass sie schon tot sind: Leo Kirch, Axel Cäsar Springer, Reinhard Mohn, Alfred Neven DuMont und Rudolf Augstein.

Kirch verhalf einst Helmut Kohl an die Macht und stieg wiederum mit dessen Hilfe zu einem der größten Player im Medienbusiness Deutschlands und Europas auf, bevor er sich verzockte und pleiteging. Springer war mit Zeitungen wie *Bild* und *Welt* jahrzehntelang die Kampfpresse für CDU, CSU und FDP, hat jetzt aber andere Sorgen und fürchtet sich vor Google. Reinhard Mohn, Eigentümer des Medienunternehmens Bertelsmann, gerierte sich lange Zeit SPD-freundlich und gründete die Bertelsmann-Stiftung, die heute Politik im Interesse des Konzerns, der Branche und einer von möglichst vielen Fesseln befreiten Marktwirtschaft macht. Augstein hasste Franz Josef Strauß und entwickelte den *Spiegel*, sein »Sturmgeschütz der Demokratie« auch und vor allem zu einem Sturmgeschütz gegen die CDU/CSU und gegen die CDU-Kanzler von Konrad Adenauer bis Helmut Kohl.

Lebende Verleger, wie etwa Hubert Burda und Frank Otto, sind zwar auch schwer reiche Medienunternehmer, aber als Zaren oder zumindest prägende Persönlichkeiten der bundesdeutschen Medienszene kann man sie nicht bezeichnen. Beide verstehen sich eher als Kaufleute denn als politisch agierende Verleger. Das gilt auch für den Bauer Verlag, der sich seit einiger Zeit Bauer Media Group nennt und sein Geld mit Klatsch und Tratsch, TV-Programmzeitschriften, Radio, Kochen und auch immer noch mit ein bisschen Schmuddel (*Coupé*, Sex-Webseiten) verdient.

Der politischste unter den deutschen Verlagen bleibt der Springer Verlag. Dessen Gründer Axel Springer hatte 1967 Leitsätze formuliert, die auch über seinen Tod hinaus bis heute noch gelten. Deren Einhaltung muss jeder Redakteur durch seine Unterschrift bestätigen. Diese Leitsätze wurden nach der Wiedervereinigung 1990 geändert und unter dem Eindruck der Anschläge des 11. September 2001 ergänzt. Bis heute muss sich jeder Springer-Redakteur bei seiner Arbeit an die folgenden Grundsätze halten:[105]

- Das unbedingte Eintreten für den freiheitlichen Rechtsstaat Deutschland als Mitglied der westlichen Staatengemeinschaft und die Förderung der Einigungsbemühungen der Völker Europas.
- Das Herbeiführen einer Aussöhnung zwischen Juden und Deutschen, hierzu gehört auch die Unterstützung der Lebensrechte des israelischen Volkes.
- Die Unterstützung des transatlantischen Bündnisses und die Solidarität in der freiheitlichen Wertegemeinschaft mit den Vereinigten Staaten von Amerika.
- Die Ablehnung jeglicher Art von politischem Totalitarismus.
- Die Verteidigung der freien sozialen Marktwirtschaft.

2016 hat der Vorstand der Axel Springer SE angesichts der zunehmenden Internationalisierung des Unternehmens beschlossen, zusätzlich zu den bekannten Essentials, die für die Mitarbeiter in Deutschland gelten, eine international gültige Variante einzuführen:

- Wir treten ein für Freiheit, Rechtsstaat, Demokratie und ein vereinigtes Europa.
- Wir unterstützen die Lebensrechte Israels.
- Wir zeigen unsere Solidarität in der freiheitlichen Wertegemeinschaft mit den Vereinigten Staaten von Amerika.
- Wir lehnen politischen und religiösen Extremismus ab.
- Wir setzen uns für eine freie und soziale Marktwirtschaft ein.

Parteipolitische Präferenzen lassen sich aus solchen Grundsätzen eher nicht ableiten, und doch neigen die Springer-Blätter eher zur CDU, CSU und FDP als zur SPD, den Grünen oder der Linken. Andererseits scheinen diese Grundsätze Springers *Welt* und *Bild* vor einem Abgleiten in Nationalismus und Populismus zu bewahren. Auch der kritischste *Bild*-Leser wird kaum einen Nachweis für Sympathien gegenüber der AfD oder den anderen populistischen und rechtsradikalen Strömungen finden.

Hans Dichand und Christoph Blocher

Der 2010 verstorbene österreichische Verleger Hans Dichand hat sich hingegen gar nicht erst bemüht, Grundsätze für seine marktbeherrschende *Kronen Zeitung* zu formulieren. Er selbst war dieser Grundsatz, weshalb er in Österreich auch Berluskroni genannt wurde. Er war über Jahrzehnte der Kanzlermacher und »sah sich und die ›Krone‹ als Beauftragte und Vollstrecker einer mythischen Volksgemeinschaft«, und »den Willen des Volkes sah er, wo er selbst war: sehr weit rechts«, urteilte die Wiener Zeitung *Der Standard* über ihn.[106] Sein Sohn Christoph, der in die Erbfolge eintrat, scheint politisch noch etwas zurückhaltender zu agieren.[107]

Ganz anders in der Schweiz: Dort versucht sich Christoph Blocher als Berlusconi. Blocher ist einer der reichsten Männer des Landes, einflussreicher Politiker und zugleich großer Medienunternehmer. Seit 2007 verbreitet der Rechtspopulist via Fernsehen an jedem Freitag 20 Minuten lang, ungeschnitten und ohne kritische Fragen befürchten zu müssen, seine Sicht der Dinge. Norbert Neininger, der mittlerweile verstorbene Verleger der *Schaffhauser Nachrichten*, hat das Format im Herbst 2007 fürs *Schaffhauser Fernsehen* kreiert.

Das Unternehmen strahlt die Sendung auch heute noch aus und finanziert sie.[108]

Im Grunde war er damit Donald Trump um Jahre voraus, wie Blochers Stichwortgeber in der Sendung, der Journalist Matthias Ackeret, selber sagt: »Du verfügst als Präsident, Bundesrat oder Oppositionsführer über einen alternativen Kanal, über den du deine Meinung einspeisen kannst – und überlistest damit die ›etablierten Medien‹.«[109]

Blochers SVP (Schweizerische Volkspartei) »hat das Land in den vergangenen 25 Jahren vor sich hergetrieben, ihre ablehnende Haltung gegenüber Europa, ihre oft fremdenfeindlichen Plakate haben die Schweiz geprägt.«[110] Dennoch: Sein mit allen Mitteln der publizistischen, politischen und wirtschaftlichen Macht betriebener Versuch, der ganzen Schweiz seinen Willen aufzuzwingen, war nur teilweise erfolgreich. Zwar konnte er eine europa- und ausländerfeindliche Stimmung schüren, und bei der Wahl am 18. Oktober 2015 ging seine SVP als strahlende Siegerin hervor. Doch damit scheint der Höhepunkt erreicht zu sein. Seit dieser Wahl hat die SVP fast alle Kantonalwahlen verloren und auch wichtige, von ihr initiierte Volksabstimmungen, wie etwa gegen eine Reform des Asylgesetzes zur Beschleunigung der Verfahren und gegen erleichterte Einbürgerungen.

VIER

Zarendämmerung

Wenn man vom 86-jährigen Murdoch absieht, so scheint die Zeit der Zaren, Mogule und Tycoons zu Ende zu gehen. Ihre Erben kämpfen ums Überleben, denn das frühere Geschäftsmodell, Medien durch Werbung zu finanzieren, funktioniert nicht mehr, seit mächtige Player wie Google, Apple, Amazon, Facebook auf den Plan getreten sind. Für politische Machtkämpfe bleibt den Erben der alten Verlegerdynastien daher keine Zeit, ihre Macht schwindet ohnehin, und sie haben es, zumindest in Deutschland und anderen EU-Ländern, mit einer Konkurrenz zu tun, die lange schon besteht, aber sich im Gegensatz zu ihnen noch einer gesicherten Finanzierung erfreut: den öffentlich-rechtlichen Medien, die eigentlich niemandem so richtig gehören. Oder wenn, dann uns allen, den Gebührenzahlern. Zwar gebärdeten sich die politischen Parteien manchmal so, als ob sie glaubten, der öffentlich-rechtliche Rundfunk wäre ihr Eigentum, aber inzwischen sehen sie selber ein, dass es so nicht ist und auch nicht sein darf.

Doch obwohl den Öffentlich-Rechtlichen schon seit Längerem das Totenglöcklein geläutet wird, sind sie noch erstaunlich lebendig. Von allen Medien in Deutschland ist Fernsehen nach wie vor am populärsten. Mit einer Reichweite von 80 Prozent hat es die Nase weit vorn.[111] Und von allen Fernsehsendern haben wiederum die öffentlich-rechtlichen Programme die größten Marktanteile. Das *ZDF* und *Das Erste* waren auch 2016 die einzigen TV-Sender mit zweistelligen Marktanteilen.[112] Aber auch sie haben keine Monopolstellung, sondern konkurrieren hart mit privaten Sendern und mit allen anderen Arten von Medien.

Man darf dabei auch nicht vergessen, dass nicht nur private Unternehmen und der öffentlich-rechtliche Rundfunk Medien produzieren, sondern auch Kirchen, Gewerkschaften, Verbände, Stiftungen, Parteien oder Großvereine wie der ADAC, dessen Mitgliederzeitschrift mit einer Auflage von 13,6 Millionen[113] die der *Bild*[114] um das Sechsfache übertrifft. Auch die *Apothekenumschau* erreicht die erstaunliche Auflage von fast zehn Millionen.[115]

Über die Qualität des Journalismus sagen solche Zahlen natürlich nichts aus, über die Medienvielfalt aber schon. Und vor allem belegen sie: Niemand hat eine marktbeherrschende Stellung, zumindest in Deutschland nicht, wie der regelmäßig veröffentlichte *MedienVielfaltsMonitor* der Bayerischen Landeszentrale für neue Medien (BLM) für das erste Halbjahr 2016 zeigt.[116] Die großen öffentlich-rechtlichen Sender *ARD* und *ZDF* konkurrieren gegen etwa gleich starke private Unternehmen und beide zusammen gegen eine große Zahl mittlerer und kleiner Unternehmen.

Aber: Das ist eine Augenblicksaufnahme, die vielleicht schon einen Zustand der Vergangenheit abbildet. Denn wir leben inmitten eines fundamentalen Umbruchs, der alle gesellschaftlichen und wirtschaftlichen Bereiche, ja jedes persönliche Leben, verändert und durchdringt: die digitale Revolution.

Das im Vorwort angesprochene Ende jener »Gutenberg-Galaxis«, die vor einem halben Jahrtausend mit dem Buchdruck begonnen hat, spiegelt sich schon in der Liste der größten Medienkonzerne der Welt. Darin sind Namen enthalten wie Netflix, Amazon oder Alphabet, die man vor 20 Jahren noch gar nicht kannte. Und altvertraute Namen, wie etwa Bertelsmann, 1995 noch zweitgrößter Medienkonzern der Welt, sind in dieser Liste nach unten gerutscht oder kommen gar nicht mehr vor.[117]

Der vor wenigen Jahren noch völlig unbekannte Konzern Netflix erwirtschaftet heute einen Umsatz, der so groß ist wie der von Axel Springer und ProSiebenSat. 1 zusammen. Der Umsatz der Google-Holding Alphabet wiederum ist mehr als zehnmal so hoch wie der von Netflix. Und auch diese Liste ist nur eine Augenblicksaufnahme, die sich noch stark verändern wird, und vermutlich schneller als die alten Listen.

Rang 2016	Medienkonzern	Land	Umsatz 2015 in Mio. €
1	Alphabet	USA	67 588
2	Comcast Corp.	USA	67 156
3	The Walt Disney Company	USA	47 287
4	News Corp. Ltd. / 21st Century Fox	USA	33 907
5	AT&T Entertainment Group (DirecTV)	USA	31 811
6	Time Warner Inc.	USA	25 343
7	Viacom Inc./CBS Corp.	USA	24 474
8	Sony Entertainment	JP	22 917
9	Apple Inc.	USA	17 944
10	Altice Group	NL	17 495
11	Bertelsmann SE & Co. KGaA	GER	17 141
12	Cox Enterprises Inc.	USA	16 314
13	Facebook Inc.	USA	16 159

Rang 2016	Medienkonzern	Land	Umsatz 2015 in Mio. €
14	Liberty Media/Liberty Interactive	USA	14857
15	Tencent Holdings Ltd.	China	14765
16	Dish Network Corp.	USA	13582
17	Thomson Reuters Corporation	USA	11004
18	Vivendi S.A.	FRA	10627
19	The Hearst Corporation	USA	9644
20	Rogers Comm.	CAN	9263
21	Baidu Inc.	China	9237
22	Microsoft Corporation	USA	9178
23	Charter Comm. Inc.	USA	8791
24	RELX Group	GB	8226
25	Bloomberg L.P.	USA	8112
26	Essel Group	IND	7514
27	Lagardère Media	FRA	7193
28	BBC	GB	6620
29	ARD	GER	6485
30	Pearson plc	GB	6156
31	Netflix	USA	6111
32	Advance Publications	USA	6022
33	Amazon.com Inc.	USA	5800
34	Discovery Communications, Inc.	USA	5763
35	iHeart Media	USA	5626
36	The Nielsen Company	NL	5563
37	Shanghai Media Group	China	5463
38	The Naspers Group	ZA	5335

Rang 2016	Medienkonzern	Land	Umsatz 2015 in Mio. €
39	Nippon Hoso Kyokai	JP	5086
40	Grupo Televisa	MX	4998
41	S&P Global Inc.	USA	4789
42	Fuji Media Holdings, Inc	JP	4769
43	Yahoo! Inc.	USA	4478
44	Globo Communicação e Participações	BRA	4336
45	Wolters Kluwer nv	NL	4208
46	Activision Blizzard Inc.	USA	4204
47	ITV plc	GB	4095
48	Electronic Arts Inc.	USA	3962
49	AOL (Verizon)	USA	3930
50	Nintendo Company Ltd.	JP	3756

Quelle: HORIZONT / Herbert von Halem Verlag

Die größten deutschen Medienkonzerne

Rang 2016	Medienkonzern	Umsatz 2015 in Mio. €
11	Bertelsmann	17141
29	ARD	6485
52	Axel Springer	3295
53	ProSiebenSat. 1	3261
71	Bauer Media Group	2300
72	Hubert Burda Media	2211

Rang 2016	Medienkonzern	Umsatz 2015 in Mio. €
74	ZDF	2114
83	Georg von Holtzbrinck	1727

Quelle: HORIZONT / Herbert von Halem Verlag

Man kann diese Liste infrage stellen mit dem Argument, Amazon, Google, Apple, Microsoft seien doch keine Medien-, sondern Technologie-, Software-, Daten- und Computerkonzerne. Man darf auch die Zahlen nicht eins zu eins nehmen, denn eines der hervorstechenden Merkmale der Medienrevolution ist, dass die neuen Player auch im Mediengeschäft unterwegs sind, aber nicht nur.

Amazon, Apple, Facebook, Google und Microsoft produzieren und verkaufen ganz verschiedene Dinge, aber eben auch: Medien. Und zum Teil machen sie mehr oder weniger große Teile ihrer Umsätze mit einem klassischen Mediengeschäft: Werbung. Apple verkauft aber auch zu den Medien die Geräte für diese Medien. Amazon verkauft nicht nur Bücher, sondern fast alles, was sich verkaufen lässt. Microsoft produziert und verkauft Hardware und Software. Facebook »verschenkt« Kommunikationsmöglichkeiten an jeden Einzelnen, kassiert dafür Daten und generiert damit Werbung, mit der das eigentliche Geld verdient wird. Google »verschenkt« Informationen, verlinkt auf Informationen, die andere produziert haben, kassiert dafür die Daten seiner Nutzer und akquiriert damit Werbung, die das große Geld bringt. 98 Prozent seiner Einnahmen erzielt Google mit Werbung. Und das gelingt, weil wir, wenn wir eine Information suchen, nicht mehr in Lexika nachschlagen, nicht mehr in die Bibliothek gehen, nicht mehr hinunter ins Archiv steigen, sondern: googeln.

Die Zaren, Mogule und Tycoons von einst sind plötzlich kleine Fische und werden aufgefressen oder ausgenutzt von den neuen großen Playern. Unter dem Druck dieser neuen Player verwandeln sich die alten Medienkonzerne gerade tief greifend zu Konglomeraten, in denen Print und Fernsehen nicht mehr die wichtigste Rolle spielen. Der Axel Springer Verlag zum Beispiel kauft sich bei digitalen Unternehmen ein, die im Internet Autos und Ferienwohnungen verkaufen,[118] beteiligt sich an Unternehmen wie der Taxikonkurrenz Uber[119] oder übernahm die Mehrheit bei dem Entwickler der Fitness-App Runtastic, um kurze Zeit später die Anteile an adidas weiterzuverkaufen.[120] Die *SZ* und die *ZEIT* bessern ihr Budget durch den Verkauf von Büchern, DVDs, CDs, Wein oder Reisen auf. Der *Focus* aus dem Burda Verlag verkauft Lizenzprodukte, Events und testet Produkte und Dienstleistungen, für die er Qualitätssiegel vergibt. Die lässt er sich teuer bezahlen. Die Erlöse, die damit erzielt werden, machen bereits ein Viertel dessen aus, was die Focus-Gruppe mit dem klassischen Geschäft aus Anzeigen und Vertrieb verdient.[121]

Alle Medienkonzerne halten derzeit Ausschau nach attraktiven neuen Geschäftsfeldern, die mit Medien nicht unbedingt etwas zu tun haben müssen. »Wenn sich die Tendenz fortsetzt, werden viele Medienunternehmen den Großteil ihrer Umsätze künftig mit Geschäften erzielen, die mit journalistischen Inhalten wenig bis nichts zu tun haben«, sagt *kresspro*-Chefredakteur Markus Wiegand.[122] Das sei wirtschaftlich für viele vernünftig. Aber: »Die einstigen Medienunternehmen und Verleger sind dann nicht mehr systemrelevant für den Erhalt der demokratischen Gesellschaften. Sie dürfen dann noch genau so viel Stolz vor sich hertragen wie ein Dosenfabrikant« (Wiegand).

Gewichtige politische Interessen werden diese Konzerne

weiterhin haben. Daher ist und bleibt es wichtig, dass es weiterhin große, starke, unabhängige Zeitungen und Rundfunksender gibt, die auch diesen neuen Mächtigen auf die Finger sehen.

FÜNF

Wer die Maschine bedient

Die Zeit der alten Zaren, Mogule und Tycoons geht vorbei. Ihre Macht mag einst groß gewesen sein und sollte auch heute nicht unterschätzt werden, aber man darf sie auch nicht überschätzen. Unumschränkt herrschen konnten und können die Eigentümer großer Medienkonzerne in einer freien Welt nie. Ihrer Macht waren und sind Grenzen gesetzt, zum einen durch die Konkurrenz der anderen Medieneigentümer, zum anderen durch die eigenen Angestellten, unter denen sich nicht selten Menschen mit eigenen Köpfen und eigenem Ethos befanden und noch befinden. Vor allem aber wird ihre Macht beschränkt durch jene Truppe, die ganz innen, im Zentrum der Maschine, sitzt und dort als die wichtigste Abteilung des gesamten Medienbusiness den harten Kern des Journalismus bildet: die Nachrichtenagentur.

Sie liefert täglich rund um die Uhr den Rohstoff, die harte Währung, die Antwort auf die Frage: Was ist passiert? Wer hat was wann wo wie getan und warum? Und woher weiß man das? Mit der Antwort auf diese Fragen setzt die Nachrichtenagentur die Themen und bestimmt weitgehend, worüber die Zeitungen, das Radio und das Fernsehen berichten und worüber in den sozialen Medien gequasselt wird.

Zwar haben Zeitungen und TV-Sender auch eigene Reporter und Korrespondenten, aber die springen oft nur auf das an, was ihnen die Agenturen zuvor geliefert haben. Sie recherchieren dann selbst, machen ihre eigenen Berichte, bauen aber meistens das bereits vorhandene Agenturmaterial mit ein. Natürlich kommt es immer wieder vor, dass auch einmal eine Zeitung, Zeitschrift oder ein TV-Magazin mit einem Korrespondentenbericht oder der Exklusivgeschichte eines ihrer Reporter ein Thema setzt. Aber die anderen Medien glauben dieser Geschichte meistens erst dann so richtig, wenn sie von den Agenturen bestätigt wurde. Daher ist das Agenturmaterial die harte Währung im Journalismus.

Weltweit gibt es ungefähr 180 solcher Nachrichtenagenturen. Werfen wir kurz einen Blick auf die für Deutschland und Europa wichtigsten Agenturen, bevor wir näher untersuchen, wie sie arbeiten. Keine dieser Agenturen gehört einem einzelnen Medienmogul.

AFP (Agence France-Presse)

Die *AFP* hat so etwas wie einen öffentlich-rechtlichen Status und wird von einem Vorstand geführt, der aus zehn Medienvertretern besteht (acht aus den Printmedien, zwei aus dem Rundfunk), drei Vertretern der französischen Regierung und zwei Vertretern der *AFP*-Mitarbeiter. Der gesetzlich verankerte Status soll die Unabhängigkeit von Staat und Privateigentümern garantieren. Finanziell besteht aber eine erhebliche Abhängigkeit vom französischen Staat: 40 Prozent der Einnahmen von *AFP* stammen aus Abonnements staatlicher Einrichtungen.

AP (Associated Press)

Die *AP* gehört rund 1 400 US-Zeitungsverlagen. Allerdings befinden sich die meisten dieser Verlage wiederum im Besitz größerer Medienkonglomerate. Trotzdem dürfte es kaum einem einzelnen Mogul gelingen, ins Tagesgeschäft der Agentur hineinzuregieren, denn andere Mogule mit anderen Interessen und mehrere Groß- und Kleinverlage mischen ebenfalls mit und werden nicht gewillt sein, sich von einem Einzelnen dominieren zu lassen.

dpa (Deutsche Presse-Agentur)

Ähnlich ist es bei der *dpa*. Sie gehört rund 190 Medienunternehmen, darunter vielen Tageszeitungsverlagen unterschiedlicher Größe.

Reuters

Reuters ist 2008 von der kanadischen Thomson Corporation übernommen worden und heißt seitdem *Thomson Reuters*. Kontrolliert wird die Aktiengesellschaft von der kanadischen Familie Thomson, die mehr als 50 Prozent der Aktien besitzt. Von dieser Familie ist bisher nicht bekannt, dass sie die Arbeit der Agentur inhaltlich beeinflussen würde.

So eine Agentur so führen zu wollen, wie Murdoch sein Imperium führt, wäre ein Ding der Unmöglichkeit, denn diese vier Agenturen – und auch die in anderen demokratischen Marktwirtschaften – funktionieren nach eigenen Gesetzen, die kein noch so mächtiger Mogul aushebeln könnte, es sei denn um die Gefahr, sein eigenes Geschäft zu schädigen. Nachrichtenagenturen in der freien Welt stehen in einem heftigen Konkurrenzkampf. Wer da Einfluss nehmen möchte, um etwa der Agenturberichterstattung eine ganz bestimmte Richtung aufzuzwingen, riskiert, seine Kundschaft zu verlieren und pleitezugehen.

Die vier Agenturen, die weit überwiegend die Medien in

Deutschland bedienen, beschäftigen weltweit ungefähr 13 000 Journalisten.[123] Dazu kommen noch kleinere Agenturen, die sich spezialisiert haben, wie etwa der *epd (Evangelischer Pressedienst)*, die *KNA (Katholische Nachrichtenagentur)* oder der *SID (Sport-Informations-Dienst)*.

Diese vielen festangestellten und freien Mitarbeiter der Agenturen bilden ein weltweit agierendes Netz von Reportern und Korrespondenten, von denen jeder ein geografisch oder thematisch abgestecktes Revier beackert. Sie stehen an vorderster Front, beobachten das Weltgeschehen, sammeln Daten, hören sich um, lesen auch die Meldungen anderer Agenturen und entscheiden, was wichtig und darum mitteilenswert ist und was nicht. Sie scannen die Welt auf Bilder, Worte, Taten, Ereignisse, die es wert sein könnten, mitgeteilt zu werden.

Dieses Scannen erfolgt idealerweise durch direkte Beobachtung: Im Extremfall ist das ein Kriegsreporter, der sein Leben aufs Spiel setzt, im harmloseren Fall ein Journalist, der einen Gerichtsprozess verfolgt, einer Parlamentsdebatte beiwohnt, einen Streik oder eine Demonstration beobachtet. Sehr oft ist es jedoch nur einer, der am Schreibtisch sitzt und sich auf der Suche nach der Stecknadel im Heuhaufen durch einen Berg von Pressemitteilungen, Verbandsberichten, PR-Beiträgen, Einladungen zu Pressekonferenzen, Events, Feierlichkeiten wühlt. Das meiste landet im Papierkorb.

Aus einer schwer überschaubaren Fülle von Daten filtern Nachrichtenredakteure täglich und rund um die Uhr heraus, was einen Hauch von Interesse und Relevanz hat. Aus dem wenigen, das übrig bleibt, lässt sich vielleicht etwas Mitteilenswertes machen, wenn es mit zusätzlichen Informationen angereichert wird. Also hängt sich der Schreibtischredakteur ans Telefon oder schreibt Mails, um bei verschiedenen Stellen nachzufragen, Stellungnahmen betroffener Personen oder Gegenpositionen einzuholen. Daraus kann dann eine kurze Meldung werden oder eine längere Nachricht, die stets mitzuteilen hat: Wer hat was wann wo wie warum gesagt oder getan? Weitere W-Fragen können sein: Wie viele, wie oft, wodurch, mit welchen Folgen? Von welchen Quellen stammen die Informationen? So entsteht der tägliche Nachrichtenstrom. Er bildet das Fundament des Journalismus, und er ist nachprüfbar.

Der Erste, der entscheidet, welche Teile der Wirklichkeit von der Welt da draußen zur weiteren Bearbeitung durchgelassen wird, ist also der Agenturjournalist. Er ist der Schleusenwärter, der die Schleuse öffnet für alles, was ihm als wichtig und relevant erscheint, und die Schleuse schließt für das Irrelevante und Unwichtige. Der Agenturjournalist trennt also die Spreu vom Weizen, und wenn er den Weizen herausgedroschen hat, gewichtet er ihn.

Aus dem, was dieser Schleusenwärter hereinlässt, produziert er Nachrichten in Form von Texten, Fotos, Filmen, Audio- und Multimedia-Dateien und leitet sie weiter an die Zentrale, wo alle eintreffenden Meldungen gesammelt, sortiert und an die zuständigen Fachredakteure verteilt werden, die nach Sichtung des Materials einen Teil davon wegen zu geringer Relevanz in den Papierkorb werfen. Der Nachrichtenstrom passiert also eine zweite Schleuse. Was durchkommt, verdichten die Redakteure in der Zentrale und fassen es zu jenen laufend aktualisierten Agenturnachrichten zusammen, die sie »nach hinten« weiterreichen.

Nach hinten heißt: an die Medien, also Zeitungen, Zeitschriften, Radio, Fernsehen, Internetportale, Behörden, Verbände und Unternehmen, an alle, die ein Interesse an Agenturnachrichten haben und dafür bezahlen. Der normale Leser, Hörer, Zuschauer bekommt von dieser täglichen Produktion des Nachrichtenstroms durch die Agenturen kaum etwas mit, aber das, was bei ihm ankommt, hat eine weitere, dritte Schleuse passiert.

Das von den Agenturen an die Pressehäuser, TV-Sender und Radiostationen durchgereichte Material wird dort noch einmal gesichtet und weiter ausgesiebt, denn die Summe dessen, was die Agenturen liefern, passt in keine Zeitung und erst recht nicht in eine Radio- oder TV-Nachrichtensendung. Diese Nachrichtenredaktionen sieben nicht nur aus, sondern schreiben die meisten Agenturmeldungen auch um, weil das »Agentur-Deutsch« für normale Leser, Hörer und Zuschauer schwer eingängig und oft nicht auf Anhieb zu verstehen ist. Und vieles wird gekürzt.

Außerdem vergleichen sie die Meldungen der verschiedenen Agenturen. Manch eine Agentur hat vielleicht zu einem bestimmten Thema ein paar Einzelheiten, die bei den anderen fehlen. Falls diese wichtig sind, fließen sie in die umgeschriebene Meldung ein. Vorrang haben meistens die Berichte der eigenen Reporter, Korrespondenten und Redakteure, die ebenfalls – meistens auf der Grundlage des vorhandenen Agenturmaterials – recherchieren, sich ans Telefon hängen, Pressekonferenzen, Veranstaltungen, Events besuchen. Aus dem Agenturmaterial und dem, was die eigenen Leute liefern, werden dann in der Nachrichtenredaktion die Nachrichten für das Publikum des jeweiligen Mediums gemacht, gewichtet und in der Reihenfolge ihrer Bedeutung gedruckt oder gesendet. Was nicht gedruckt und gesendet wird, landet heutzutage nicht mehr zwangsläufig zu hundert Prozent im Papierkorb, sondern wird von den Online-Redaktionen aufbereitet und als Zusatzinformation, Hintergrundberichterstattung, laufende Zusammenfassung im Netz abrufbereit gehalten.

Jede Nachrichtenredaktion steht also an jedem Tag vor immer denselben Fragen: Worüber berichten wir heute? In welcher Ausführlichkeit? Welche Nachrichten kommen wie groß auf die erste Seite? Beim Rundfunk: Was ist die erste Meldung? Wie viele Minuten bekommt der erste Bericht? Was schieben wir nach hinten? Womit füllen wir den Raum dazwischen? In welcher Reihenfolge? Und worauf müssen wir verzichten, obwohl wir es auch für nicht ganz unwichtig halten, aber keinen Platz mehr dafür haben?

Aus dem stetig fließenden Nachrichtenstrom das wirklich Wichtige und Relevante auswählen und das Ausgewählte gewichten – das ist die tägliche Arbeit in den Nachrichtenredaktionen. Und diese Arbeit kann man völlig konträr bewerten. Man kann sagen: Die Nachrichtenredakteure schwingen sich damit zu Vormündern und Schulmeistern der Nation auf, denn sie entscheiden, was ihren Lesern, Hörern, Zuschauern wichtig zu sein hat. Und man kann aber genau so gut sagen: Zum Glück gibt es diese Dienstleister, die aus der täglichen unübersehbaren Fülle von Information das wirklich Wichtige herausfiltern, Ordnung ins Chaos bringen und jeden Tag für so etwas wie den Überblick sorgen.

Ob man es nun so oder anders sieht, es bleibt die Frage, was diese Dienstleister in den Redaktionen befähigt, das Wichtige vom Unwichtigen zu unterscheiden. Wie kann man als Leser, Hörer, Zuschauer sicher sein, dass sich unter den 99 Prozent Information, die in den Redaktionen täglich als »unwichtig« oder »weniger wichtig« aussortiert werden, nicht die eine oder andere Perle befindet? Was macht den Schleusenwärter so sicher, dass genau das, was er durchwinkt und als »wichtig« und »relevant« abstempelt, tatsächlich immer das Wichtigste ist? Dieser Frage gehen wir im nächsten Kapitel nach.

SECHS

Nach welchen Regeln die Maschine bedient wird

Der Nachrichtenredakteur entscheidet also, was wichtig und unwichtig ist für den Rest der Welt. Aber woher weiß er das? Gibt es erlernbare, objektive, nachvollziehbare Regeln und Kriterien für das Handwerk der Schleusenwärter? Gibt es so etwas wie eine Bedienungsanleitung für die Medienmaschine?

Die Antwort lautet: im Prinzip ja. Es gibt Regeln. Fragt man aber einen x-beliebigen Redakteur, wie er seinen Job macht und nach welchen Kriterien, gerät er mit hoher Wahrscheinlichkeit genauso ins Stottern wie ein Schuhmacher, den man fragte, wie er einen Schuh macht. Nachrichtenjournalismus ist ein Handwerk, und man erlernt es im Maschinenraum der Medien, wo der Lehrling dem erfahrenen Handwerksgesellen und dem Meister bei der Arbeit über die Schulter guckt, ihnen zuarbeitet, eigene kleine Arbeiten anfertigt, korrigiert wird, größere Arbeiten abliefert, wieder korrigiert wird – so lange, bis er das Handwerk beherrscht.

Unter Schuhmachermeistern herrscht ein weitgehender Konsens darüber, was einen guten Schuh ausmacht. Aber es fiele ihnen vermutlich schwer, diesen Konsens in Worte zu fassen. So ähnlich verhält es sich auch mit dem Handwerk des Nachrichtenjournalismus. Es gibt kaum einen Redakteur, der in der Lage wäre, aus dem Stegreif die Regeln herunterzurasseln, nach denen er Nachrichten selektiert, gewichtet, einordnet. Trotzdem herrscht unter Journalisten eine erstaunlich hohe Übereinstimmung darüber, wie zu selektieren und zu gewichten sei. Die Regeln dafür werden selten bis gar nicht explizit gelehrt oder unterrichtet, sondern im Redaktionsalltag bei der Arbeit implizit vermittelt – learning by doing. Nach einigen Jahren in der Redaktion hat ein Jungredakteur diese Regeln einfach »drauf« und erspürt eher, als dass er rational begründen könnte, was auf die Seite eins gehört.

Einige dieser Regeln sind so einfach und klar, dass es leicht ist, sie zu benennen, andere sind subtiler. Der ehemalige FDP-Bundesgeschäftsführer Günter Verheugen hat 1977 zeitlos gültig formuliert, worauf die Medien anspringen und worauf nicht:

> Kritik eines Parteipolitikers an der eigenen Partei: gewaltiges Interesse, umso gewaltiger, je ranghöher der Kritiker ist.
> Kritik eines Regierungsmitglieds am Koalitionspartner: starkes Interesse.
> Wohlwollen eines Regierungsmitglieds für die Opposition: Interesse.
> Kritik eines Regierungsmitglieds an der Opposition: laues Interesse.
> Positive Mitteilungen über die eigene Partei oder Lob der Regierung durch ein Regierungsmitglied: komplettes Desinteresse.[124]

Heute käme fürs Leitmedium Fernsehen noch hinzu: eindrucksvolle Bilder, egal von wem oder was. Wer tolle Bilder, aber nur eine dünne Story dazu hat, kommt eher nach vorn als einer, der eine starke Story, aber keine Bilder dafür hat. Und der Albtraum jeder Fernsehnachrichtenredaktion ist: Das Flugzeug des US-Präsidenten oder des Papstes stürzt irgendwo in den Anden ab, und es gibt keine Bilder.

Für die Medien insgesamt aber gilt: Ja, selbstverständlich hat das Unerwartete, Überraschende, Aufsehenerregende, Katastrophale und Abweichende eine höhere Chance auf Aufmerksamkeit als das Erwartbare, Normale, Alltägliche. Dass der Bauernverband höhere Subventionen fordert, ist daher eine Nachricht, die es so wenig auf die Seite eins schaffen wird, wie die Nachricht, dass die Gewerkschaften höhere Löhne und Arbeitszeitverkürzung fordern und die Arbeitgeber das ablehnen. Würde hingegen der Präsident des Verbandes der Arbeitgeber öffentlich sagen, die Löhne in Deutschland seien viel zu niedrig und müssten sofort um 15 Prozent angehoben werden, wäre ihm die Seite eins sicher (und seinen Job wäre er auch los).

Das Überraschende allein reicht allerdings nicht. Es muss schon auch eine gewisse Relevanz haben, und Relevanz hat alles, was viele betrifft, was von öffentlichem Interesse ist. Daher wäre der Kanzleramtsminister Peter Altmaier ein Kandidat für die Seite eins, wenn er überraschend verkünden würde, die Regierung habe vor, das Rentenalter auf 70 Jahre anzuheben. Wohingegen Altmaiers Beschluss, mit sofortiger Wirkung der Wurst, dem Fleisch, dem Wein und dem Bier zu entsagen, zwar ebenfalls völlig überraschend käme, aber niemand außer ihn selbst beträfe und daher auch nicht relevant wäre. Was nicht heißt, dass man es nicht in der *Bunten* oder in *Bild* zu lesen bekäme. Aber dort hat man eben eine andere Auffassung von Relevanz als im politischen Nachrichtengeschäft,

Nicht nur, was viele betrifft, ist relevant, sondern auch, was viele betroffen macht. Als in Japan ein Tsunami einen

GAU im Atomkraftwerk Fukushima auslöste, war davon in Deutschland kaum jemand betroffen, und trotzdem berichteten Zeitungen, Radio und Fernsehen in Deutschland fast ausführlicher als die Medien in Japan – warum? Weil dieser GAU die atomkraftsensiblen Deutschen betroffen gemacht hatte, so betroffen, dass die atomkraftfreundliche Kanzlerin in einer politischen Kehrtwende und fast im Alleingang den Atomausstieg beschloss.

Relevanz hat außerdem, was aktuell zwar nur einige betrifft, aber im Prinzip viele betreffen könnte: Ein Terroranschlag in einem bei Deutschen beliebten Urlaubsort im fernen Asien hat für deutsche Medien eine höhere Relevanz als ein Terroranschlag an einem Nicht-Urlaubsort in der nahen Türkei, auch dann, wenn es in Fernost nur zwanzig Tote gegeben hat, darunter aber fünf Deutsche, während es in der Türkei 30 Tote gegeben hat, darunter aber keine Deutschen. Wiederum hat ein Terroranschlag in London, Paris, Nizza, Rom, Madrid oder New York auch dann eine hohe Relevanz, wenn kein deutsches Opfer zu beklagen ist, und zwar einfach deshalb, weil Deutsche gerne in diese Städte reisen, schon öfter dort gewesen sind, diese Städte kennen und vorhaben, sie wieder zu besuchen. Daher fühlt fast jeder Deutsche: Es hätte auch mich treffen können. Und das macht betroffen.

In hohem Maße betroffen machte auch das Bild des syrischen Flüchtlingsjungen, der ertrunken am Strand liegt, im September 2015 ist es um die Welt gegangen. Seitdem sind viele weitere Kinder ertrunken, aber man sieht keine Bilder mehr davon. Das Sterben geht zwar weiter, wird aber nicht mehr so explizit gezeigt. Auch über das tägliche Grauen in den syrischen Kriegsgebieten wird nicht täglich berichtet. Die alltägliche Gewalt auf dieser Welt, die spezielle Gewalt des IS, die Unterdrückung der Opposition in China, der traurige Alltag in den Flüchtlingslagern und der Kampf ums

Überleben in den Armutsregionen dieser Welt kommen oft wochenlang nicht vor in den Nachrichten.

Warum?

Dafür gibt es vielschichtige Gründe, einer der banalsten ist: Es ginge für einen Fernsehsender schon rein zeitlich und für eine Zeitung aus Platzgründen nicht, das gesamte Elend dieser Welt täglich aufs Neue in den Nachrichten abzubilden. Außerdem fänden sich wohl kaum Leser und Zuschauer für solch trostlose Endlos-Nachrichten.

Der wichtigste und nicht banale Grund aber ist: Der Zweck von Nachrichten besteht nicht in der Abbildung des Gesamtzustands der Welt, sondern in der Abbildung der Veränderungen dieses Zustandes. Dass in den Radio- und Fernsehnachrichten also nicht täglich über ertrunkene Flüchtlinge, IS-Opfer oder unterdrückte Oppositionelle in China berichtet wird, ist Konsequenz der wichtigsten Regel, die den Nachrichten im Englischen ihren Namen gibt: News. Das Berichtete muss neu sein, einen Neuigkeitswert haben. Einzelne ertrunkene Flüchtlinge im Mittelmeer sind – so zynisch das klingt – leider keine Neuigkeit mehr.

Es gibt also Regeln, nach denen Nachrichten gemacht werden, und die Summe dieser Regeln, von denen sich Nachrichtenredakteure halb bewusst, halb unbewusst leiten lassen, führt zu einem *common sense* der Schleusenwärter, deren Kurs wie in einem Heringsschwarm von einer Art Gemeinsinn gesteuert wird. Verhaltensbiologen haben herausgefunden, dass sich jeder einzelne Hering innerhalb eines Schwarms an den jeweils anderen orientiert, was in der Summe die Richtung vorgibt, in der sich der Schwarm bewegt. Von dieser Regel gibt es eine Ausnahme. Wenn ein einzelner Hering eine Beute erspäht, verlässt er den Schwarm und steuert entschlossen auf die Beute zu. Für die anderen ist das ein Signal, diesem einzelnen Schwarmmitglied zu folgen.

Ganz ähnlich verhält sich der Schwarm der Nachrichtenredakteure. Bei normaler Nachrichtenlage orientiert sich einer am anderen. Die Antwort auf die Frage, was heute wichtig ist, bildet sich durch gegenseitige Beobachtung und Kontrolle wie von selbst.

Während jeder Einzelne in seiner Redaktion sein Feld beackert, laufen dort die Nachrichten von *ARD*, *ZDF*, *RTL*, *CNN*, und er sieht, wie dort die Kollegen sein Feld beackern. Er verfolgt im Internet, was der *FAZ*, der *SZ*, der *FR*, der *taz*, dem *Stern* und dem *Spiegel* wichtig ist und was sich auf Twitter und Facebook tut. Natürlich verfolgt er auch die ausländischen Medien. Er spricht mit seinen Korrespondenten, liest die Meldungen der großen Nachrichtenagenturen *AFP*, *AP*, *Bloomberg*, *dpa*, *Reuters*. So zeichnet sich meist schon am Morgen ab, was abends in den Fernsehnachrichten und tags darauf in den Zeitungen die wichtigsten Themen sein werden, und so entsteht jeden Tag aufs Neue der *common sense* des Schleusenwärterschwarms.

Landet aber einer der Ihren einen Scoop, deckt einer einen Skandal auf, entdeckt einer etwas sensationell Neues oder macht ein bestimmtes Medium erstmals etwas zum Thema, was noch nie Thema war, aber irgendwie als Thema schon über längere Zeit latent vorhanden ist, dann stürzen sich innerhalb kürzester Zeit alle anderen ebenfalls darauf. Dann ist es *common sense*, über den Skandal, die Sensation, das neue Thema zu berichten.

Nicht immer machen alle diese Schwarmbewegungen mit. Manchmal verharren einzelne Journalisten oder Redaktionen an ihrem Platz, während der größte Teil des Schwarms weiterzieht oder sich auf eine echte oder vermeintliche Beute stürzt, und meist stellt sich anschließend schnell heraus, ob die Verharrer recht hatten oder die Schwarmmitläufer.

Und manchmal bleibt es unentschieden, denn obwohl viele Nachrichtenredakteure dazu neigen, ihren *common sense* für etwas Objektives zu halten, ist er nichts Objektives. Und die Nachrichtenredakteure selbst liefern den Beweis für diese Behauptung immer dann, wenn sie in den Redaktionen anfangen darüber zu diskutieren, was nun das Wichtigste ist, und sie diskutieren fast täglich darüber. Wenn es hier so etwas gäbe wie eine mathematisch errechenbare Objektivität, erübrigte sich jede Diskussion. Jede *heute*-Sendung würde dann an jedem Tag exakt dieselben Inhalte in derselben Gewichtung präsentieren wie die *Tagesschau*, und jede Ausgabe der *FAZ* wäre nach Inhalt und Gewichtung jeder Ausgabe der *SZ* gleich.

So ist es aber nicht. Redaktionen sind eigene Gebilde, in denen zwar jene allgemeinen Regeln des Nachrichtenjournalismus gelten, die überall gelten, aber erstens lassen diese einen Interpretationsspielraum, und zweitens hat jede Redaktion ergänzende Regeln, die mit dem »Geist der Redaktion«, aber auch mit dem Publikum zu tun haben, das man bedient. Die *taz* wird Nachrichten über Umwelt, Gleichstellung, Inklusion meistens mehr Platz einräumen als die *FAZ*. Diese wiederum wird eher Nachrichten über Marktwirtschaft, Außenpolitik, NATO und dem, was sie wohl »Genderwahnsinn« nennen würde, mehr Gewicht verleihen. Und vieles wird sie anders akzentuieren als etwa die *SZ*, *ARD* oder *ZDF*.

Daher ist es gar nicht selten, dass die *FAZ* mit einem anderen Aufmacher kommt als die *SZ*, und diese wiederum mit einem anderen als die *FR* oder die *taz* oder der *Tagesspiegel*. In fast jeder Redaktion wird diskutiert, nicht selten gestritten, was das Wichtigste sei. Und häufig kommen die Redaktionen dabei zu unterschiedlichen Ergebnissen – so wie verschiedene Heringsschwärme unterschiedliche Richtungen einschlagen.

Natürlich: Wenn ein Attentat auf den amerikanischen Präsidenten verübt würde oder bei einem Erdbeben oder Vulkanausbruch Zehntausende stürben, gäbe es keine Diskussion. Aber in der Regel haben wir es mit weniger spektakulären Ereignissen zu tun. Und schon bei mittelspektakulären Ereignissen, wie den ersten Wochen der Regierung Trump, verschieben sich die Akzente von Medium zu Medium.

So hatten die drei großen Nachrichtensendungen von *ARD*, *ZDF* und *RTL* am Abend des 31. Januar 2017 zwar alle Trump als Aufmacher, aber während die *ARD* als Erstes die Entlassung der Justizministerin brachte, stieg das *ZDF* mit den Protesten gegen das Trump'sche Einreiseverbot für Muslime ein. Bei *RTL* ging es ebenfalls zuerst ums Einreiseverbot.

Zeitungen sind bei Redaktionsschluss auf dem Stand von *heute* und *Tagesschau*, daher muss man ihre Aufmacher mit den TV-Meldungen des Vorabends vergleichen. Bei der *SZ* war am nächsten Morgen, wie in der *ARD*, die Entlassung der Justizministerin das wichtigste Thema, während die *FAZ* mit einem Korrespondentenbericht aus Brüssel aufwartete: »Tusk: Die EU kann nur als Einheit unabhängig bleiben.«

Schon beim Zweitwichtigsten gingen die Meinungen der Nachrichtenredakteure noch weiter auseinander. *ARD* und *ZDF* blieben weiter bei Trump, aber mit unterschiedlichen Themen. Die *ARD*: »US-Regierung wirft Deutschland unfaire Handelsvorteile vor.« Das *ZDF*: »Weltweite Folgen des Einreisestopps.« *RTL* dagegen wechselte das Thema und hielt ein Gerichtsurteil über Motorradraser für das zweitwichtigste Ereignis des Tages. Auch die *SZ* wechselte komplett: »Deutsche Gefängnisse verkaufen gefragte Waren im Netz«. Die *FAZ* wiederum blieb bei Trumps Reisechaos: »Doppelstaatler dürfen einreisen.«

Vollends auseinander gingen die Ansichten über das drittwichtigste Thema. *ARD*: »Auftakt der Brexit-Debatte im britischen Parlament.« *ZDF*: »Luftbelastung übersteigt Grenzwerte.« *RTL*: »Todesursache für die Teenager in Arnstein steht fest, sie starben an Kohlenmonoxid-Vergiftung.« *SZ*: »Fast 100 000 Beamte in der Türkei entlassen.« *FAZ*: »EuGH: Kein Asyl für Terrorhelfer.«

Differenzen ergeben sich zwangsläufig auch, wenn über dasselbe Ereignis berichtet werden muss, dieses aber zu kompliziert ist, um es in einer Zeile auf den Punkt zu bringen. Da fliegt etwa die Bundeskanzlerin zum türkischen Staatspräsidenten, und die *SZ* akzentuiert am 2. Februar 2017 das Konfliktträchtige zwischen Deutschland und der Türkei und bringt den Staatsbesuch daher auf den Nenner: »Merkel ermahnt Erdoğan.« Die *FAZ* dagegen betont den letzten Rest von gemeinsamen Interessen und meldet: »Merkel sagt Erdoğan Unterstützung im Kampf gegen Terrorismus zu.«

Ähnlich unterschiedlich akzentuierten die beiden Zeitungen beim zeitgleich absolvierten Besuch des frischgebackenen Außenministers Gabriel in den USA. Die *FAZ*, abermals mehr auf Harmonie bedacht, gießt Gabriels Botschaft in die Zeile: »Wir haben Amerika etwas anzubieten.« Die *SZ* dagegen, wieder etwas mehr auf Krawall gebürstet, attestiert Gabriel einen »Seitenhieb auf Trump«.

Trotz solcher Verschiedenheit im Detail sind sich beide aber einig in der Hauptsache: Merkel in der Türkei und Gabriel in den USA – das ist heute wichtig.

Oft müssen komplizierte Fakten auf einen kurzen Nenner gebracht oder verständlich interpretiert werden. Dann kann es zu diametral entgegengesetzten Aussagen kommen, wie zum Beispiel am 17. März 2017: Da lautete die Aufmacher-Schlagzeile der *SZ* in ihrem Münchner Lokalteil: »Die sicherste Großstadt Deutschlands«. Die *Abendzeitung* titelte am selben Tag: »München immer gefährlicher«. Zwei verschiedene Interpretationen derselben Statistik – und beide stimmten. Die Zahl der Straftaten war gegenüber dem Vorjahr um zwölf Prozent zurückgegangen, und im Vergleich mit Frankfurt, Hamburg, Berlin und anderen deutschen Großstädten rangiert München damit tatsächlich am Ende der Statistik. Andererseits hat die Zahl der Wohnungseinbrüche und der Sexualdelikte zugenommen. Und dass die absolute Zahl der Straftaten so stark gesunken ist, lag vor allem am Rückgang der illegalen Einreise. Im Jahr zuvor waren viel mehr Zuwanderer gekommen, und das trieb die Zahl der Einreisedelikte, also der Straftaten, in die Höhe. 2017 waren es deutlich weniger. Man muss also, gerade bei Statistiken, schon den ganzen unter dem Titel stehenden Text lesen, um die Einordnung der Zeitung selber besser einordnen zu können.

Es wäre außerdem auch falsch, den Aufmacher jeder Zeitung immerzu für ein Statement über »das Wichtigste« zu halten. Zeitungen, die am Morgen den Nachrichtenstand des Vorabends referieren, haben seit der Existenz von Radio und Fernsehen ein Problem: Sie sind nicht mehr ganz taufrisch. Es wäre auf Dauer selbstmörderisch, auf der ersten Seite wiederzukäuen, was alle schon am Abend davor gesehen haben. Daher muss eine Zeitungsredaktion am nächsten Morgen etwas bieten, was zwar an den Stand der Dinge des Vorabends anknüpft, diesen Stand aber irgendwie weiterdreht.

Stand der Dinge am 3. Februar 2017 war: In Malta trafen sich die Regierungschefs der EU zum EU-Gipfel. Trump und das weiterhin ungelöste Flüchtlingsproblem standen im Mittelpunkt des Treffens. Das wurde in den TV-Nachrichten abgearbeitet. Was aber macht eine Redaktion, deren Zeitung erst am nächsten Tag erscheint? Die *SZ* hatte sich entschieden, die Bedeutung des Gipfels historisch einzuordnen vor der Zeitenwende, die durch US-Präsident Donald Trump eingeläutet wurde. So lautete die Botschaft: »Ängstliche Entschlossenheit. Eine Existenzgrundlage Europas ist in Gefahr: die Partnerschaft mit den USA. Doch die EU will dem nicht tatenlos zusehen, sondern ihre Wirtschaftsmacht ausbauen – notfalls gegen Amerika.«

Anders die *FAZ*: Sie hob abermals die neue Trump-Regierung auf den Schild und verknüpfte sie mit einem eigenen Korrespondentenbericht über den Konflikt zwischen den USA und Iran. Aktueller Anlass war ein iranischer Raketentest, mit dem der alte, unter Obama heruntergekochte Konflikt wieder hochgekocht wurde: »Washington verhängt neue Sanktionen gegen Iran. Reaktion auf Raketentest / Trump: Teheran spielt mit dem Feuer / Kritik an Russland.« Den EU-Gipfel hatte die *FAZ* an die zweite Stelle gerückt, ihm aber die ganze Seite 2 gewidmet.

Das alles braucht einen normalen Zeitungsleser oder TV-Gucker eigentlich gar nicht so besonders zu interessieren, aber es wurde hier einigermaßen ausführlich dargestellt, weil gezeigt werden sollte, dass es so etwas wie eine objektive Auswahl und Gewichtung nicht geben kann. Redakteure müssen aus der täglichen Flut die wichtigsten Nachrichten auswählen, und zwar nach allgemein verbindlichen Kriterien. Aber diese Kriterien lassen sich nicht so hart und glasklar definieren, dass der Handlungsspielraum jeder Redaktion gegen null ginge. Es bleiben den Redakteuren gewisse Freiheiten, die aber klein genug sind, um Subjektivismus und reine Willkür weitestgehend auszuschließen. Man wird einfach nicht erleben, dass der Papst stirbt und eine Zeitung die Nachricht von einem Streit zwischen Horst Seehofer und Markus Söder auf der Seite eins bringt. Es ist sogar unwahrscheinlich, dass Seehofer und Söder es auf die Eins schaffen, wenn der Papst nicht stirbt, es sei denn, sie würden handgreiflich werden.

Es gibt also professionelle Regeln des Nachrichtengeschäfts, an die sich in Ländern mit einer freien Presse so oder so ähnlich alle seriösen Nachrichtenredakteure halten. Nach diesen Regeln wird entschieden, was wert ist, gedruckt oder gesendet zu werden, wie umfangreich und an welchem Platz. Und diese Regeln – das ist jetzt für all jene wichtig, die sich fragen, ob an gewissen Verschwörungstheorien »etwas dran« ist – lassen keinen Raum für Anrufe aus der Regierung. Weder die Bundeskanzlerin noch ihr Sprecher, ja nicht einmal der Papst kann die überall in der freien Welt geltenden Regeln des Nachrichtengeschäfts durch Anrufe oder sonstige Machenschaften außer Kraft setzen. Auch irgendeine ferne böse Macht – wahlweise »das Kapital«, der Verleger, die Geheimdienste – kann das nicht, denn die Regeln sind die Macht, die bestimmt, wie Nachrichten gemacht werden.

Natürlich fehlt es nicht an Versuchen, diese Macht zu brechen, zu überlisten, zu hintergehen, zu bestechen, ihr zu drohen oder sie wenigstens zu beeinflussen. Mächtige Anzeigenkunden, Lobbyisten, Parteien, Politiker, Pressesprecher und Verbände probieren das immer wieder, und manchmal haben sie sogar Erfolg, aber keineswegs immer und niemals dauerhaft. Da sich Journalisten und Redaktionen ungern blamieren und sie ihrer Konkurrenz höchst ungern einen Anlass zur Schadenfreude liefern, muss man sie schon sehr unter Druck setzen, damit sie gegen ihre eigenen Regeln verstoßen. Und es gibt sogar Journalisten, die jedem Druck standhalten und sich schlicht weigern, eine Zeitung oder Sendung anders zu machen als nach den professionellen Regeln der Zunft.

Was, worüber, in welcher Länge und Reihenfolge berichtet wird, beschließt jede Redaktion nach kürzerer oder längerer Diskussion in der Redaktionskonferenz gemäß den Regeln der Profession. Nicht einmal der Redaktionsleiter ordnet einfach an, was zu berichten ist, denn auch er unterliegt den Regeln. Er leitet die Diskussion und übernimmt dann die Verantwortung für die Beschlüsse der Redaktion. So jedenfalls oder so ähnlich läuft es in jeder Redaktion, die sich um seriösen Nachrichtenjournalismus bemüht. Und nur wenn sich eine Redaktion nach längerer Diskussion nicht einigen kann, entscheidet der Chef, weil es nun mal einen Termin gibt, an dem man fertig sein sollte.

Der ehemalige CSU-Parteisprecher Hans Michael Strepp hat von diesen Regeln offenbar nichts gewusst oder sich in einem Anfall von Größenwahn für diese ferne Macht gehalten, als er eines Tages im Herbst 2012 in der *heute*-Redaktion anrief, um sie von dem Vorhaben abzubringen, über den Landesparteitag der SPD zu berichten.[125] Seine Begründung lautete, die *ARD* tue dies auch nicht. Berichte das *ZDF* dennoch, werde dies »Diskussionen nach sich ziehen«. Er hatte tatsächlich geglaubt, mit der CSU im Rücken über genügend Drohpotenzial zu verfügen, um einen Bericht über den Parteitag des politischen Konkurrenten zu verhindern.

Diese Annahme erwies sich als irrig, und seine Behauptung, die *ARD* werde nicht berichten, war falsch. Sie berichtete. Das *ZDF* auch. Und zwar so, wie *ARD* und *ZDF* kurz zuvor über den CSU-Parteitag berichtet hatten, und so, wie sie über jeden Parteitag berichten – wie es halt den Regeln entspricht, und diese sind nicht einfach durch einen Anruf aus irgendeiner Parteizentrale außer Kraft zu setzen. Das sah sogar Horst Seehofer ein, nachdem das *ZDF* diesen Beeinflussungsversuch publik gemacht hatte. Am 21. Oktober

2012 hatte Strepp telefoniert. Am 25. Oktober war Strepp seinen Job als CSU-Pressesprecher los.[126]

Damit soll nicht behauptet werden, dass *ARD* und *ZDF* völlig frei von Parteieinflüssen agieren könnten, aber diese Einflüsse haben Grenzen und können zumindest nicht die Regeln des Handwerks außer Kraft setzen. Daher ist die Vorstellung absurd, die Kanzlerin oder ihr Pressesprecher riefen täglich in den Redaktionen an, um die Berichterstattung in ihrem Sinn zu regeln. Die Kanzlerin wird sich hüten, das zu tun, und wenn ihr Pressesprecher es täte, wäre er die längste Zeit Pressesprecher gewesen. Dort, wo es um die reine Nachricht geht, sind die Mächtigen, egal ob Verleger, Kanzlerin oder werbetreibende Industrie, ziemlich ohnmächtig. Es würfe einfach kein gutes Licht auf eine Zeitung, die einen Banken-, Autoindustrie- oder Lebensmittelskandal verschwiege, der bei der gesamten Konkurrenz ein großes Thema ist. Hier mit Brachialgewalt in eine Nachrichtenredaktion hineinregieren zu wollen, wäre daher eine extreme Dummheit.

Wenn also *ARD, ZDF, SZ, FAZ* und viele andere an einem Tag allesamt ein und dasselbe Thema zum wichtigsten des Tages erklären, dann nicht, weil sie gleichgeschaltet sind, sondern weil sie nach Anwendung der Regeln ihres Handwerks zum selben Schluss gekommen sind, und zwar in eigener Verantwortung. Unterläuft ihnen dabei mal ein Fehler, ist es für sie peinlich, und neuerdings rebellieren in solch einem Fall die Zuschauer. Dann weht der Shitstorm, und es hagelt Hohn und Spott in den sozialen Medien. Offenbar funktioniert also nicht nur die Kontrolle der Politik und Wirtschaft durch die Medien einigermaßen gut in unserem Land, sondern auch die Kontrolle der Medien durch die Leser, Hörer und Zuschauer und natürlich auch die Kontrolle der Parteien, Verbände und gesellschaftlichen Gruppen.

Dass alles, was gedruckt und gesendet wird, über jeden Zweifel erhaben sei, ist damit trotzdem noch lange nicht erwiesen und Stoff für die nächsten Kapitel. Klar sollte jetzt aber zumindest sein, dass es die bösen Mächte, die Journalisten vorschreiben möchten, was sie zu schreiben haben, vielleicht zwar gibt, sie aber nur schwer bekommen, was sie gerne hätten: eine Presse, die nach ihrer Pfeife tanzt. Jedenfalls nicht in funktionierenden Demokratien. Nicht in Deutschland. Und in vielen anderen Ländern auch nicht. Diese Erfahrung macht gerade der US-Präsident Donald Trump, der noch so viel twittern und noch so oft behaupten kann, die Medien verbreiteten nur Fake News. Davon lassen sich die Journalisten nicht beeindrucken. Sie machen einfach weiter ihre Arbeit, und zwar so, wie es Steve Adler, der Chefredakteur von *Reuters* formuliert hat, nachdem er gefragt wurde, wie die Medien mit Trumps aggressiven Angriffen gegen sie umgehen sollten. Adler antwortete in aller Gelassenheit: So wie immer und überall. Nämlich einfach nur: professionell. Was er darunter versteht, formulierte er so:

»**Was wir machen:**
Über Themen berichten, die die Leben der Menschen beeinflussen und sie dabei mit allen nötigen Fakten versorgen, damit sie selbst bessere Entscheidungen treffen können.

Mehr Informationszugänge anlegen: Wenn sich die Tür zu einer Quelle schließt, wird eine andere geöffnet.

Offizielle Bekanntmachungen und Zugänge sind nicht wichtig – sie waren für Reporter nur selten von wirklich großem Wert. Unsere Berichterstattung im Iran ist hervorragend, obwohl wir quasi keinen einzigen offiziellen Zugang haben. Was wir jedoch haben, sind gute Quellen.

Unsere Reporter begeben sich in ein Land und lernen vor Ort viel über die Menschen, was sie denken, was ihnen hilft und schadet – und wie die Aktionen der Regierung ihnen gegenüber erscheinen, nicht uns gegenüber.

Wir behalten die Thomson Reuters Vertrauensprinzipien immer im Sinn und wissen, dass ›die Integrität, Unabhängigkeit und die Freiheit von Vorurteilen bei *Reuters* immer in Gänze erhalten bleiben müssen.‹

Wenn wir Fehler machen, was durchaus vorkommt, korrigieren wir sie schnell und komplett. Wenn wir etwas nicht wissen, sagen wir das auch so. Wenn wir Gerüchte hören, folgen wir ihnen und berichten nur über sie, wenn wir davon überzeugt sind, dass wir Fakten haben. Wir schätzen Schnelligkeit, aber keine Eile. Wenn etwas genauere Prüfung benötigt, nehmen wir uns die Zeit dafür. Wir versuchen, ›permanent exklusives‹ zu verhindern. Oft sind diese ›first but wrong‹. Wir arbeiten ruhig und besonnen, nicht nur, weil es in unserem Regelbuch steht – sondern weil es uns ermöglicht hat, über 165 Jahre unsere beste Arbeit zu leisten und Gutes zu tun.«[127]

SIEBEN

Wie sich die Regeln ändern können

Am 17. November 1999 hatte die *Frankfurter Rundschau* gemeldet: »Der frühere Leiter der renommierten Odenwaldschule, Gerold Becker, hat offenbar über Jahre hinweg etliche Schüler sexuell missbraucht.«[128]

Und dann passierte etwas Erstaunliches, nämlich: nichts. Staatsanwälte ermittelten nicht, Journalisten berichteten nicht. Die *Frankfurter Rundschau*, nicht bekannt dafür, dass sie ihre Leser mit halbgaren, reißerischen, faktenarmen Geschichten füttert, hatte wie immer gut recherchiert. Die Behauptung, dass der Schulleiter seine Schüler häufig »begrapscht«, ihnen »an den Genitalien herumgefuhrwerkt«, »ständig im Schülerbereich geduscht« und »Kinderpornohefte konsumiert« habe, war durch mehrere Zeugenaussagen gedeckt.[129]

Die Exklusivgeschichte stand groß auf Seite drei. Die Redaktion hatte die Presseagenturen vorab darüber informiert und gedacht, »einen ganz dicken Stein ins Wasser geworfen« zu haben, wie Jörg Schindler, der Autor des Artikels, später erzählte.[130] Und dann blieben die erwarteten Wellen der Erregung aus. Nur die *Stuttgarter Zeitung* und zwei Lokalblätter waren auf die Geschichte eingestiegen. In der *Bild*-Zeitung, der *SZ*, der *FAZ*, der *Welt*, dem *Spiegel* und der *ZEIT* las man kein Wort davon. *ARD* und *ZDF* berichteten nicht. In keiner einzigen Talkshow war die Odenwaldschule ein Thema. Nicht einmal Alice Schwarzers *Emma* war die Geschichte eine Meldung wert. Stille lag über dem Wasser, ein ganzes Jahrzehnt lang.

Wie ist das zu erklären? Warum hat das damals niemanden interessiert? Missbrauch in Familien war längst ein Thema, Missbrauch an Internaten hätte das nächste Thema werden können, wurde es aber erst zehn Jahre später und auch nur im Zusammenhang mit den Missbrauchsfällen an katholischen Internaten, über die zuerst berichtet wurde.

Wir haben keine hieb- und stichfeste Antwort auf diese Frage. Wissenschaftlich ist sie nach unserem Wissen noch nicht untersucht worden. Wir verfügen nur über Vermutungen von anderen und über eigene. Vermutungen von anderen lauten: Weitere Enthüllungen sind auf »hoher journalistischer Ebene verhindert worden«.[131] Die Odenwaldschule war ein Elite-Internat. Kinder großer deutscher Familien – Weizsäcker, Mann, Bosch, Jens, Unseld, Henkel, Porsche – waren dort Schüler. Auch der Grünen-Politiker Daniel Cohn-Bendit zählt zum Kreis der prominenten Schüler. Aber es gibt keinen Beleg für Interventionen von »ganz oben«.

Unsere Vermutung lautet daher: Manche Wahrheiten brauchen Zeit. Und wenn die Zeit für eine bestimmte Wahrheit gekommen ist, braucht es noch einmal ein bisschen mehr Zeit, bis sie in den Nachrichten zur Sprache kommt. Und damit sind wir bei einem wichtigen Punkt: Die Ansichten darüber, was so wichtig ist, dass es in die Nachrichten gehört, ändern sich mit der Zeit. Und oft ändern sich diese Ansichten in der breiten Masse früher als in den Medien, und es dauert manchmal sehr lang, bis diese Änderung in den Nachrichtenredaktionen ankommt und dort zu der Einsicht führt: Das ist jetzt auch für uns ein wichtiges Thema.

Daher lässt sich am Fall des Kindesmissbrauchs etwas sehr Wichtiges zeigen: Das, was die Nachrichtenredakteure als eherne Regeln ihrer Profession ausgeben, ist nicht etwas in Stein Gemeißeltes. Tatsächlich ändert sich der scheinbar unumstößliche *common sense* mit der Zeit. Was vor zehn oder zwanzig Jahren noch nicht »nachrichtenfähig« war, ist es heute, und es ist spannend, der Frage nachzugehen, warum und unter welchen Bedingungen ein Thema plötzlich »nachrichtenfähig« wird.

Nach unserer Beobachtung bahnt sich ein Thema lange »draußen in der Welt« an, bevor es in die Nachrichtenredaktion Einlass findet. Manchmal genügt aber auch ein einziges Ereignis, damit ein Thema über Nacht zur Nachricht wird, und manchmal braucht es beides, die Anbahnung plus ein plötzliches Ereignis. Meistens sind da zu Beginn immer nur ein paar Einzelne oder kleine Gruppen, die etwas thematisieren, oft Außenseiter, Laien, Amateure, die noch ungeübt darin sind, ihr Thema in die Medien zu bringen, und daher darauf angewiesen sind, dass es von einem Journalisten entdeckt wird. Aber auch dann, wenn ein Journalist das Thema entdeckt und darüber berichtet hat, heißt das noch lange nicht, dass es zum Thema in den Hauptnachrichtensendungen wird. Die meisten Themen schaffen es nie in die Nachrichten, einige irgendwann aber doch. Wie geht es dabei zu, wenn ein Thema plötzlich zum Nachrichtenthema wird?

Wir wollen es zunächst am Beispiel der Atomenergie erläutern. Kritik daran gab es in der Bundesrepublik schon in den frühen Sechzigerjahren, aber die Kritiker wurden in den Nachrichtenredaktionen als Spinner betrachtet und darum ignoriert. Also: Die Redakteure haben nicht beschlossen, nicht zu berichten, sondern nicht einmal darüber diskutiert, ob man berichten soll. Und zwar deshalb, weil sie damals über zu wenig Wissen und zu wenige Daten zu den Gefahren der Atomenergie verfügten. Es war schlicht kein Bewusstsein dafür vorhanden.

Später, als der Protest lauter und die Gegner mehr wurden, haben zu viele Journalisten zu lange lieber den hochseriösen Experten und Politikern geglaubt als irgendwelchen Laien. So geschehen im Landkreis Wolfenbüttel in Niedersachsen, wo es 1964 darum ging, die Schachtanlage Asse in einem ehemaligen Salzbergwerk als Atommüll-Zwischenlager herzurichten. Der Erdkundelehrer Walter Randig hatte in einem Leserbrief an die Lokalzeitung geschrieben: Die Asse eigne sich dafür nicht, denn in das alte Bergwerk dringe Wasser ein.[132]

Er bekam von oben gesagt: Was weißt denn du, du kleiner Erdkundelehrer. Wenn uns hochrangige Experten und renommierte Wissenschaftler versichern, die Asse ist sicher, dann ist sie sicher. Außerdem – das Totschlagargument schlechthin – schaffe die Asse Arbeitsplätze. Noch 1972 hatte der damalige Staatssekretär im Bundeswissenschaftsministerium, Klaus von Dohnanyi, behauptet: »Das Eindringen von Wasser kann mit an Sicherheit grenzender Wahrscheinlichkeit ausgeschlossen werden.«[133]

Heute fließen täglich 12 000 Liter Wasser ins Bergwerk. Der kleine Erdkundelehrer hatte recht, die Asse ist heute die größte Umweltkatastrophe Deutschlands, und zu verantworten haben das die vielen ranghohen Politiker, Experten und Beamte, die sich gegenseitig selbst bestätigt und arrogant über den laienhaften Erdkundelehrer hinweggesetzt hatten. Und die Journalisten, die obrigkeitshörig wiederkäuten, was ihnen von oben erzählt wurde. Andererseits: Ihnen selbst fehlte der Sachverstand, um die Sache beurteilen zu können. Warum sollten sie allen Experten misstrauen und dem kleinen Erdkundelehrer glauben?

Die Asse ist nur ein Beispiel von vielen, in denen sich Experten geirrt und Laien recht behalten haben. Es gibt aber vermutlich mindestens so viele Gegenbeispiele, in denen die Experten recht behalten haben. Aber darum geht es hier nicht, sondern nur um die Frage, wie ein Thema nachrichtenfähig wird und warum es manchmal lange dauert, bis es so weit ist. Im Fall der Atomkraft hat es so lange gedauert, weil in den Redaktionen die Expertise und ein Gefahrenbewusstsein nicht vorhanden waren und die Journalisten in den 1960er-Jahren im Durchschnitt unkritischer waren, als sie es heute sind. Sie haben den Politikern, Beamten und Wissenschaftlern einfach geglaubt, wenn diese ihnen erzählten, die Atomenergie sei sicher und technisch beherrschbar. Und warum sollten sie ihnen nicht glauben, wo doch sogar bewiesen wurde, dass die Mondlandung technisch machbar ist? Deshalb brauchte die Atomkraft Zeit, um nachrichtenfähig zu werden.

Den ersten öffentlichen Protest gegen die Atomenergie hat es in der Bundesrepublik 1968 gegen das im Bau befindliche Kernkraftwerk Würgassen an der Oberweser gegeben. Das Interesse der Medien daran war mäßig. Das änderte sich erst, und zwar schlagartig, 1986 mit Tschernobyl. Danach wurden die Atomkraftgegner in vielen Redaktionen erstmals ernstgenommen. Ein äußeres Ereignis, eine Katastrophe, hatte den *common sense* der Redakteure über Nacht verändert.

Und damit entstand ein viel größeres Thema in der Gesellschaft: die Umweltzerstörung. Auch sie rückte durch äußere Ereignisse in den Fokus der Medien: Fischsterben im Rhein und in der Nordsee, das Waldsterben, der Smog in den Städten, Gifte im Grundwasser und in Lebensmitteln, lauter Themen, die in den 60er-Jahren in den Nachrichten nicht, in den 70er Jahren nur selten, aber in den 80er-Jahren immerzu vorkamen.

Der *common sense* der Redakteure kann sich aber auch auf andere Weise ändern, und zwar so, dass man hinterher gar nicht mehr genau sagen kann, wann und warum er sich geändert hat. Ein Beispiel dafür ist der Kindesmissbrauch in Familien. Noch länger gedauert hat es, bis auch der Missbrauch an Internaten zum Thema wurde. Warum ist das so? Man könnte vermuten, dass sich vielleicht die Zahl der Fälle stark erhöht hatte. War aber nicht der Fall. Alle Statistiker sagen, die Zahlen seien über die Jahrzehnte hinweg im Durchschnitt gleich geblieben. Warum aber war dann Kindesmisshandlung über so lange Zeit kein Thema in den Nachrichten, weder in den deutschen noch in den ausländischen? Warum wurde zuerst der Missbrauch in den Familien thematisiert und erst viele Jahre später der Missbrauch in Internaten? Haben die Nachrichtenredakteure eines Tages beschlossen, ab jetzt darüber zu berichten? Und hat es vorher einen Beschluss gegeben, nicht zu berichten?

Natürlich nicht, der *common sense* entsteht ja nicht durch Beschlüsse, sondern subtiler. Nachrichtenredakteure beobachten nicht nur Taten und Ereignisse, nicht nur das tägliche Geschehen, sondern auch Stimmungen, Diskussionen und Wechsel der Einstellungen in der Bevölkerung. Sie hören in ihr Publikum hinein, um herauszufinden, wofür es sich interessiert, und irgendwann müssen sie herausgefunden haben, dass sich ihr Publikum über Kindesmissbrauch heute mehr Gedanken macht als früher.

Aber genau sagen kann man es nicht, denn einerseits beeinflussen die Nachrichten ihre Adressaten, andererseits beeinflussen die Adressaten die Nachrichten, und immerzu gibt es zwischen beiden Rückkopplungseffekte. Aber meistens ist es wohl so, dass ein Thema draußen in der Welt erst einmal eine gewisse Virulenz erreichen muss, bevor es in der Nachrichtenredaktion Relevanz bekommt.

Im Fall des Missbrauchsthemas vermuten wir zwei Ursachen: Erstens handelt es sich um eine ferne Nachwirkung von Frauenbewegung, Emanzipation und sexueller Revolution. Eine Folge davon war, dass die Nachrichtenredaktionen weiblicher wurden. Waren sie noch in den 70er-Jahren fast ausschließlich von Männern besetzt, ist das Verhältnis heute in mancher Redaktion schon fast halbe-halbe. Das heißt, der männliche Blick auf die Welt wird heute ergänzt um den weiblichen Blick. Frauen bringen ihre Themen in die Medien, machen sie nachrichtenfähig.

Das konnte man schon an einem Thema erkennen, das ebenfalls lang nicht nachrichtenfähig war und es dann plötzlich wurde: die Vergewaltigung in der Ehe. Ein Thema, das die grünen Frauen in den späten 80er-Jahren zur Sprache gebracht haben. Als grüne Rednerinnen im Bundestag den Antrag stellten, ein Gesetz gegen die Vergewaltigung in der Ehe zu beschließen, ernteten sie Stürme der Entrüstung, Hohn und Spott, besonders von den Männern der Unionsparteien. Aufhalten konnten die Herren das Gesetz, wie wir wissen, nicht, und vermutlich vor allem deshalb nicht, weil eben in den Redaktionen inzwischen so viele Frauen arbeiteten. Diese widmeten dieser Bundestagsdiskussion wahrscheinlich mehr Aufmerksamkeit als die Männer und setzten das Thema auf die Agenda. Nun erst wurde ausführlich und breit debattiert. Die Debatte spiegelte sich in den Medien, und was die Medien lieferten, befeuerte wiederum die Diskussionen in der Gesellschaft.

Eine zweite Ursache vermuten wir in der Fähigkeit, über so etwas Intimes wie Vergewaltigung oder Missbrauch zu sprechen, und das erklärt wahrscheinlich die Reihenfolge. Die ersten, die über Vergewaltigung durch Fremde zu sprechen wagten, waren gebildete erwachsene Frauen. Dass sie es wagten, zunächst im kleinen Kreis von Betroffenen, dann auch öffentlich darüber zu sprechen, war der Beginn ihrer Emanzipation, ihrer Befreiung, und schwierig genug. Noch schwieriger, weil peinlicher, beschämender, verletzender war es, über Vergewaltigung durch nahestehende Männer zu sprechen, Verwandte, Bekannte, Nachbarn, Kollegen, Chefs. Aber auch das kam öffentlich zur Sprache, nachdem die Frauen diese Hürde genommen hatten.

Die nächste Hürde war der sexuelle Missbrauch. Dass man als Kind vom eigenen Vater oder Onkel missbraucht worden war, man darüber nicht sprechen konnte, und wenn doch, einem nicht geglaubt wurde, war eine noch traumatischere Erfahrung als die Vergewaltigung im Erwachsenenalter. Deshalb kam dieses Thema noch später zur Sprache, brauchte noch mehr Zeit.

Aber ganz schwierig war es für Kinder, die im Internat oder in der Klosterschule missbraucht oder misshandelt wurden, denn dort hatten sie es mit der Macht einer Institution zu tun, mit Autoritätspersonen, die über Drohpotenzial und Vertuschungsmöglichkeiten verfügten, oft auch mit charismatischen Verführern mit einem sehr guten Ruf in der Öffentlichkeit. Diese Kinder offenbarten sich oft nicht einmal ihren Eltern. Und wenn doch, wurde ihnen noch weniger geglaubt als den Kindern, die vom Missbrauch in der Familie erzählten. Daher verging noch mehr Zeit, bis das Leid der Internatskinder es in die Nachrichten schaffte.

Und es waren dann auch nicht die Missbrauchten, denen es gelang, das Thema »nachrichtenfähig« zu machen, sondern eine kirchliche Autorität: Dem Jesuiten Klaus Mertes, Rektor des renommierten Canisius-Kollegs in Berlin, waren mehrere Missbrauchsfälle an Kindern und Jugendlichen aus den 1970er- und 1980er-Jahren bekannt geworden, weshalb er einen Brief an die Absolventen der betroffenen Jahrgänge geschrieben hatte, um damit »beizutragen, dass das Schweigen gebrochen wird«.[134] Der Brief gelangte in die Hände eines Journalisten der *Berliner Morgenpost*, diese berichtete – und im Gegensatz zum Missbrauchsartikel in der *Frankfurter Rundschau* ein Jahrzehnt zuvor löste dieser Artikel eine Lawine aus, die dann auch über die Odenwaldschule hereinbrach. Es war, als ob die bundesdeutsche Öffentlichkeit erst jetzt bereit oder in der Lage war, sich dem Thema zu stellen.

Aber warum? Warum erst jetzt? Warum sind alle Journalisten, die das Thema vor zehn Jahren nicht anfassen mochten, jetzt darauf eingestiegen? »Fehleinschätzungen über die Dimension des Skandals, Desinteresse am Thema, die Unlust zu recherchieren – und gelegentlich das Bedürfnis, die Reformpädagogik gegen Angriffe zu schützen. Das berichten heute Journalisten, die damals für die Berichterstattung über Schulen verantwortlich waren.«[135]

Es sei »schon peinlich, dass wir damals nichts gemacht haben«, gestand der *taz*-Redakteur Christian Füller der Wochenzeitung *Die Zeit*. Andere, wie Joachim Mohr, damals beim *Spiegel* für Bildung zuständig, oder Jutta Pilgram von der *SZ*, konnten sich an den Beitrag der *Frankfurter Rundschau* nicht einmal mehr erinnern – und fragen sich heute selbst, wie das möglich war.[136]

Und die *Frankfurter Rundschau*, die das Thema entdeckt hatte, warum war sie nicht am Ball geblieben? »Journalisten sind Herdentiere«, sagte der Autor Schindler. »Und als die Leittiere nicht vorangingen, blieb auch die Herde stehen.«

Der *common sense* der Nachrichtenredakteure ist also durchaus etwas, das hinterfragt werden kann und regelmäßig überprüft werden sollte. Und auch die »Leittiere« sollten ab und zu unter dem Aspekt untersucht werden, was sie zu Leittieren macht, ob sie es zu Recht sind oder ob sie ihre Leitfunktion nur ihrem überbreiten Ego und der Lautstärke ihrer Sirenen zu verdanken haben.

ACHT

Warum berichten Journalisten immer nur das Negative?

»Nachrichtensprecher fangen stets mit ›Guten Abend‹ an und brauchen dann 15 Minuten, um zu erklären, dass es kein guter Abend ist«, hat Rudi Carrell einmal sehr treffend bemerkt. Ja, es stimmt. Was Medien mitzuteilen haben, ist meistens negativ. Sie berichten von Kriegen und Verbrechen, Intrigen und Korruption, dem Gezänk der Parteien und dem Hass der Religionen aufeinander, von Terror, Krisen, Erdbeben, Überschwemmungen, Dürren, Missernten, Umwelt-, Steuer-, Dopingsündern, Hunger, Havarien, Horrorclowns – dem Horror dieser Welt überhaupt.

Wer sich nur aus Nachrichten informiert, muss glauben, die Welt sei eine einzige Katastrophe. Und wer sich nur aus der *heute-show* informiert, muss glauben, Deutschland und die EU würden von einer Horde unfähiger, lächerlicher, verrückter Versager regiert, und viele glauben das inzwischen auch, zumindest in den westlichen Demokratien.

Die Russen haben es besser. Dort kümmert sich Zar Wladimir Putin persönlich darum, dass sein segensreiches Wirken in Russland und der Welt im günstigsten Licht erscheint. Zwar stirbt man in Russland früher als in Deutschland, Frankreich oder Italien, besonders wenn man ein Macho ist,[137] schwelgt nicht gerade in Luxus[138] und kriegt vor Gericht nur dann Recht, wenn man keinem Oligarchen in die Quere kommt,[139] aber fast alle sind zufrieden, weil Putins Medien die Russen glauben lassen, der dekadente, moralisch verkommene Westen werde von schwulen Softies und herrschsüchtigen Lesben regiert und versinke gerade durch den Flüchtlingsansturm in Chaos und Kriminalität.

Alle anderen Diktatoren dieser Welt halten sich auf ähnliche Weise an der Macht. Sie machen sich die Welt, wie es ihnen gefällt, und das lassen sie von ihren privilegierten Liebedienern dem Volk so lange als Wahrheit verkünden, bis es das Volk glaubt. Dann darf sogar gewählt werden, denn nun, solchermaßen indoktriniert, wird das Volk freiwillig seinen Putin, Erdoğan oder Xi Jinping wählen, falls man sicherheitshalber noch dafür sorgt, dass die gefährlichsten Opponenten mundtot oder tot sind oder als Kriminelle und Verräter im Gefängnis sitzen.

Die gewöhnlichen Journalisten in Demokratien unterscheiden sich von den Kollegen in Diktaturen oder »gelenkten Demokratien« schon dadurch, dass sie nichts zu verkünden haben, schon gar nicht »die Wahrheit«. Diese ist Sache der Philosophen und der Theologen. Daher maßt sich auch kein Journalist an, »die Wahrheit« zu verkünden, und wenn er's doch tut, ist er keiner oder hat seinen Verstand verloren. Vor dieser Sache hat man einen viel zu großen Respekt. Westliche Journalisten haben bestenfalls etwas mitzuteilen, was nachprüfbar stimmen muss. Und im Gegensatz zu Diktaturen ist das Mitgeteilte in den allermeisten Fällen: negativ. Deshalb werden wir in diesem Kapitel erklären, warum Funk und Presse fast nur das Negative berichten, davon jedoch weniger als zehn Prozent, auf die man sich aber zu 99 Prozent verlassen kann.

Den Vorwurf, dass Journalisten immer nur das Negative berichten, bekommen sie fast jeden Tag von fast jedem Nicht-

Journalisten genauso regelmäßig zu hören wie die Frage: Wo bleibt das Positive? Ja, wo bleibt es also, das Positive? Die Antwort lautet erstens: Das Positive bleibt draußen, weil es nur selten hineingehört. Und zweitens: Das Positive bleibt draußen, weil es nicht funktioniert.

Um mit dem Zweiten zu beginnen, machen wir ein Gedankenexperiment. Stellen Sie sich vor, Sie stehen am Flughafen oder am Bahnhof vor zwei dieser Zeitungsboxen, die schon von Weitem mit großen Lettern mitteilen, was sie heute zu verkaufen haben. Auf der linken Box lesen Sie: »Airbus abgestürzt! 350 Tote!« Rechts lesen Sie: »Schon wieder fast alle 100 000 Flugzeuge sicher gelandet.« Zu welcher Zeitung greifen Sie? Eben. Als ziemlich gesicherte Tatsache darf daher gelten: Zeitungen, die nur das Positive brächten, gingen über kurz oder lang pleite. Deshalb funktioniert die Positiv-Berichterstattung nicht.

Wer es trotzdem nicht glauben will, überprüfe bitte einmal selbst sein eigenes Leseverhalten. Blättern Sie eine Zeitung durch und notieren Sie dabei, was Sie gelesen, überflogen, ignoriert haben. Haben Sie im Lokalen den Bericht von der Feuerwehrhauptversammlung gelesen? Haben Sie gelesen, dass der Bürgermeister die gute und wichtige Arbeit der Feuerwehr gelobt hat und deren Vorsitzender wieder mit großer Mehrheit in seinem Amt bestätigt worden ist? Haben Sie gelesen, dass die Versammlung in ein »gemütliches Beisammensein« überging, bei dem »das Tanzbein geschwungen« werden durfte und die Frauen der Feuerwehrmänner »fürs leibliche Wohl gesorgt« haben? Lauter gute Nachrichten, aber wenn Sie nicht selbst Teilnehmer dieser erfreulichen Veranstaltung waren oder mit einem Feuerwehrmann verheiratet oder verwandt oder dessen Nachbar sind, werden Sie diesen Bericht mit hoher Wahrscheinlichkeit ignoriert haben.

Gelesen haben Sie stattdessen, dass im Stadtpark schon wieder eine Frau vergewaltigt worden ist. Oder dass der für Finanzen zuständige Stadtrat für sein Eigenheim ein besonders günstiges Darlehen von der Sparkasse bekommen hat, in deren Aufsichtsrat er sitzt, und die anderen Aufsichtsräte davon angeblich nichts wissen.

Das deutsche Vereinswesen spielt eine wichtige Rolle in unserem Land und für unsere Demokratie, und ohne die vielen Ehrenamtlichen, die in diesen Vereinen ihre Arbeit machen, wäre unser aller Leben ärmer und brächen Teile des öffentlichen Lebens zusammen. Diese Arbeit wäre es daher durchaus wert, ein- oder zweimal im Jahr in einer packenden Reportage beschrieben zu werden, und das läse man dann wahrscheinlich auch. Aber die tägliche Berichterstattung über den ereignisarmen Alltag der reibungslos funktionierenden Vereinsmeierei nimmt der normale Leser oft nicht einmal dann zur Kenntnis, wenn er selbst Mitglied eines dieser Vereine ist.

Würde eine Zeitung sich zum Ziel setzen, täglich und fast ausschließlich darüber zu berichten, wie toll die Feuerwehren, Sportvereine, Rotary Clubs, Naturfreunde, Kaninchenzüchter, Sportschützen, Gemeinderäte, Kirchengemeinden, Arbeitersamariter vor sich hinarbeiten, wie überschäumend die Stimmung bei der Narrensitzung war, wie gekonnt der Bürgermeister Grundsteine legt, Bäumchen pflanzt, Grußworte spricht, Turnhallen einweiht, Hände schüttelt, vor der Kamera posiert, das Bierfass anzapft, käme eine Zeitung heraus, die sehr jenem Parteiorgan ähnelte, mit dem die Bürger der DDR ein halbes Menschenleben lang belogen worden waren. *Neues Deutschland* hieß die Zeitung, die fast nur Gutes über die Wirklichkeit in der guten sozialistischen DDR zu berichten hatte.

Die typische Meldung darin lautete: »Bergmannskombinat ›Stein, Kohle, Erden‹ hat Plansoll schon wieder übererfüllt.« Dass dort wegen Sicherheitsmängeln ein Stollen einbrach und ein Dutzend Bergleute unter sich begrub, las man hingegen nicht. Immerhin enthielt das SED-Zentralorgan aber auch zahlreiche kritische und zutiefst negative Nachrichten – die sich allerdings allesamt auf die schreckliche Wirklichkeit in der bösen revanchistisch-faschistisch-kapitalistischen BRD bezogen.

Medien in der Diktatur berichten hauptsächlich Positives über ihren Diktator und dessen Helfer und Helfershelfer und hauptsächlich Negatives über deren angebliche oder tatsächliche Feinde. Medien in der Demokratie berichten hauptsächlich Kritisches bis Negatives über ihre Präsidenten, Kanzler, deren unfähige Minister und tricksende Parteifunktionäre und über die Diktatoren dieser Welt. So gut wie alle kommen mehr oder weniger schlecht weg – nicht, weil es den Redakteuren Spaß macht, ihren Lesern, Hörern, Zuschauern die Laune mit schlechten Nachrichten zu verderben, sondern weil der Auftrag einer freien Presse lautet, den Mächtigen auf die Finger zu sehen.

Zu berichten, was nicht funktioniert, schlecht ist, sich in beängstigender Weise entwickelt, das genau ist die Aufgabe einer freien Presse in einer Demokratie. Und deshalb gehört regelmäßig das Negative in die Zeitung und das Positive nur ausnahmsweise. Denn dadurch, dass das Negative berichtet wird, kann es korrigiert, bekämpft und künftig vermieden werden.

Nachrichten in funktionierenden Demokratien sind also weit überwiegend negativ, weil es vordringlicher erscheint, Schwächen und Fehler des Systems und der handelnden Personen bloßzulegen als deren Stärken und Vorzüge. Es ist wichtiger, über Vorgänge zu berichten, die das Leben vieler Menschen beeinträchtigen, die Welt gefährden oder der

Gesundheit schaden, als einen Minister dafür zu loben, dass er noch nichts falsch gemacht hat, es sei denn, die Fehlerlosigkeit seines Tuns ist in seinem Nichts-Tun begründet, dann wiederum wäre sie ein Grund für kritische Berichterstattung. Es ist wichtiger, Fehlentwicklungen zu benennen und die dafür Verantwortlichen zur Rechenschaft zu ziehen, als die Stadtverwaltung dafür zu rühmen, dass sie tut, was sie soll. Fehler müssen benannt werden, damit sie künftig vermieden werden können.

Fehler, Lügen, Machtmissbrauch, Korruption, unverantwortliches Handeln aufzudecken ist für die Journalisten ein schwieriges Geschäft. Staatsoberhäupter, Minister, Parteichefs, Landräte, Bürgermeister, Manager, Bischöfe und Aufsichtsräte agieren hinter verschlossenen Türen und achten sorgfältig darauf, dass nichts nach außen dringt, was ihnen schaden könnte. Die Entscheider verfügen über mächtige Apparate, die sehr umsichtig negative Folgen von Fehlentscheidungen vertuschen, verschleiern, verschweigen oder, wenn sie dennoch bekannt wurden, schönreden, entschuldigen, beschwichtigen, bestreiten, während positive Folgen guter Entscheidungen aufgebauscht, großgeredet und lautstark in die Welt hinausposaunt werden.

Neben den üblichen Akteuren, welche nicht immer rundweg verhindern können, dass die Wahrheit ans Licht kommt, gibt es noch andere, die aktiv daran arbeiten, dass ihnen niemand ins Handwerk pfuscht: Die Diebe, Einbrecher, Mörder, Drogendealer, Falschgelddrucker, Mafiabosse, Spione, korrupten Beamten und Angestellten und Heerscharen von Lobbyisten – sie alle gehen so vorsichtig zu Werke, dass uns die meisten ihrer Taten verborgen bleiben oder zumindest nicht beweisbar sind. Das Gleiche gilt für Steuerhinterzieher, pfuschende Ärzte und Handwerker, schlampige Architekten, betrügerische Baulöwen, dopende Spitzensportler, bestochene Schiedsrichter und Sportwetten-Manipulierer. Und sogar korrupte Journalisten und abschreibende Doktoranden soll es geben …

Von dem hochinteressanten Treiben all dieser Personengruppen erfahren Mediennutzer nur dann etwas, wenn die Journalisten etwas davon erfahren haben und dies dann auch belegen können. Das meiste, was auf der Welt passiert, passiert unter Ausschluss der Journalisten und eben darum unter Ausschluss der Öffentlichkeit. Es ist also tatsächlich nur die berühmte Spitze des Eisbergs, welche die Medien in Erfahrung bringen können. Und von dieser Spitze des Eisbergs kommt wiederum nur das oberste Spitzchen bei den Mediennutzern an, denn von dem, was unter Beobachtung passiert und als Meldung in die Agenturen und Nachrichtenredaktionen dringt, landet das meiste im Papierkorb, wie in Kapitel II.5. schon beschrieben wurde. Aus dem gewaltigen Nachrichtenstrom kommt nur ein mehrfach gefiltertes Konzentrat beim Medienkonsumenten an.

Um einmal eine Vorstellung von den Größenordnungen zu geben: Allein die *dpa* beliefert Zeitungen, Radios und TV-Sender pro Tag mit 800 Meldungen und 2 100 Fotos,[140] und zwar nachdem sie selbst schon 90 Prozent in den Papierkorb geworfen hat. Dazu kommen noch ähnliche Mengen von den anderen Agenturen. Der allergrößte Teil dieser bereits vorselektierten Flut landet nach erneuter Selektion durch die Zeitungs-, Radio- und Fernsehredaktionen abermals im Papierkorb. Höchstens ein Prozent dieser von den Agenturen gespeisten Flut gelangt in die Zeitungen – in die *heute*-Nachrichten des *ZDF* und die *Tagesschau* der *ARD* noch weniger.

In den Nachrichten wird also nicht »die Wahrheit« verkündet, sondern über einen kleinen Ausschnitt des Weltgeschehens berichtet, und zwar nur über den, der für die meisten Menschen relevant ist. Schon Karl Valentin hatte sich einst darüber gewundert, dass auf der Welt gerade so viel passiert, wie in eine Zeitung hineingeht. Natürlich passiert täglich viel mehr, aber entweder die Zeitung hat es nicht erfahren oder sie hat zu wenig Platz oder hält manches, was sie erfahren hat, für zu unwichtig, um es zu drucken, und geht von der realistischen Annahme aus, dass das Interesse ihrer Leser an Nachrichten begrenzt ist. Man hat schließlich auch noch etwas anderes zu tun, als sich von Katastrophenberichten die Laune verderben zu lassen.

»Sagen, was ist« – dieser Slogan, mit dem der *Spiegel* bis vor Kurzem für sich warb, ist eine ziemlich maßlose Übertreibung, denn sowohl der *Spiegel* als auch alle anderen Medien können nur sagen, was sie wissen. Das ist nur ein kleiner Teil dessen, was ist. Und nicht alles, was der *Spiegel* und die anderen davon wissen, werden sie uns sagen, weil vieles so wichtig auch wieder nicht ist, als dass man Leser, Hörer und Zuschauer damit behelligen müsste.

Die mediale Abbildung der Wirklichkeit ist also tatsächlich ziemlich unvollständig. Das Positive fehlt fast ganz. Vom Negativen wird nur das abgebildet, was den Journalisten zur Kenntnis kommt und für relevant gehalten wird.

Die gute Nachricht ist: Auf diesen winzigen Teil des Ausschnitts eines Ausschnitts der Wirklichkeit ist Verlass. Er ist so gut wie nie gelogen, und zwar deshalb, weil die Überbringer der meist schlechten Nachrichten mindestens fünf Zwängen ausgesetzt sind, die dazu führen, dass Journalisten gar nicht anders können, als die Lüge zu vermeiden.

Einen der wichtigsten dieser Zwänge produziert der Konkurrenzdruck. Der *Tagesschau* könnte nichts Besseres passieren, als dass *heute* an drei Tagen hintereinander je eine Falschmeldung bringt. Ein monatelanges Quotentief für *heute* bei gleichzeitigem Quotenhoch für die *Tagesschau* und die News der anderen Kanäle wäre die Folge. Einige *ZDF*-Redakteure verlören ihre Jobs, und in den sozialen Medien würden Online-Petitionen grassieren mit dem Ziel, die »Zwangsgebührensender« nun endgültig zum Teufel zu jagen.

Selbst *Bild* müht sich redlich, die Fakten stimmen zu lassen. Ihr Image litte, wenn sie täglich eine Gegendarstellung und eine Entschuldigung für Fehlinformationen drucken müsste. Konkurrenzdruck hilft also, das Lügen zu vermeiden.

Neben der Konkurrenz der Medien sind es aber vor allem die Gesetze unseres Rechtsstaats, die Lügen oder Fake News verhindern. Eine Zeitung, die Prominente herunterschreibt, Politiker angreift, Pferd in der Rinderlasagne entdeckt, Korruption in der Stadtverwaltung anprangert, muss sich ihrer Sache schon sehr sicher sein und jede Tatsachenbehauptung belegen können, wenn sie vermeiden will, dass sie vor den Presserat gezerrt wird und mit Anwälten, Prozesskosten, Unterlassungserklärungen und Schadenersatzansprüchen überzogen wird.

Der dritte Zwang, die Wahrheit zu sagen, sind die Kollegen. Wenn hundert Journalisten an einer Pressekonferenz teilnehmen, einem Festakt beiwohnen, über ein Großereignis berichten, dann wird jeder der hundert sich hüten, etwas mitzuteilen, was nicht stimmt. Mindestens einem von den anderen 99 würde das auffallen, und wenn der dann den Falschmelder aus kollegialen Gründen vielleicht nicht sogleich bloßstellt, so wird er ihn künftig doch schärfer beobachten und ihn spätestens nach der dritten Fehlinformation auffliegen lassen. Die Beobachter der Wirklichkeit beobachten nicht nur diese selbst, sondern auch, was die anderen Beobachter angeblich oder tatsächlich beobachtet und mitgeteilt haben.

Der vierte Zwang sind die Leser, Hörer, Zuschauer. Immer befindet sich unter ihnen mindestens ein Experte, der sich genauestens mit dem Thema auskennt, über das der Journalist schreibt. Dieser Experte freut oder ärgert sich, wenn er der Zeitung, dem Radio oder dem Fernsehen einen Fehler nachweisen kann, auf jeden Fall wird er sich melden, und der Journalist, der den Fehler produziert hat, bekommt seinen Rüffel von oben. Eben deshalb wird er nächstes Mal darauf bedacht sein, dem Experten eine möglichst geringe Angriffsfläche zu bieten.

Dieses Expertentum der »Schwarmintelligenz« macht den Journalisten schwer zu schaffen, seit sie durch Twitter und Facebook in eine historisch neue Lage gebracht wurden. Plötzlich stehen sie, die Beobachter des Weltgeschehens, unter Beobachtung. Heerscharen von Bloggern und Medienkritikern schauen den Beobachtern beim Beobachten zu und erzeugen innerhalb von Minuten Shitstorms, wenn einer dieser Beobachter tatsächlich oder nur vermeintlich falsch beobachtet – oder auch richtig beobachtet, aber falsch berichtet.

Den fünften Zwang üben mächtige Interessengruppen aus, die in Verbänden organisiert sind. Diese gehen mit Gegenstellungnahmen an die Öffentlichkeit, wenn etwas berichtet wird, was ihren Interessen zuwiderläuft. Schreibt eine Zeitung, dass der Mindestlohn Arbeitsplätze vernichtet, widerspricht die Gewerkschaft. Schreibt eine Zeitung, dass der Mindestlohn wohl kaum Arbeitsplätze vernichten wird, widersprechen die Arbeitgeberverbände. Berichten die Medien, welche ökologischen Schäden die industrielle Landwirtschaft anrichtet, schreibt der Bauernverband, dass dies erstunken und erlogen sei und im Übrigen die Ernährung der Weltbevölkerung mit Ökobauernhöfen nicht zu leisten sei. Berichtet das Fernsehen nach Ansicht der Tierschützer zu unkritisch über die Massentierhaltung, bekommen die Redakteure es mit den zahlreichen Tierschutzorganisationen und internationalen NGOs (Nicht-Regierungs-Organisationen) zu tun.

Und auch diesen professionellen Widersprechern stehen E-Mail, Twitter, Facebook, Instagram und Youtube zur Verfügung. Ein Journalist, der weiß, dass er immer mit Widerspruch rechnen muss, wird daher bestrebt sein, den Widersprechern von vornherein so viel Wind aus den Segeln zu nehmen, dass ihre Einwände nur noch matt erscheinen können. Daher wird er sich gründlich in die Materie einarbeiten, die Stichhaltigkeit der zu erwartenden Gegenargumente schon während seiner Recherche überprüfen und sich gegen alle vorhersehbaren Vorwürfe wappnen.

Die Tatsache, dass Journalisten sich selber und ihrem Medium schaden, wenn sie Falschmeldungen verbreiten, garantiert noch nicht, dass es keine Falschmeldungen gibt. Es gibt sie, weil Menschen unbeabsichtigt Fehler machen. Aber kaum eine Falschmeldung lebt länger als einen Tag. Oder ein paar Tage, wenn jemand über die Chuzpe verfügt, Dutzenden von Journalisten über längere Zeit die Unwahrheit zu erzählen, wie es der Geschäftsführer des Tourismusverbandes in Seefeld (Österreich), Elias Walser, im November 2016 vorexerziert hat. Und wenn die Medien den Fehler machen, der Lüge zu glauben, statt sie gründlich zu prüfen.

In jenem Monat berichteten die Medien ab dem 24. November online, gedruckt und über Kabel und Satellit höchst amüsiert von einem Lastwagenfahrer, der eine Schneeraupe nach Seefeld in Schleswig-Holstein transportiert hatte. Ihr Bestimmungsort wäre eigentlich das 800 Kilometer weiter südlich gelegene Skigebiet Seefeld in Tirol gewesen. Aber offenbar hatte sich der Fahrer blind auf sein Navi verlassen oder war schlecht instruiert. Die *dpa* hatte diese Meldung verbreitet, und im Vertrauen auf die Zuverlässigkeit der *dpa* wurde das in ganz Deutschland und auch in Österreich gedruckt und gesendet.

Drei Tage lang war das ein Brüller in den sozialen Medien. Aber am vierten Tag, dem 28. November, teilten die Redaktionen von *Welt* bis *Bild* und von *ARD* und *ZDF* bis *RTL* zerknirscht und betreten mit: Alles gar nicht wahr. Zwar: Es hat tatsächlich diesen Transport der Schneeraupe nach Schleswig-Holstein gegeben, aber es handelte sich nicht um eine Irrfahrt, sondern um eine gelungene und ziemlich dreiste Aktion der PR-Agentur SR1 und des Geschäftsführers des Tourismusverbandes in Seefeld (Österreich), Elias Walser. Er wollte sein wenig bekanntes Skigebiet bekannter machen und ließ diese »Irrfahrt« samt Berichterstattung darüber von der Agentur organisieren.

Nicht alle Medien hatten sich blind auf die *dpa*-Meldung verlassen, sondern durchaus nachrecherchiert. Die *Bild*-Zeitung beispielsweise erklärte in eigener Sache, zunächst aus Online-Medien in Österreich von dem Vorfall erfahren und auch selbst Fotos von dem angeblich in Norddeutschland gestrandeten Lkw erhalten zu haben. Geschickt habe sie ein Leserreporter, der sich später als Mitarbeiter der PR-Agentur entpuppte. Man habe beim österreichischen Spediteur Fohringer Spezial-Transporte in Hopfgarten angerufen und schriftlich Auskünfte eingeholt. Wenig später habe sich »ein Österreicher« gemeldet, »der sich als Firmensprecher und Juniorchef der Spedition vorstellte und den Vorgang bestätigte.« Doch auch dieser angebliche Firmensprecher war ein Mitarbeiter der PR-Agentur, der behauptete, der Fahrer Zlatko J. (37) sei erst seit einer Woche für die Firma tätig und noch unerfahren.[141]

Aber dieser Zlatko heißt »in Wirklichkeit Alex Kröll und ist ein österreichischer Kabarettist und Schauspieler«, wie der ebenfalls recherchierende *NDR* herausgefunden hatte.[142] Dem *NDR* kam während der Recherche die Geschichte immer dubioser vor, weshalb das *Schleswig-Holstein Magazin* im *NDR*-Fernsehen darauf verzichtete, über den Fall zu berichten.

Die *dpa* teilte mit, dass sie zweimal den Geschäftsführer des Tourismusverbands angerufen habe und von diesem zweimal belogen worden sei, und am Sonntagabend, dem 27. November, habe er das zugegeben und sich entschuldigt. Das war ihm die Sache wohl wert. Sein Skigebiet ist jetzt bekannter, als es vor der Lüge gewesen ist.

Was soll's, werden die meisten Leser denken, netter Gag, letztlich unwichtig. Dennoch ist es den Medien, die darauf hereingefallen sind, zu Recht peinlich, denn der Fehler hätte vermieden werden können. Selbstkritisch teilte die *dpa* laut *NDR* mit: »Es wäre von vornherein besser gewesen, sich nicht allein auf die Aussagen des Geschäftsführers Walser zu verlassen – auch wenn nicht zu erwarten war, dass eine Person in dieser verantwortlichen Position auf derart konkrete Fragen bewusst die Unwahrheit sagt.«[143]

Ja, für Journalisten gilt die Regel: Ist eine Geschichte zu schön, um wahr zu sein, ist sie oftmals auch nicht wahr. Deshalb muss man gerade bei schönen Geschichten besonders gründlich recherchieren, und wenn sie dabei dann kaputtrecherchiert werden, ist das zwar schade, aber dem guten Ruf des Mediums und der Journalisten dienlich.

Daher kann man davon ausgehen, dass die *dpa* Lehren ziehen wird aus dem Fall, denn sie lebt davon, dass sich ihre Kunden, die Medien, hundertprozentig auf sie verlassen können. Ohnehin hat die *dpa* gerade wegen der wachsenden Kritik an den Medien und des angeblichen oder tatsächlichen Vertrauensverlusts ihre Regeln »für den Umgang mit angeblich exklusiven Informationen, für die Tiefe der Recherche und die Prüfung von Webseiten und E-Mails verschärft. Auch für die Nutzung von Twitter-Accounts oder Facebook-Profilen als Quellen gibt es strenge Vorgaben zur Verifizierung. Bei völlig unerwarteten oder unplausiblen Aussagen gilt die Pflicht zur Rückversicherung, um nicht auf Fälschungen oder gehackte Accounts hereinzufallen.«[144]

Damit nicht genug: Der »Fall Schneeraupe« landete auch beim österreichischen Ethik-Rat für Public Relations in Wien, und der verstand keinen Spaß und hat ein Verfahren gegen den Tourismusverband eingeleitet, denn der PR-Gag verstoße gleich in mehreren Punkten gegen den Ehrenkodex der Branche.[145]

Wir haben diesem eigentlich relativ unbedeutenden »Fall Pistenbully« viel Raum eingeräumt, weil er exemplarisch ist für die pingelige Ernsthaftigkeit, mit der die der Lüge geziehenen Medien darauf bedacht sind, keine Falschmeldungen zu verbreiten. Und weil wir ja beweisen wollten: Von den Nachrichten in seriösen deutschen Medien lässt sich mit guten Gründen behaupten, dass sie in einem sehr hohen Maß stimmen, und wenn sie einmal nicht stimmen, schnell korrigiert werden. Eine Lügenpresse kann es in Deutschland schon deshalb nicht geben, weil sie ziemlich schnell an ihren eigenen Lügen zugrunde gehen würde – abgesehen von jener Regenbogen-Lügenpresse, deren Lügen niemand ernst zu nehmen braucht, weil sie irrelevant sind.

In der Geschichte der Bundesrepublik hat es bisher nur einen einzigen Fall gegeben, in dem eine Lüge länger als eine Woche aufrechterhalten wurde. Das war, als das Hamburger Nachrichtenmagazin *Stern* am 25. April 1983 mit großem Getöse verkündete, im Besitz der Tagebücher von Adolf Hitler zu sein, und darum müsse die Geschichte des Dritten Reiches umgeschrieben werden. Elf Tage später musste dann die Geschichte des Nachrichtenmagazins *Stern* umgeschrieben werden. Die Tagebücher in 62 Bänden, vom *Stern* erworben für 9,3 Millionen DM, waren eine Fälschung des Malers Konrad Kujau. Und der *Stern* musste öffentlich eingestehen, »durch die größte journalistische Fehlleistung aller Zeiten« den »größten Presseskandal in der Geschichte« verursacht zu haben.[146] Der *Stern* hat sich nie wieder von dieser Blamage erholt, die Schadenfreude der Konkurrenz war groß.

Und diese Konkurrenz war übrigens vom ersten Tag an skeptisch, zweifelte von Anbeginn an der Echtheit der Tagebücher, und es waren diese Zweifel in den anderen Medien, die den *Stern* zwangen, die Tagebücher einer wissenschaftlichen Prüfung zu unterziehen. Ein Medium hatte nicht funktioniert, die anderen aber schon, und deshalb hatte die Fälschung keine Chance.

Darum: Aus den vielen genannten Gründen sind die Fakten, die in den Nachrichten deutscher Medien und in denen der meisten anderen demokratischen Länder verbreitet werden, nachprüfbar und von hoher Zuverlässigkeit.

Mit »der Wahrheit« identisch sind sie nicht, können sie schon deshalb nicht sein, weil Nachrichtenredakteure nicht allwissend sind. Auch ein getreues Abbild der Wirklichkeit können sie nicht sein, weil das Positive fast komplett fehlt. Und das ist ein Aspekt, der gar nicht hoch genug eingeschätzt werden kann und den sich jeder Medienkonsument an jedem Tag mindestens einmal bewusst machen sollte, besonders aber immer dann, wenn er sich wieder einmal über die Negativberichterstattung ärgert.

Wenn Sie von einem Flugzeugabsturz lesen, denken Sie sich bitte dazu, dass die anderen 99 999 Flugzeuge sicher gelandet sind und dass an den allermeisten Tagen im Jahr sogar alle 100 000 Flugzeuge sicher landen. Machen Sie sich ganz generell immer bewusst, dass die Welt da draußen »in Wirklichkeit« viel besser und normaler ist, als sie in der Zeitung oder im Fernsehen abgebildet wird, eben weil die Medien nur das Negative bringen und dabei manchmal auch noch übertreiben.

In der medial nicht belichteten, normalen Wirklichkeit geschieht viel Gutes. Zumindest in Deutschland und in der

EU funktioniert vieles sehr zuverlässig, ordnungsgemäß und im Einklang mit den Gesetzen. Die meisten Menschen gehen im Allgemeinen friedlich, höflich und rücksichtsvoll miteinander um. Ärzte sind in der Regel weder Pfuscher noch Betrüger, Banker keine Zocker, nicht alle Manager geldgierig und die wenigsten Kleriker übergriffig. Der Rechtsstaat arbeitet recht gut, und die meisten Politiker sind nicht unfähig, verlogen oder korrupt, sondern leisten ordentliche Arbeit. Es wird halt nur nicht berichtet, weil es das Selbstverständliche ist.

NEUN

Was die Maschine antreibt

Die Medienmaschine braucht Treibstoff und zwar kontinuierlich und in verträglicher Menge. Zu viel davon ist genauso schlecht wie zu wenig. Die Wirklichkeit aber richtet sich nicht nach diesem Bedürfnis. Mal liefert sie Stoff im Übermaß, mal lässt sie die Medien schier verhungern. Und zu allem Überfluss entscheidet über die Treibstoffmenge, die eine Zeitung pro Tag verbrauchen darf, nicht das Ausmaß des Weltgeschehens, sondern das Ausmaß der Werbung, die von der Anzeigenabteilung für eine Tagesausgabe akquiriert wurde. Viele Seiten Werbung bedeuten viele Seiten redaktionellen Inhalt und wenig Werbung wenig Redaktionelles.

Wenn ein Tsunami ein japanisches Atomkraftwerk zerstört, dann gäbe es mindestens zwei Wochen lang mehr zu berichten, als in jede normale Tagesausgabe einer Zeitung oder in *heute* hineingeht. Das öffentlich-rechtliche Fernsehen ist in diesem Fall im Vorteil. Da verdoppelt man den Umfang von *Tagesschau* oder *heute*, indem man einen *ARD Brennpunkt* und ein *ZDF spezial* folgen lässt. Eine Zeitung kann ihren Umfang ohne ein entsprechend größeres Anzeigenaufkommen nicht so einfach drei- oder viermal hintereinander verdoppeln. Zeitungen sind daher mit so einer Jahrhundertkatastrophe oft überfordert. Aber auch das Fernsehen gerät unter der Last eines Ereignisses vom Ausmaß der Fukushima-Katastrophe wegen der plötzlich ins Programm zu hebenden Sondersendungen an seine Grenzen. Personelle Ressourcen und technische Kapazitäten reichen nicht immer, um mit so einer plötzlichen explosionsartigen Vermehrung des Stoffs fertigzuwerden. Andrerseits laufen viele Kollegen in den Sendern und Zeitungen gerade in solchen Zeiten zu Höchstform auf, und Redaktionen stellen unter hohem Zeitdruck und großer Belastung eine perfekte Teamleistung unter Beweis. Und nicht selten bekommt ein Reporter oder eine Korrespondentin gerade für die Leistung in solchen Krisensituationen später einen Preis. Ein kaum wahrgenommener Nebeneffekt solcher Ereignisse allerdings ist: Alles andere, was an normalen Tagen im Vordergrund stünde, rückt in den Hintergrund, wird unwichtiger oder fällt gleich ganz heraus.

Eine Zeitung oder Sendung, die damit aufmacht, dass irgendein Politiker irgendetwas gesagt, betont, kritisiert, scharf verurteilt, strikt abgelehnt oder gar den Rücktritt irgendeines Ministers gefordert hat, teilt einem vor allem mit: Es ist ein guter Tag, denn nichts Schlimmes ist passiert. Es ist nur etwas gesagt worden. Es mag von einer wichtigen Person geäußert worden sein, es mag sogar einen so wichtigen Inhalt haben, dass es geeignet ist, Ereignisse in naher oder nächster Zukunft auszulösen, aber zunächst einmal gilt: Nichts wirklich Bedeutendes hat sich ereignet. Und wenn das Gesagte nichts weiter auslöst, als dass eine andere wichtige Person darauf etwas erwidert oder die Aussage scharf zurückweist, dann war es ein Tag ohne größeren Aufreger. Gut fürs Publikum, schlecht für Nachrichtenleute. Denn die wollen, dass die Maschine läuft.

Stockholmer Forscher haben untersucht, wie US-Medien über rund 5 000 Katastrophen in den Jahren zwischen 1992 und 2002 berichtet haben.[147] Und fanden heraus: Über Katastrophen gleichen Ausmaßes wird je nach Nachrichtenlage ganz unterschiedlich intensiv berichtet. Ein Sturm in Indien im Jahr 1999 etwa fand überhaupt keine Erwähnung, weil die Medien zur gleichen Zeit mit einem Amoklauf an einer amerikanischen Schule beschäftigt waren. Ein ähnlicher Sturm im Jahr zuvor war dagegen in den Fernsehnachrichten vermeldet worden und hatte eine Welle der Hilfsbereitschaft ausgelöst.

Für den Medienkonsumenten ist daraus zu lernen: Was die Medien täglich als die wichtigste Meldung des Tages präsentieren, wäre unter anderen Umständen nur die viert- oder fünftwichtigste gewesen. Und: Wenn über längere Zeit nichts Gravierendes passiert, kann gerade deshalb dann plötzlich doch etwas passieren.

Christian Wulff wäre vielleicht heute noch Bundespräsident, wenn sich der Tsunami von Fukushima etwas mehr Zeit gelassen und erst im Dezember 2011 das japanische Atomkraftwerk zerstört hätte. Kein Mensch hätte sich dann für Wulffs Privatkredit interessiert. Aber im Dezember 2011 war der Tsunami schon Geschichte. Er hatte sich viele Monate zuvor, im März 2011, ereignet. Zu früh für Wulff, denn im Dezember 2011, als die Sache mit dem Privatkredit aufkam, herrschte vorweihnachtliche Nachrichtenebbe. Kein Kraftwerk flog in die Luft. Kein Flugzeug stürzte ab. Putin verhielt sich noch ruhig. Keine Olympischen Spiele oder eine Fußballweltmeisterschaft lenkten von irgendetwas ab. Alles, was die Nachrichtenlage hergab, war Wulffs Privatkredit.

Und das war leider auch noch im Januar 2012 so. Und im Februar 2012. Drei Monate Durststrecke für die Medienmaschine, die auch dann laufen muss, wenn der Treibstoff knapp ist und gestreckt werden muss. Stündlich müssen Nachrichten gesendet werden. Täglich brauchen die Zeitungen ein Aufmacher-Thema. Anne Will, Frank Plasberg, Sandra

Maischberger und Maybrit Illner müssen mit ihren Gästen über irgendetwas talken, *Spiegel* und *Stern* müssen irgendetwas titeln, der Motor muss laufen, schon ein Stottern wäre schlimm, Stillstand eine Denk-Unmöglichkeit.

Aber was nehmen, wenn kein Tsunami, kein Börsencrash, kein Politikerrücktritt, keine erdrutschartige Wahlschlappe, keine Papstwahl, keine Prinzenhochzeit zur Verfügung stehen? Und was, wenn es nicht einmal Zweifel an der Doktorarbeit eines Politikers gibt, wenn keiner sein Dienstauto privat genutzt hat, keiner mit einer Scheidung dienen kann? Was soll diese Maschine antreiben? Wie übersteht sie eine ganze Talkshow-Woche, wenn der Treibstoff derart knapp ist? Dann greift sie dankbar nach dem Bobby-Car des Herrn Wulff, denn wenn etwas Erstrangiges nun mal nicht anliegt, ja nicht einmal Zweitrangiges, muss eben das Drittrangige in den ersten Rang geschoben werden.

Ich (CN) erinnere mich noch, wie ich über die Weihnachtsfeiertage, genervt von den Wulff-Talkshows, dachte: Im Januar werden sie dann ja hoffentlich was Neues haben. Hatten sie nicht. Im neuen Jahr machten sie mit dem weiter, womit sie im alten Jahr aufgehört hatten: Wulff. Rund drei Monate lang mussten sich die Medien von Christian Wulffs Privatkredit, dessen Vergünstigungen, Freunden, Urlauben, Telefonaten, Mailbox-Mitteilungen, Ausreden und seinem ungeschickten Umgang damit nähren. Nach drei Monaten war der Knochen abgenagt und Wulff sein Präsidentenamt los, bald auch seine Frau und diese ihren Ruf.

Was die Medien als wichtigstes Thema des Tages, der Woche, des Monats deklarieren, ist also oft mehr dem Zufall geschuldet als seiner tatsächlichen Wichtigkeit. Titelgeschichten, Schlagzeilen, Aufmacher suggerieren ungewollt absolute Wichtigkeit, obwohl sie meistens nur von relativer Wichtigkeit sind. Das meiste, was von den Medien den Stempel

»wichtig« aufgedrückt bekommt, erlangt seine Wichtigkeit nur, weil zufällig nichts Wichtigeres passiert ist.

Der Zwang des Nachrichtenkarussells, sich unaufhörlich zu drehen, relativiert nicht nur das Gewicht von Nachrichten, sondern verzerrt auch das Bild, das auf diesem Karussell von der Wirklichkeit konstruiert wird. Und das hat Folgen für die wirkliche Wirklichkeit.

Als Sigmar Gabriel den SPD-Vorsitz aufgab, um Platz zu machen für Martin Schulz, waren die Parteimitglieder zunächst erleichtert, dann erfreut, zuletzt fast trunken vor Glück. Die Medienberichte über diese Begeisterung lösten weitere Begeisterung aus, nun auch außerhalb der SPD, die Umfragewerte stiegen, neue Mitglieder traten in die Partei ein, auch das wurde berichtet, woraufhin die Umfragewerte erst recht stiegen. Die Martin-Schulz-Jubelfestspiel-Spirale begann sich steil nach oben zu winden. Plötzlich lag Schulz auf der Politiker-Beliebtheitsskala gleichauf mit Angela Merkel, aus der 20-Prozent-Partei SPD war eine 30-Prozent-Partei geworden. Die Berichte darüber steigerten seine Beliebtheit ins Unermessliche, sodass er Merkel schließlich überflügelte, der »Schulz-Zug« unaufhaltsam schien und der *Spiegel* auf seinem Titel »Sankt Martin« als Heiligen erstrahlen ließ[148] – bis er im Saarland jäh gestoppt wurde. Die SPD verlor die Landtagswahl, und plötzlich wurde offenbar: Die Medien hatten übertrieben. Zwischen der medial aufgebauten Schulz-Begeisterung und der realen Schulz-Begeisterung der Wähler bestand offensichtlich eine gewisse Diskrepanz.

Ernüchterung machte sich breit, die Berichte darüber stoppten die Festspielspirale, die Umfragen drehten verhalten nach unten, denn noch konnten sich die Medien wie auch die SPD damit herausreden, dass der Amtsbonus der amtierenden Ministerpräsidentin Annegret Kramp-Karrenbauer doch stärker war als der Schulz-Effekt. Bei der nächsten anstehenden Landtagswahl in Schleswig-Holstein, wo die SPD den Ministerpräsidenten stellt, würden sich Amtsbonus plus Schulz-Effekt dann aber sicher deutlich bemerkbar machen.

Dann verlor die SPD auch dort.

Nun hieß es: Wenn das auch in Nordrhein-Westfalen passieren wird, ebenfalls Amtsbonus, noch dazu das wichtigste Bundesland, Omen für die Bundestagswahl im Herbst, Signalwirkung und so weiter, dann …

Und ja, dann passierte es. Auch Nordrhein-Westfalen ging verloren. Was folgte, war Häme. Das Bild, das die Medien seitdem von Schulz malten, hatte mit dem Bild, das sie vor den drei Wahlen gemalt hatten, nicht mehr das Geringste zu tun.

Dieselben Medien, die den Schulz-Zug in Bewegung gesetzt, Sankt Martin einen Heiligenschein verpasst und von »Gottkanzler« gesprochen und geschrieben hatten, machten nun nicht sich, sondern Schulz dafür verantwortlich, dass er die herbeigeschriebenen Messias-Ansprüche nicht erfüllte und eben doch nicht übers Wasser laufen konnte – eine Kunst, von der Schulz nie behauptet hatte, sie zu beherrschen. Und es war nicht Schulz, der von »Merkeldämmerung« gesprochen hatte, sondern der *Spiegel*.[149]

Aber von solchem Stoff leben die Medien, und darum passiert immer wieder dieselbe Geschichte: Jemand verspürt einen medialen Aufwind, erhebt sich plötzlich und überraschend, steigt steil auf wie ein Adler in immer höhere Gefilde, und am Scheitelpunkt stürzt er ab und landet hart auf dem Boden der Tatsachen.

Dort, auf dem Boden der Tatsachen, war Schulz die ganze Zeit über immer nur Schulz gewesen. Die medialen Bilder mit ihren imposanten Abweichungen nach oben und unten unterschieden sich davon krass.

Medien brauchen solche Instant-Dramen, und wenn ihnen die Wirklichkeit etwas liefert, was sie zu solch einem Drama machen können, machen sie es, erst recht, wenn der von ihnen entdeckte Held mitspielt oder sich zumindest nicht energisch genug wehrt. Christian Wulff hatte diese Erfahrung machen müssen oder auch Karl-Theodor zu Guttenberg. Beide haben ihren Aufstieg mithilfe der Medien, besonders der *Bild*-Zeitung, strategisch geplant, haben bereitwillig vor der Kamera posiert, Geschichten geliefert, Privates preisgegeben – und sich dann gewundert, dass die Medien nicht einfach aufgehört haben, über sie zu berichten, als die Geschichten unschön, ja hässlich wurden.

Der Springer-Vorsitzende Mathias Döpfner hatte diesen Mechanismus des besonders in der *Bild*-Zeitung praktizierten Hoch- und Abschießens schon 2006 beschrieben: »Für die *Bild*-Zeitung gilt das Prinzip: Wer mit ihr im Aufzug nach oben fährt, der fährt auch mit ihr im Aufzug nach unten. Diese Entscheidung muss jeder für sich selbst treffen.«[150]

Man kann Schulz nicht vorwerfen, die Medien für seinen Aufstieg gezielt eingespannt zu haben – Gerhard Schröder hatte dagegen einmal gesagt, zum Regieren brauche er »*Bild, BamS* und Glotze«. Aber es war sicher ein Fehler, dass Schulz die Medien gewähren ließ, statt dem Hype die Spitze zu nehmen. Deshalb geriet er nach der NRW-Wahl in den Fahrstuhl nach unten. Mit ihm wäre er sicher noch schneller und weiter in die Tiefe gerauscht, wenn nicht der Terroranschlag von Manchester am 22. Mai 2017 dazwischengekommen wäre. So zynisch es klingt: Dieser Anschlag hat einen großen Teil der medialen Aufmerksamkeit von Schulz abgezogen und damit die groteske Verzerrung seiner Person gestoppt.

Zu solchen Verzerrungen kommt es immer wieder. Die Akteure auf dem sich unentwegt drehenden Nachrichtenkarussell verfügen offenbar nur über begrenzte Möglichkeiten, ihre selbst produzierten Verzerrungen zu korrigieren. Nur neue Ereignisse von außen können solche Korrekturen erzwingen.

Diese Relativierung von Wichtigem und Unwichtigem durch die unterschiedlichen Nachrichtenlagen und die daraus entstehende Verzerrung der Realität ist nicht zu vermeiden. Die Realität richtet sich nun einmal nicht nach dem Fassungsvermögen einer Zeitung oder einer Nachrichtensendung, sondern liefert ihren Treibstoff für die Medien unaufbereitet in unterschiedlichsten Mengen und unterschiedlichster Qualität. Daraus muss die Maschine ihre täglichen News in gleicher Menge zu gleicher Qualität produzieren – was nicht immer gelingt, auch nicht immer gelingen kann.

Der Medienkonsument aber sollte sich von den Produkten dieser Maschine, den täglich auf ihn herniederprasselnden Schlagzeilen, fetten Aufmachern und dem Aufreger der Woche nicht aus der Ruhe bringen lassen. Vieles, was als Aufreger der Woche daherkommt, erledigt sich im Verlauf der weiteren Wochen von selbst. Und zu unser aller Glück lassen sich sehr viele Titelgeschichten eines Jahres beiseiteschieben mit dem Gedanken: Wenn sonst nichts weiter passiert ist als das, was da auf Seite 1 steht, dann ist ja alles im grünen Bereich.

ZEHN

»Die Pressefreiheit endet stets da, wo der Selbstmord beginnt«

Journalisten seien nichts weiter als von ihren Verlegern gegängelte Lohnschreiber. Oder von mächtigen Lobbygruppen bezahlte oder gehirngewaschene Agenten des Kapitals. Oder Parteigänger von CDU, CSU, SPD und Grünen. Oder alles zusammen, irgendwie. Auf jeden Fall sei die Pressefreiheit in Deutschland schon immer ein Mythos und gerade jetzt besonders gefährdet – so liest man es immer wieder in Internetforen. In Wahrheit ist es wieder einmal ziemlich anders und vor allem komplizierter, als es sich in den sozialen Medien darstellt.

Die Pressefreiheit in Deutschland ist gegenwärtig nicht in Gefahr. In Gefahr ist sie in Ungarn und Polen; in Russland und in der Türkei ist sie so gut wie tot, in China hat es sie nie gegeben, und bei den islamistischen Terroristen im Nahen Osten müssen westliche Journalisten mit ihrer Enthauptung rechnen. In Italien ist Berlusconi zwar weg, aber sein Medienimperium noch da. Dass es in den USA ein Donald Trump mithilfe von Lügen ins Weiße Haus geschafft hat, lässt zumindest die Frage zu, ob die Medien der Trump-Wähler ihre Kundschaft während der letzten Jahrzehnte richtig informiert haben. Und der Brexit in Großbritannien dürfte mit hoher Wahrscheinlichkeit auch auf einen

Effekt des Murdoch-Meinungsmonopols zurückzuführen sein.

Aber in Deutschland? Geht von Merkel, Gabriel, Steinmeier eine Gefahr für die Presse aus? Jede Folge der *heute-show* belehrt uns stets aufs Neue, dass weder Horst Seehofer noch die AfD noch irgendwelche Partei-Freundeskreise eine ernsthafte Gefahr für die Pressefreiheit in Deutschland darstellen, sonst hätten all die darin der Lächerlichkeit preisgegebenen Politiker diese Sendung längst verbieten lassen. Und auch vereinzelte Pegida-Demonstranten, die Reportern das Mikrofon oder die Kamera aus der Hand schlagen, stellen keine Einschränkung der Pressefreiheit dar.

Nein: So viel Pressefreiheit wie heute war in Deutschland noch nie. Verglichen mit anderen Teilen der Welt geht es der deutschen Presse, was ihre Freiheit betrifft, ziemlich gut.

Andererseits gibt es aber auch so etwas wie ein Ideal. Es ist formuliert im Artikel 5 des Grundgesetzes, und darin steht nicht, dass die Presse in der Bundesrepublik freier sein soll als in China oder Russland, sondern ziemlich apodiktisch und kompromisslos: »Die Pressefreiheit und die Freiheit der Berichterstattung durch Rundfunk und Film werden gewährleistet. Eine Zensur findet nicht statt.«

Gemessen an diesem Ideal gibt es dann doch einiges zu bemängeln, denn Angriffen ist die Pressefreiheit immer ausgesetzt, auch in Deutschland: So haben zum Beispiel einst die ehemaligen Ministerpräsidenten Roland Koch und Edmund Stoiber mit ihrer bloßen Macht einen nicht genehmen Chefredakteur aus dem *ZDF* geworfen (vergleiche ausführlich in Kap. II 2.).[151] Bedroht ist die Pressefreiheit stets von Parteien, Lobbyisten, Verbänden, Anzeigenkunden, die ihre Macht ausspielen, um eine ihnen genehme Berichterstattung zu erzwingen.

Und in einem Fall ging die Bedrohung so weit, dass ein

Minister eine missliebige Redaktion am liebsten komplett hätte verhaften lassen und sich dann gerade noch damit begnügte, nur die leitenden Personen dieser Redaktion ins Gefängnis werfen zu lassen – so geschehen im Jahr 1962, als sieben *Spiegel*-Redakteure »wegen Landesverrats« verhaftet wurden, darunter der Chefredakteur und Herausgeber des *Spiegel*, Rudolf Augstein.[152]

Grund war die *Spiegel*-Titelgeschichte »Bedingt abwehrbereit«[153] über das Herbstmanöver der NATO »Fallex 62« und die umstrittene Atombombenstrategie. Der damalige Verteidigungsminister Franz Josef Strauß, der von Anfang an im Verdacht stand, hinter den Verhaftungen zu stehen, hatte erklärt: »Ich habe mit der Sache nichts zu tun. Im wahrsten Sinne des Wortes nichts zu tun.« Eine Woche später musste er zugeben, dass er doch an der Verhaftung von Titelautor Conrad Ahlers und dessen Ehefrau mitgewirkt hat.

Eine weitere Woche später kommt es zu einer Regierungskrise in Bonn, weil alle fünf FDP-Minister der Koalition zurücktreten, Strauß aber weiterhin keinen Grund sieht, das ebenfalls zu tun. Er hält das noch einen Monat lang durch, dann muss er gehen. Etliche *Spiegel*-Redakteure sitzen trotzdem weiterhin im Gefängnis, und erst 103 Tage nach seiner Verhaftung darf Augstein es als letzter *Spiegel*-Mitarbeiter als freier Mann verlassen. Die ganze Affäre war eine einzige Blamage für die Regierung unter Konrad Adenauer und der Beginn des Aufstiegs des Magazins *Spiegel* zum führenden Nachrichtenmagazin Deutschlands und »Sturmgeschütz der Demokratie«. Und ein Sieg der Pressefreiheit und deren Stärkung durch die Gerichte.

Zwei Jahre nach der Affäre lehnte der Bundesgerichtshof es dann ab, gegen Augstein und Ahlers ein Verfahren zu eröffnen und die Bonner Staatsanwaltschaft bezichtigte den Minister Strauß der Amtsanmaßung und der Freiheitsberaubung. Unabhängige Militärgutachter kamen zu dem Ergebnis, der *Spiegel* habe keine Staatsgeheimnisse enthalten, Landesverrat liege nicht vor. Seitdem hat es kein deutscher Politiker mehr gewagt, einen Journalisten wegen seiner Berichterstattung verhaften zu lassen, während in anderen Teilen der Welt bis zum heutigen Tag Journalisten verhaftet, gefoltert und umgebracht werden.

Medien werden bedroht, beschimpft, eingeschüchtert, und ob sie dem aus eigener Kraft oder mithilfe der Gerichte standhalten oder in die Knie gehen, soll im Einzelnen im nächsten Kapitel erörtert werden. In diesem geht es um die Frage, warum es absolute Pressefreiheit nicht gibt.

Dazu erzählt man am besten vom Praxisschock, den der Praktikant Christian Nürnberger in der *Frankfurter Rundschau* erlitt, noch bevor er dort als Jungredakteur übernommen wurde. Er war zuständig für das »Lesertelefon« – so etwas wie das Anwaltsbüro der kleinen Leute. Dort klagten Leser ihr Leid, erzählten, wie sie ihrer Meinung nach von Behörden schikaniert, von Kaufhäusern schlecht behandelt, von Versicherungen betrogen, von der Bundesbahn verärgert und von den Banken über den Löffel balbiert wurden. Und der Praktikant recherchierte nach. Wenn er zu dem Ergebnis kam, dass die Geschichte zumindest in Teilen stimmt, stellte er die Schikanierer, Betrüger und Balbierer zur Rede und verhalf anschließend den Schikanierten und Balbierten auf 60 Zeilen zur Gerechtigkeit.

Einmal beklagte sich jemand über schlechte Behandlung im Kaufhof, zufällig zu einem Zeitpunkt, zu dem der Praktikant selbst gerade vom Kaufhof schlecht behandelt worden war und sich gewünscht hatte, Millionär zu sein, um den Laden zu kaufen und den Chef zu feuern. Die Millionen hatte er nicht, wohl aber ein bisschen Zeitungsmacht und einen Anlass, den Laden mit 60 Zeilen zu vernichten.

Leider wurde die Vernichtung nie gedruckt. Horst Wolf, leitender Redakteur der Zeitung, versuchte, dem Praktikanten die schöne und mit aller Leidenschaft geschriebene Geschichte auszureden. Der widersprach, man diskutierte eine Weile, und dann sagte Horst Wolf den Satz, den der Praktikant nie mehr vergaß – das war der Praxisschock: »Die Pressefreiheit endet stets da, wo der Selbstmord beginnt.«

Ein Schock war das vor allem deshalb, weil der Satz unmittelbar einleuchtete und es kein Argument dagegen gab und gibt. Jede Tageszeitung finanziert sich aus Verkaufserlösen und den Einnahmen für Anzeigen. Die Anzeigen steuern meistens einen viel größeren Teil bei als die Mark oder der Euro, den die Leser zahlen. Kaufhäuser gehörten früher überall zu den besten Anzeigenkunden. Der Kaufhof war einer der wichtigsten Kunden jeder Tageszeitung, auch der *Frankfurter Rundschau*. Deshalb, so argumentierte der leitende Redakteur, müsse man doch abwägen, ob die Zeitung wegen einiger Pointen und einem winzigen Zipfelchen Gerechtigkeit die Stornierung von Kaufhof-Anzeigen riskieren und damit die stets schwierige wirtschaftliche Lage der *Frankfurter Rundschau* weiter erschweren solle – oder ob man auf die Veröffentlichung verzichte oder wenigstens die Schärfe aus dem Text nehme. Er habe ja gar nicht vor, den Text zu unterdrücken, es gehe ihm nur um Mäßigung, auch um die Verhältnismäßigkeit der Mittel. »Was nützt es, im Kleinen kompromisslos zu sein, wenn das dazu führt, dass wir es dann im Großen nicht mehr sein können, weil uns unsere Kompromisslosigkeit um die Existenz bringt?«

Der Praktikant hat dann ganz auf die 60 Zeilen Hass verzichtet. Das war unnötig, aber es war eine Überreaktion auf die sich blitzartig einstellende Erkenntnis, dass sogar die mutige, kämpferische *Frankfurter Rundschau* ihre Achillesferse hat. Absolute Pressefreiheit könnte es nur geben, wenn die Zeitung nicht auf Werbeeinnahmen angewiesen wäre. Doch ohne den Geldsegen aus der Werbung würde die Zeitung zwölf Euro kosten statt zwei, was hieße, die Zeitung wäre zwar frei, aber unverkäuflich. Absolute Pressefreiheit kann es also gar nicht geben. Jedenfalls nicht bei privatwirtschaftlich verfassten Medien, die auf Einnahmen aus Werbung angewiesen sind.

Von seinem Praxisschock erholte sich der Praktikant allmählich wieder durch folgende Überlegung: Der Spielraum in der *FR* bleibt ja trotzdem groß. So viel Freiheit, wie er damals als Jungredakteur hatte, hatte er später nie wieder. So gründliche, leidenschaftliche, freie, sich hinziehende, täglich immer wieder neue entflammte Diskussionen wie in der Redaktion der *FR* erlebte er später nicht mehr.

Die Freiheit war groß, nicht grenzenlos, aber ausreichend groß, denn es gab ja auch noch andere Zeitungen und Zeitschriften, denen es wirtschaftlich viel besser ging als der *Frankfurter Rundschau*. *Stern* und *Spiegel* zum Beispiel. Diese beiden wurden in den Siebziger- und Achtzigerjahren mit Anzeigen geradezu zugeschüttet. Diese beiden Zeitschriften konnten es sich leisten, journalistische Kampagnen gegen das Auto und die Autoindustrie anzuzetteln, gegen Banken und Chemiekonzerne, und trotzdem haben Daimler, BMW, die Deutsche Bank, Bayer, Hoechst und die BASF regelmäßig in diesen Zeitschriften inseriert, inserieren müssen, denn sie hatten gar keine andere Wahl. Privatfernsehen gab es noch nicht, das Internet erst recht nicht, und die Werbezeiten im öffentlich-rechtlichen Fernsehen waren streng limitiert.

Vom großen Verleger Gerd Bucerius, Gründer der Wochenzeitung *Die Zeit* und ehemaliger Eigentümer des *Stern*, wird erzählt, dass ihm einmal von einem großen deutschen Unternehmen die Stornierung von Anzeigen mitgeteilt wurde, weil dieses in der Berichterstattung des *Stern* schlecht weggekommen sei. Bucerius soll einen wütenden Brief zurückgeschrieben und dem Unternehmen ein Werbeverbot erteilt haben.[154]

Die Redaktionen damals konnten sich weitgehend unbehelligt von den Anzeigenabteilungen journalistisch austoben. Und oft hatten sie sogar die Unterstützung jener Verleger, die nicht nur reine Kaufleute waren, sondern durchaus auch politisch engagierte Bürger, denen etwas daran lag, dass mit ihren Erzeugnissen der Demokratie gedient wird.

Man weiß auch, dass Bucerius seine Wochenzeitung *Die Zeit* über Jahrzehnte mit den Gewinnen durchgefüttert hat, die der *Stern* erwirtschaftete. Die Existenz dieser Wochenzeitung und das politische Anliegen dieser Zeitung waren ihm wichtiger als die Millionen, die er damit verlor.

Axel Cäsar Springer war einst ein Feindbild der APO-Generation. Aber auch er war ein Verleger, dem es wichtiger war, für eine Idee einzutreten, als seinen Millionen noch weitere Millionen hinzuzufügen. Die notorisch defizitäre Tageszeitung *Die Welt* hat er sein Leben lang mit den Gewinnen von *Bild* und anderen Zeitungen und Zeitschriften aus seinem Verlag über Wasser gehalten, weil es ihm wichtig war, dass es eben nicht nur den Gewinnbringer *Bild* geben sollte, sondern auch die – in seinen Augen – intellektuell anspruchsvollere *Welt*. Und es ist ihm trotzdem noch genug Geld übrig geblieben.

Das belegt zwar auch nur den Satz, Pressefreiheit sei nichts weiter als die Freiheit einiger reicher Leute, ihre Meinung zu sagen, aber wenn es sich bei diesen reichen Leuten ausnahmsweise um Persönlichkeiten mit politischem Gewissen und demokratischem Engagement handelt, ist das gar nicht einmal so übel.

Bucerius ist tot, Springer ist tot. Augstein, Henri Nannen, alle tot. Zeitungsverleger, die mit ihrem Verlag eine Idee verfolgen, gibt es kaum mehr. Heute regieren die Kaufleute in den Verlagen, wo Controller, Anzeigenverkäufer und Marketingspezialisten mindestens so viel zu sagen haben wie die Journalisten, meistens eher mehr. Sie wollen bzw. müssen vor allem eine hohe Rendite erwirtschaften.

Verleger wie Augstein oder Bucerius wollten primär informieren, aufklären, öffentliche Debatten entfachen, eine demokratische Kontrollfunktion ausüben. Und es ging dann für solche Verleger nur noch um die Frage: Wie finanziere ich das? Das Wichtige an einer Zeitung waren für den Verleger die Redaktion und der redaktionelle Inhalt, die Anzeigenabteilung war das notwendige ökonomische Unterfutter. »Klassische« Verleger wie Springer oder Bucerius waren noch sehr von diesem Denken geprägt.

Für den »modernen« Verleger, der nur kaufmännisch denkt, ist eine Zeitung etwas ganz anderes, nämlich ein Produkt, das wie Schrauben, Autos, Bananen oder Bohrmaschinen irgendwie gewinnbringend verkauft werden muss. Der kaufmännische Verleger verkauft nicht primär ein demokratisches Kontrollinstrument, mit dem sich glücklicherweise auch noch Geld verdienen lässt, sondern Werbung, die sich unglücklicherweise nur über den Unterhalt einer teuren Redaktion verbreiten lässt, die törichterweise dazu neigt, die mit Werbung gefüllte Hand, die sie füttert, zu beißen.

Unter solch einem »modernen« Verlagsmanagement wächst dann über Jahre immer mehr die Neigung, nur noch zu drucken und zu senden, was sich rechnet. Und was sich nicht rechnet, was eventuell Ärger einbringt und vielleicht sogar finanzielle Einbußen, davon lässt man lieber die Finger. Also setzt man der Redaktion einen Chefredakteur vor die Nase, dessen Hauptaufgabe darin besteht, darüber zu wachen, dass die gebende Hand nicht mehr so häufig, und wenn doch, nicht allzu heftig gebissen wird. Auf diese Weise wird ein Zensor etabliert, der viel subtiler agiert als die SED-Aufpasser in der entschwundenen DDR, viel schwieriger zu fassen und darum gefährlicher ist als die guten alten Diktatorenknechte. Dieser Zensor ist »der Markt«.

Er ist es, der nach ganz neuen Kriterien neue Zeitungen, Zeitschriften, Radio- und TV-Programme entstehen lässt und die vorhandenen zurechtbiegt. Unter seiner Herrschaft wird immer seltener gefragt: Welche Themen sind wichtig, was hat Bedeutung, was ist mitteilenswert, welche Industrie greifen wir heute an? Und immer häufiger: Welche Industrien, welche Märkte, welche Produkte eignen sich für eine neue Zeitschrift oder eine neue Sendung, ein neues »Format«?

Medienprodukte werden nicht mehr primär für Leser, Hörer, Zuschauer erfunden, sondern für Werbestrategien. Leser sind nur noch potenzielle Konsumenten der beworbenen Produkte und werden mit dazu passenden redaktionellen Inhalten geködert.

»Pressefreiheit endet da, wo der Selbstmord beginnt«, und dieser beginnt umso früher, je größer die Konkurrenz wird. Denn immer mehr Zeitungen, Zeitschriften, Radio- und TV-Programme kämpfen um einen Werbekuchen, der nicht im selben Maße mitwächst wie die Zahl der Konkurrenten. Auch die Größe des Publikums bleibt hinter dem Wachstum der Zeitungen, Zeitschriften und Programme zurück. Daher können es sich die Redakteure immer weniger leisten, journalistisch zu denken, und sind immer stärker gezwungen, kaufmännisch zu denken, im Sinne der Anzeigen- und Werbeabteilung.

Auch für *Stern* und *Spiegel* hat sich diese Grenze verschoben, seit es *Focus* und das Privatfernsehen gibt. Deshalb müssen auch *Stern* und *Spiegel* heute kaufmännischer denken als früher. Und deshalb wirken sie heute vorsichtiger, zahmer, zurückhaltender, konzilianter als früher, und das freut die Wirtschaft.

Der Spielraum der Redaktionen wird unter diesem Konkurrenzdruck enger. Eine Redaktion kann ein noch so tolles Blatt machen, das hohe Auflagen erzielen könnte, aber wenn die Anzeigenabteilung keine Anzeigen akquiriert, weil die Werbeagenturen meinen, das redaktionelle Umfeld des Mediums passe nicht zu ihren Werbestrategien für Autos, Computer, Dosenbier, Bausparkassen und Damenmode, dann wird das Blatt nicht lange leben. Dann muss sich die Redaktion, will sie überleben, plötzlich mit völlig redaktionsfremden Dingen wie Zielgruppenmarketing beschäftigen. Verlag und Redaktion fragen dann nicht mehr: Was will der Leser/Hörer/Zuschauer lesen/hören/sehen und was muss er wissen, sondern: Was isst und trinkt er eigentlich, wie alt ist er, welchen Schulabschluss hat er, wie viel Geld gibt er fürs Wohnen aus, wie viel fürs Auto, für Klamotten, Bücher, Reisen, und was bleibt auf dem Sparbuch?

Wenn's von allem ziemlich viel ist, dann hausiert der Verlag mit den Daten seiner Kunden bei den Agenturen und ruft: Hier bei uns müsst ihr werben, denn bei unserem Publikum sitzt die Kohle locker, und eure Produkte kaufen sie besonders gern. Und unsere Redakteure schreiben und senden so feinfühlig um eure Produkte herum, dass es eine Wonne ist. Dann mutiert der Journalist zum Werbe-Umfeld-Gestalter, zum Verkaufshelfer der Industrie. Das Wichtige steht dann nicht mehr auf Seite eins, sondern weiter hinten, und das Unwichtige, Seichte, leicht Konsumierbare wird nach vorne gezogen. Informationssendungen und politische Dokumentationen landen auf schlechteren Sendeplätzen, werden gekürzt, in Spartenkanäle ausgelagert und endlich ganz aus dem Programm genommen.

Nun kann man sagen: Was soll's? Niemand muss solche als Magazin oder Programm getarnte Werbung kaufen, lesen und ansehen. Sie schaden niemandem. Und es gibt ja weiterhin *ZEIT*, *Spiegel*, *Welt*, *SZ*, *FAZ* und *FAS*. Das stimmt aber nur bedingt. Die vielen Zeitschriften, die nicht wirklich informieren, sondern nur Werbung verkaufen wollen, entziehen dem unbequemen, ungeliebten kritischen Journalismus das Geld. Die Werbeetats sind begrenzt. Immer größere Teile davon fließen in die der Werbekundschaft genehmen Redaktionen, und plötzlich müssen auch selbstbewusste, starke, unabhängige Redaktionen um Werbeeinnahmen buhlen und sich genauer überlegen, was sie drucken oder senden.

Geht aber dem kritischen, aufklärerischen Journalismus allmählich das Geld aus, wird er über kurz oder lang sein kritisches, aufklärerisches Potenzial verlieren, denn Recherchen sind teuer, kosten Zeit, erfordern gute, also teure Mitarbeiter und eine aufwendige Infrastruktur. Fehlt es daran, wird die Qualität des Journalismus sinken. Sinkt dessen Qualität, wird das der Leser, Hörer, Zuschauer über kurz oder lang merken, und sei es nur unbewusst.

Die meisten Leser merken nicht, wenn das Format ihrer Zeitschrift um ein paar Millimeter beschnitten wird. Sie merken nicht, wenn es zwei Jahre später erneut ein bisschen beschnitten und nicht nur das Papier, sondern auch die Berichterstattung dünner wird. Es wird ihnen auch nach dem dritten Mal noch nicht bewusst, unbewusst merken sie es aber schon, und wenn dann der eine oder andere Leser gerade das Gefühl hat, dass er ein wenig sparen sollte, kündigt er als Erstes sein Abo, weil er denkt: Brauche ich nicht unbedingt. Und es gibt ja auch noch das Fernsehen.

Verliert eine Zeitschrift an Auflage, sinken nicht nur die Einnahmen aus dem Verkauf der Zeitschrift, sondern auch die Einnahmen aus der Werbung, weil diese an die Auflage geknüpft ist. Es sinken aber nicht die Kosten. Um sie zu decken, muss entweder der Preis erhöht oder Personal entlassen werden. Die Preiserhöhung führt zu weiteren Abokündigungen, die Personaleinsparung zu weiterem Qualitätsverlust.

In dieser Teufelsspirale stecken gerade sehr viele Zeitungen und Zeitschriften. War es in der Vergangenheit so, dass der ziemlich dicke Werbekuchen zunächst nicht mehr wuchs und unter einer immer größeren Zahl von Konkurrenzprodukten aufgeteilt wurde, wird er jetzt, seit der Erfindung des Internets, völlig neu verteilt. Der Teil, der den etablierten Medien bleibt, schrumpft seit Jahren rapide. Der andere Teil wandert ins Netz ab, wo nur ein paar Brosamen für die etablierten Medien abfallen und der Löwenanteil im Rachen von Google und Facebook landet.

Gefahr droht den Medien, besonders den Zeitungen, auch vom Gesetzgeber, wenn dieser beispielsweise die kostenlose Nutzung einzelner Zeitungsartikel ermöglicht, wie es in einem Gesetzentwurf der Bundesregierung zum neuen Urheberrechts-Wissensgesellschafts-Gesetz (UrhWissG) vorgesehen ist. Sollte das Gesetz Realität werden, drohen den Zeitungen noch höhere Einnahmeverluste. Und dies ist keinesfalls das Privatproblem der privaten Zeitungsverleger, sondern ein Problem der Demokratie. Die Presse kann ihre Aufgabe nur noch unzureichend erfüllen, wenn sie den damit verbundenen Aufwand nicht mehr bezahlen kann.

Junge Leute lesen nicht nur ungern Zeitung, auch das Fernsehen ist bei ihnen nicht mehr so angesagt, ihr Medium ist das Netz, wo sie, wie sie meinen, Information in Hülle und Fülle bekommen, und zwar gratis. Die Zukunft der nationalen Zeitungen, Zeitschriften, Radio- und TV-Sender ist daher völlig ungewiss, seit Global Players wie Amazon, Apple, Facebook, Google das Feld betreten haben und mit den Inhalten dieser Zeitungen, Zeitschriften und TV-Sender mehr Geld verdienen als die Produzenten dieser Inhalte. Als solche stellen die Internetkonzerne eine historisch neue Form von Bedrohung der Pressefreiheit dar, und wir haben nicht den Eindruck, dass die Politiker, Verleger und Journalisten hierzulande schon eine Strategie entwickelt haben, um dieser Bedrohung Herr zu werden.

Und im Hintergrund agiert noch ein weiterer neuer und mächtiger Gefährder der Pressefreiheit, einer, den die Redaktionen gar nicht auf dem Schirm haben und der von sich selbst gar nicht weiß, dass er ein Gefährder ist: der gleichgültige, politisch desinteressierte Konsumbürger und Geiz-ist-geil-Charakter, der gar kein Bedürfnis mehr hat nach unabhängiger Information, Aufklärung, Kritik, Einordnung und Hintergrundberichterstattung. Und wo er doch noch ein kleines Restbedürfnis verspürt, verschwindet auch dieses, wenn ihm zugemutet wird, für Produkte der Pressefreiheit zu zahlen. Wozu auch? Kann man doch alles gratis im Netz abgreifen. Und wer gratis nichts herausrücken will, soll sein Zeug halt behalten. Gibt ja genügend andere, die einen kostenlos bedienen. Scheinbar kann es diesem Geiz-ist-geil-Charakter gleichgültig sein, wenn Zeitungen sterben und Journalisten arbeitslos werden. Aber eben nur scheinbar. Denn vom Schicksal einer freien Presse hängt das Schicksal der Demokratie ab.

Die Schicksalsfrage der Presse und unserer Demokratie lautet daher: Wie soll künftig journalistische Qualität finanziert werden? Wie kann unter den neuen Produktionsbedingungen für Medien weiterhin die Pressefreiheit gewährleistet werden? Wenn wir darauf nicht bald eine Antwort finden, sondern etwa darauf setzen, dass der Markt das Problem schon irgendwie lösen wird, stirbt zuerst die freie Presse, danach die Demokratie, und die Todesursache ist der grenzenlos überschätzte Markt, von dem zu viele glauben, dass er alles zum Besten für alle regeln wird.

ELF

Zu Gefängnis verurteilt wegen: Journalismus[155]

»Die Presse muss die Freiheit haben, alles zu sagen, damit gewissen Leuten die Freiheit genommen wird, alles zu tun«, soll der 1992 verstorbene französische Journalist und Politiker Louis Terrenoire einmal gesagt haben.[156] Das Problem ist nur, dass diese »gewissen Leute« mit ihrer Macht und ihrem Geld alles tun, um genau das zu verhindern: eine freie Presse.

Das brachialste Mittel der Pressebehinderung ist Mord. 1 300 Tötungen von Pressemitgliedern haben die Wissenschaftlerinnen Anita Gohdes und Sabine Carey für den Zeitraum von 2002 bis 2013 dokumentiert.[157] Weitere 397 Tötungen zählten sie zwischen 2014 und 2016. Weltweit geht es mit der Pressefreiheit schon seit etlichen Jahren bergab.[158]

Große Länder wie Russland, China und die Türkei hatten sich in den letzten Jahrzehnten phasenweise der Demokratie geöffnet und auch der Presse mehr oder weniger Freiheiten gelassen. Heute sitzen in diesen Ländern zahlreiche Journalisten und Oppositionelle im Gefängnis, in China schon lange, in Russland auch schon eine Weile. Dort kann sich seit der Ermordung der Journalistin Anna Politkowskaja im Jahr 2006 kaum ein kritischer Journalist noch sicher fühlen. Wenn sie nicht auf geheimnisvolle Weise ums Leben kommen, werden sie von Schlägertrupps überfallen, oder es wird ihnen aus fadenscheinigen Gründen der Prozess gemacht oder der Geldhahn zugedreht.

»Seit der Wahl Wladimir Putins im Jahr 2000 zum russischen Präsidenten hat der Kreml die landesweiten Fernsehsender weitgehend unter seine Kontrolle gebracht. Kritische Medien wie *Radio Moskwy* oder *TV Doschd* geraten regelmäßig unter Druck, Journalisten müssen mit Gewalt oder gezielten Anschlägen rechnen, die meist straffrei bleiben. Strenge Internetgesetze ermöglichen das schnelle und unbürokratische Sperren unliebsamer Webseiten. Kurz vor Beginn der Olympischen Spiele in Sotschi weitete Russland die Internetüberwachung weiter aus. Blogs von Regierungskritikern werden zum Teil ganz gelöscht.«[159]

Journalisten werden nicht nur von Moskau aus bedrängt, sondern auch aus Tschetschenien. Seit die Zeitung *Nowaja Gaseta* – bei der auch Politkowskaja einst gearbeitet hatte – im April 2017 über schwere Menschenrechtsverletzungen an Homosexuellen in Tschetschenien berichtet hat, ist sie massiven Drohungen der politischen und religiösen Führung der russischen Teilrepublik ausgesetzt. Sie richten sich besonders gegen die Reporterin Elena Milaschina, die aufgedeckt hatte, dass im März mehr als 100 Menschen als mutmaßliche Homosexuelle festgenommen und in Geheimgefängnissen gefoltert worden seien. Daraufhin bezeichnete Adam Schahidow, ein Berater des tschetschenischen Präsidenten Ramsan Kadyrow, die Journalisten der *Nowaja Gaseta* als »Feinde unseres Glaubens und unseres Vaterlands«, und der tschetschenische Mufti Salah Meschijew prophezeite den Journalisten gar die »Rache Gottes«.

Solche Drohungen müsse man leider »sehr ernst nehmen, weil im Nordkaukasus schon öfter kritische Berichterstatter ermordet wurden«, sagt Christian Mihr, Geschäftsführer von

Reporter ohne Grenzen. Tschetscheniens Präsident Ramsan Kadyrow bezeichnet unabhängige Journalisten als »Verräter« und »Volksfeinde« und lässt sie bedrohen, mitunter verschleppen, und auch deren Familien werden unter Druck gesetzt.

Den größten Schlag gegen die Pressefreiheit hat 2017 der türkische Präsident Recep Tayyip Erdoğan geführt, der Kritik an seiner Amtsführung mit Gefängnis bestrafen lässt und so gut wie jeden Kritiker der Spionage oder des Terrorismus bezichtigt. Journalisten sitzen nun in der Türkei, wie in vielen anderen Diktaturen üblich, einfach deshalb im Gefängnis, weil sie ihre Arbeit machen. »Seit dem gescheiterten Putsch vom 15. Juli 2016 sind in der Türkei mehr als 170 Journalisten festgenommen worden. Damit sitzen zwei Drittel aller weltweit festgenommenen Journalisten im NATO-Land Türkei in Gefängnissen. Zudem haben seither Medien 9 000 aller 17 000 akkreditierten Journalisten entlassen, was zu einer beispiellosen Selbstzensur führt, zumal fast 200 Medien verboten und geschlossen worden sind. Unter diesen Bedingungen ist eine öffentliche Diskussion nicht mehr möglich«, resümierte Rainer Hermann in der *FAZ* vom 13. Mai 2017.

Auf jener Rangliste der Pressefreiheit, die von der Nichtregierungsorganisation *Reporter ohne Grenzen* jährlich veröffentlicht wird, steht die Türkei im Jahr 2017 auf Rang 155, um sieben Plätze schlechter als Russland (148), nur noch 25 Plätze von Nordkorea (180), dem Schlusslicht, entfernt. In den vergangenen zwölf Jahren hat sich die Türkei um insgesamt 57 Plätze auf der Rangliste verschlechtert.

Spitzenreiter in dieser jährlich erscheinenden Rangliste der Pressefreiheit sind 2017 Norwegen (1), Schweden (2) und Finnland (3). Schlusslichter sind neben Nordkorea Eritrea (179) und Turkmenistan (178). Den größten Sprung nach vorn machte Italien (um 25 Plätze auf 52), wo aber immer noch zahlreiche Journalisten von der organisierten Kriminalität bedroht seien.

Diese Rangliste ist natürlich – wie jedes Ranking – nichts hundertprozentig Objektives, aber immerhin ein starker Anhaltspunkt, der gerade durch die jährliche Veröffentlichung einen Überblick verschafft über die weltweiten Veränderungen der Freiheit von Journalisten, Bloggern und Medien in 180 Ländern. Grundlage ist ein Fragebogen zu unabhängiger journalistischer Arbeit, den *Reporter ohne Grenzen* in 20 Sprachen an Journalisten, Wissenschaftler, Juristen und Menschenrechtsverteidiger weltweit verschickt.

Auf den vorderen Plätzen der Rangliste stehen naturgemäß Länder mit demokratisch verfassten Regierungen, in denen die Gewaltenteilung funktioniert und unabhängige Gerichte darüber wachen, dass Parlamente und Regierungen bestimmte Mindeststandards nicht unterschreiten. Hierzu zählen vor allem die meisten EU-Staaten und die angelsächsischen Demokratien.

Aber: Auch in den klassischen Demokratien geht es ein bisschen bergab, war es um die Pressefreiheit schon einmal besser bestellt. Polen fiel um sieben Plätze auf Rang 54, weil dort laut *Reporter ohne Grenzen* die nationalkonservative Regierung das öffentliche Fernsehen unter ihre Kontrolle gebracht habe. Mehr als 220 Journalisten seien seit dem Machtwechsel im öffentlichen Rundfunk entlassen, zur Kündigung gezwungen oder auf weniger einflussreiche Posten versetzt worden. Staatliche Firmen inserierten nicht mehr in regierungskritischen Zeitungen und setzten diese damit finanziell unter Druck.

Großbritannien fiel um zwei Plätze auf Rang 40, weil feindselige Rhetorik insbesondere gegen die *BBC* integraler Teil der Brexit-Kampagne gewesen sei. Hinzu kam ein neues Gesetz, das die Überwachungsbefugnisse der britischen

Geheimdienste drastisch ausweite und Journalisten und deren Informanten nur noch unzureichend schütze.

In den USA würden immer häufiger Investigativjournalisten und Whistleblower vor Gericht gestellt, und Präsident Donald Trump setze auf das Prinzip, dass man eine Lüge nur oft genug wiederholen muss, damit sie irgendwann geglaubt werde. Daher verunglimpfe er ausdauernd und systematisch kritische Medien als Verbreiter von Fake News. Das kostet die USA zwei Plätze, und so stehen sie nun auf Rang 43.

Auch Deutschland hat sich verschlechtert. Schon im Jahr 2016 wurde es um vier Plätze zurückgestuft auf Rang 16, wo es auch 2017 steht. Damit liegt Deutschland deutlich hinter Ländern wie Costa Rica, Jamaika oder der Slowakei. Der wichtigste Grund dafür ist jedoch nicht, wie man vielleicht vermuten könnte, der Staat, der plötzlich versucht, mit direkten Zensurmaßnahmen in die Freiheit der Presse einzugreifen, sondern: das Volk. Genauer: jene, die gern lautstark skandieren »Wir sind das Volk«.

Nach den Kriterien von *Reporter ohne Grenzen* wird die Pressefreiheit nicht nur durch staatliche Einmischung bedroht, sondern durch jede Art von Behinderung der Arbeit von Journalisten, auch durch Drohungen, Beleidigungen und Angriffe. Und davon gab es in Deutschland viele. Mindestens 39 gewalttätige Übergriffe zählte *Reporter ohne Grenzen* 2015. In den ersten Monaten des Jahres 2016 setzte sich diese Tendenz unvermindert fort.

Verbale und tätliche Attacken bis hin zu Körperverletzung erschwerten die Arbeit der Journalisten, meistens auf Demonstrationen der Pegida-Bewegung und ihrer regionalen Ableger, bei Kundgebungen rechtsradikaler Gruppen oder auf Gegendemonstrationen. Reporter wurden geschlagen, getreten, zu Boden geworfen, ihre Ausrüstung beschädigt oder zerstört. Opfer der Angriffe waren meist Fotografen, Kamerateams oder Reporter vor Übertragungswagen von Radio- und Fernsehsendern – Journalisten also, die leicht als solche erkennbar sind und symbolhaft für die von Demonstranten pauschal verunglimpfte »Lügenpresse« stehen.

Ein weiterer nichtstaatlicher – und indirekter – Gefährder der Pressefreiheit ist die wirtschaftliche Krise vieler Zeitungs- und Zeitschriftenverlage, die zu Personaleinsparungen zwingt. Weniger Journalisten können weniger ausdauernd und weniger gründlich recherchieren. Die Pressevielfalt schwindet, wenn Redaktionen zusammengelegt werden und diese dann viele Zeitungen beliefern, die unterschiedlich aussehen, aber dieselben Inhalte liefern.

PR-Agenturen kennen die Not personell ausgedünnter Redaktionen, die viele Spalten füllen müssen, damit die Zeitung nicht zu dünn wird, und liefern gern im Auftrag von Firmen und Organisationen kostenlos Artikel, die wie journalistische Inhalte aussehen, aber letztlich doch PR sind. Die Unabhängigkeit der Presse nimmt ab. Wegen mangelnder Trennung von Redaktion und Werbung sprach der Presserat von Januar 2015 bis März 2016 insgesamt 20 Rügen aus.

Aber auch der Staat wird gerügt von *Reporter ohne Grenzen*. Erstmals seit mehr als 30 Jahren ermittelte die Bundesanwaltschaft im Juli 2015 wieder gegen zwei Journalisten. Auf ihrem Blog *netzpolitik.org* hatten sie als vertraulich eingestufte Dokumente veröffentlicht. Nach bundesweiten Protesten wurden die Ermittlungen gegen die Blogger wenig später eingestellt. Nicht eingestellt wurden jedoch die Ermittlungen gegen unbekannt, also gegen den Informanten.

Um auf den unzureichenden Schutz journalistischer Quellen und die weitreichende Überwachung durch Geheimdienste aufmerksam zu machen, verklagte *Reporter ohne Grenzen* im Juni 2015 den Bundesnachrichtendienst wegen Verletzung des Fernmeldegeheimnisses. *Reporter ohne Gren-*

zen fordert eine bessere Kontrolle der Geheimdienste durch das Parlament.

Das im Oktober verabschiedete Gesetz zur Vorratsdatenspeicherung kritisiert *Reporter ohne Grenzen* scharf. Es verpflichtet Telefon- und Internetunternehmen, die Verbindungsdaten aller Kunden anlasslos zehn Wochen lang zu speichern. Zugegriffen werden darf auf die Daten nur bei schweren Straftaten. Was genau darunter fällt, ist jedoch nicht klar genug definiert. Berufsgeheimnisträger wie Journalisten schützt das Gesetz nur unzureichend. Der neu eingeführte Straftatbestand der Datenhehlerei gefährdet ihre Informanten.

Auf große Skepsis stößt auch der Facebook-Gesetzentwurf von Justizminister Heiko Maas.[160] Die gute Absicht, Hasskommentare im Internet zu unterbinden, könnte dazu führen, dass auch kontroverse Inhalte entfernt werden, was letztlich auf eine Form von Zensur hinausliefe.[161] Der richtige Weg zum Umgang mit den Folgen des Internets muss wohl erst noch erkundet werden.

Ihre gefährlichsten Gegner hat die Pressefreiheit aber immer noch in jenen Ländern, in denen von staatlich organisierten oder zumindest tolerierten Morden über Zensur bis hin zur Schließung von Medien mithilfe des Steuer- und Konkursrechts versucht wird, jede Form von Kritik im Keim zu ersticken. Viele dieser Länder haben Gesetze verabschiedet, mit denen Journalisten etwa wegen vermeintlicher Präsidentenbeleidigung, Gotteslästerung oder Unterstützung terroristischer Gruppen ins Gefängnis gebracht werden können.

Auch die zunehmend autokratischen Tendenzen in Ländern wie Ägypten, Russland oder der Türkei und die wachsende Zahl bewaffneter Konflikte, wie etwa in Libyen, Burundi und dem Jemen, gefährden die Freiheit der Presse.

»Viele Staatsführer reagieren geradezu paranoid auf legitime Kritik durch unabhängige Journalisten«, sagt *Reporter ohne Grenzen*-Vorstandssprecher Michael Rediske.[162] »Wenn sich selbstherrliche Präsidenten und Regierungen per Gesetz jeder Kritik entziehen, fördert das Selbstzensur und erstickt jede politische Diskussion. Dabei sind lebendige, debattierfreudige Medien gerade dort nötig, wo die Probleme am größten sind und sich Gesellschaften über den besten Weg in die Zukunft verständigen müssen.«[163]

Fast genauso gefährlich, allerdings (noch?) auf bestimmte Länder begrenzt, ist der Terror. Der IS, aber auch mafiose Organisationen wie etwa die lateinamerikanischen Drogenclans, scheuen vor keinem Mord und keinem Anschlag zurück, wenn sie ihre Interessen durch unabhängige Berichterstattung gefährdet sehen.

Dies erzeugt eine staatliche Gegenwehr, die in der guten Absicht, den Terror zu bekämpfen, dann oft über das Ziel hinausschießt und dabei die Freiheit der Presse missachtet, auch in demokratischen Ländern, wo das Redaktionsgeheimnis und die Vertraulichkeit von Recherchegesprächen durch staatliche Abhörmaßnahmen massenhaft verletzt werden. In den USA zum Beispiel »gehen die größten Gefahren für die Pressefreiheit von der digitalen Überwachung sowie von der juristischen Kampagne der Regierung gegen Whistleblower und Investigativjournalisten aus«, kritisieren *Reporter ohne Grenzen*.[164] Das schrecke journalistische Quellen ab und rühre an die Grundfesten eines unabhängigen Journalismus, sagt *Reporter ohne Grenzen*-Geschäftsführer Christian Mihr.

Neue Gefährdungen für die Pressefreiheit gehen von den Desinformations- und Fake-News-Fabriken im Internet aus. Regierungen, Lobbyorganisationen, Unternehmen und ideologische Gruppierungen stören mit Lügen, Halbwahrheiten,

Falschinterpretationen, Bildmanipulationen und Fake-Videos massiv die Bemühungen der seriösen Presse um Wahrhaftigkeit. Aber auch ideologisch fanatisierte Bürger, halbgebildete Blogger, Spinner, Verschwörungstheoretiker und Sektierer vermüllen den öffentlichen Diskurs mit ihrer zur Schau gestellten Ignoranz, ihrem Zehntelwissen und ihrer Faktenresistenz. Sie erschweren jedem einzelnen Bürger, der sich ernsthaft um Information bemüht, den Zugang dazu und zwingen ihn, sich erst einmal durch ihr Gestrüpp aus absichtlich oder unabsichtlich verbreiteter Desinformation zu kämpfen. Und ziehen damit die Aufmerksamkeit von jenen Medien ab, die professionell und seriös täglich ihre Schneisen durch das wuchernde Dickicht schlagen.

ZWÖLF

Das Neutralitätsgebot und seine Grenzen

Einer der meistzitierten Sätze während des Höhepunkts der Flüchtlingskrise lautete: »Einen guten Journalisten erkennt man daran, dass er sich nicht gemein macht mit einer Sache, auch nicht mit einer guten.« Der Satz fiel in einem ergreifenden, auch heute noch lesenswerten *Spiegel*-Interview[165] mit dem *Tagesthemen*-Moderator Hanns Joachim Friedrichs kurz vor dessen Tod im Jahr 1995.

Seit der Flüchtlingskrise wird das Zitat den Journalisten immer dann um die Ohren gehauen, wenn sie nach Meinung ihrer Gegner mal wieder zu freundlich oder zu unfreundlich gewesen sind – zu freundlich zu den Flüchtlingen, zu Migranten, zu Frauen, zu Schwulen, zu dieser oder jener Minderheit, zu unfreundlich zur Regierung, zur Opposition, der Wirtschaft, der Kirche. Oder umgekehrt. Aber immer, und da sind sich alle Medienkritiker einig, lautet die Forderung an die Journalisten: Ihr habt neutral zu sein.

Zuletzt wurde der Friedrichs-Satz wieder bemüht im Fall des in der Türkei inhaftieren *Welt*-Journalisten Deniz Yücel, diesmal von Hierarchen der *ARD*, als einige *ARD*-Journalisten die Idee hatten, öffentlich Solidarität mit Yücel und allen inhaftierten Kollegen zu demonstrieren. Dabei wollten sie journalistische Schwergewichte wie die *ARD*-Vorsitzende, den *ZDF*-Intendanten, den Chef von Springer und etliche Chefredakteure einiger Tageszeitungen und Magazine einbinden, ein Zwei-Minuten-Filmchen von der Aktion drehen und am 3. Mai 2017, dem Tag der Pressefreiheit, auf *tagesschau.de* veröffentlichen.

Dazu kam es nicht, weil einige *ARD*-Hierarchen kalte Füße bekamen, und dabei fiel dann wieder der Friedrichs-Satz. Hinterher wollte es keiner gewesen sein, aber die prominente Medienjournalistin Ulrike Simon ortete als Chef der Abwehr den *ARD*-Programmdirektor Volker Herres. Der bestritt zwar, Friedrichs zitiert zu haben, äußerte aber Verständnis für die Ablehnung der Aktion mit der Begründung: In Zeiten, in denen dem öffentlich-rechtlichen Rundfunk Parteilichkeit vorgeworfen, er gar bezichtigt werde, »Teil des Systems« zu sein, sei es ratsam, Vorsicht walten zu lassen.[166]

Da muss man einen Moment innehalten und sich verdeutlichen, was das heißt: Ein *ARD*-Hierarch sagt: »Vorsicht.« Also: »Nein.« Aus der Aktion wird nichts. Aber warum nicht? Sollte eine Solidaritätsadresse an einen in türkischer Haft sitzenden Kollegen nicht selbstverständlich sein? Warum sollten Journalisten so tun, als ob es sie und die Öffentlichkeit nichts anginge, wenn einer der Ihren unschuldig ins Gefängnis geworfen wird?

Hanns Joachim Friedrichs lebt nicht mehr. Wir können ihn nicht mehr befragen, was er zu der Deniz-Yücel-Solidaritätsaktion gesagt hätte. Auch nicht, wie sein scheinbar eindeutiger Satz über das »Sich nicht mit einer Sache gemein machen« gemeint war. Und nicht, was er heute denen antworten würde, die mit seinem Satz Politik gegen die Flüchtlingsberichterstattung des öffentlich-rechtlichen Fernsehens gemacht haben und immer noch machen. Aber wir vermuten: Er hätte denjenigen, die sich seiner Aussage bemächtigten, um damit Politik zu machen, seinen Satz wieder entwunden.

Ganz sicher aber sind wir, dass er das aus dem Kontext gerissene Zitat wieder in den Kontext gerückt und an die Frage erinnert hätte, auf die er geantwortet hatte. Die *Spiegel*-Frage lautete nämlich nicht, woran man einen guten Journalisten erkennt, sondern: »Hat es Sie gestört, dass man als Nachrichtenmoderator ständig den Tod präsentieren muss?«

Die Frage war eingebettet in ein Interview mit einem Mann auf dem Sterbebett, der gelassen seinem Tod entgegensieht. Das ganze Gespräch drehte sich primär um das Leben angesichts des nahenden Todes und nur sekundär um das Handwerk des Journalismus und Fragen zur Objektivität und Neutralität von Nachrichtenmoderatoren. Und selbst im Sekundären bildete das Primäre den Hintergrund, so zum Beispiel bei der Frage an den Nachrichtenmoderator, der ständig den Tod präsentieren muss, wie man es aushält, der Öffentlichkeit immerzu die schlechten, erschütternden, grauenhaften, das Elend dieser Welt darstellenden Nachrichten mitteilen zu müssen.

Darauf hatte er geantwortet: »Nee, das hat mich nie gestört. Solche Skrupel sind mir fremd. Also, wer das nicht will, wer die Seele der Welt nicht zeigen will, in welcher Form auch immer, der wird als Journalist zeitlebens seine Schwierigkeiten haben. Aber ich hab es gemacht, und ich hab es fast ohne Bewegung gemacht, weil du das anders nämlich gar nicht machen kannst. Das hab ich in meinen fünf Jahren bei der *BBC* in London gelernt: Distanz halten, sich nicht gemein machen mit einer Sache, auch nicht mit einer guten, nicht in öffentliche Betroffenheit versinken, im Umgang mit Katastrophen cool bleiben, ohne kalt zu sein. Nur so schaffst du es, dass die Zuschauer dir vertrauen, dich zu einem Familienmitglied machen, dich jeden Abend einschalten und dir zuhören.«[167]

Gemeint war vermutlich: Wenn ich den Tod eines von mir verehrten Künstlers mitteilen, herzzerreißende Bilder von kranken, hungernden Kindern anmoderieren oder die Zuschauer auf Bilder von an Leib und Seele verletzten Menschen in zerbombten Städten vorbereiten muss, dann darf ich nicht vor Mitleid zerfließen oder gar in Tränen ausbrechen. Zwischen mir und den Inhalten, die ich mitteile, muss eine Distanz bleiben, damit der Zuschauer die Chance hat, sich sein eigenes Urteil zu bilden und seine eigenen Gefühle zu entwickeln.

Dieses Distanzgebot gilt für alle Journalisten, für die Moderatoren im Studio ebenso wie auch und gerade für solche, die in Krisenregionen unter oftmals lebensgefährlichen Bedingungen arbeiten, von Behörden schikaniert, von Terroristen bedroht und von Regierungen in ihrer Arbeit behindert werden. Die Versuchung, sich unter solchen Bedingungen von Stimmungen leiten zu lassen und Stimmung zu machen, einseitig zu berichten – auch: sich in Szene zu setzen – ist groß. Sich hier diszipliniert zurückzuhalten, Distanz zu wahren, kühl die Fakten zu nennen, keine vorschnellen Wahrheiten zu verkünden, das alles zeichnet den Reporter oder Korrespondenten aus, der trotzdem sein humanitäres Bewusstsein nicht verleugnen muss.

Kein Journalist, erst recht kein Moderator am späten Abend im Nachrichtenstudio, muss so tun, als ob er ein Nachrichtenroboter sei, der alles völlig gleichgültig und ohne innere Beteiligung nacheinander wegmoderiert. Mimik, Gestik, Tonlage und Wortwahl müssen zum Inhalt der Nachricht passen, zugleich eine gewisse Distanz dazu wahren, und trotzdem muss keiner verleugnen, dass er gegenüber dem Mitgeteilten eine bestimmte Haltung einnimmt. Es ist und bleibt eine schwierige Gratwanderung.

Wenn etwa die deutsche Fußballnationalmannschaft Weltmeister wird – soll dann etwa die Nachrichtenredaktion samt Moderator im Studio so tun, als ob sie die Begeisterung darüber nichts anginge? Soll der Moderator das Ereignis unter derselben Mimik und Gestik oder vielleicht sogar mit Leichenbittermiene und unter denselben dürren Worten begraben, mit denen er über die üblichen Spielchen der Parteitaktiker im Bundestag berichtet? Das ergäbe einen gewaltigen Shitstorm. Das andere Extrem – der Moderator moderiert im Trikot der Nationalmannschaft – wäre genauso Shitstorm-würdig. Irgendwo zwischen diesen Extremen müssen Redaktion und Moderator täglich neu ihre Haltung zu den jeweils wichtigsten Ereignissen der Zeit finden.

Wir wissen nicht, wie Hanns Joachim Friedrichs die Bilder der ankommenden Flüchtlinge und deren Empfang am Münchner Hauptbahnhof anmoderiert hätte. Aber auf die Frage nach dem wichtigsten Satz in seinem Journalistenleben, antwortete er in besagtem *Spiegel*-Interview: »Die Tore in der Mauer stehen weit offen.« Und: Diesen Satz habe er »ganz leise gesprochen«. Das war seine Art, Bedeutung zu vermitteln, und zugleich gab er damit zu verstehen, dass auch ihn das Ereignis nicht unberührt lässt, es aber nicht sein Job ist, seine Berührung kundzutun. Daher vermuten wir: Auch im Fall der massenhaften Ankunft der Flüchtlinge und deren Empfang in Deutschland im Sommer 2015 hätte er seine Lautstärke um einen Tick gesenkt. Das war zwar etwas anderes als der Fall der Mauer in Berlin, in seiner historischen Größe geringer und weniger bedeutend, aber doch auch ein großer Moment in der Geschichte der Bundesrepublik.

Da kamen täglich zu Tausenden völlig erschöpfte, verarmte, vom Krieg gezeichnete Menschen im Münchner Hauptbahnhof an und wurden von den Münchnern freundlich empfangen, versorgt, untergebracht. Polizisten beugten sich zu Kindern und schenkten ihnen Spielzeug, Plüschtiere, Süßigkeiten. Zu Hunderten meldeten sich freiwillige Helfer, die Beamten der Stadt München machten Überstunden,

Turnhallen wurden umfunktioniert, Zelte aufgebaut, medizinische Versorgungsstationen eingerichtet, ehrenamtliche Helfer arbeiteten bis zur Erschöpfung, und kurze Zeit später war das in ganz Bayern so. Tausende ehrenamtlicher Helfer und die Verwaltungen arbeiteten am Limit.

Aber über allem schwebte schon von Anfang an die bange Frage, wie das weitergehen soll. Welche Probleme werden wir uns damit einhandeln, werden wir so viele Menschen, die kein Wort Deutsch sprechen, integrieren können? Haben wir nicht schon jetzt genügend Probleme mit misslungener Integration? Wer kommt da eigentlich zu uns? Und darauf antwortete für alle überraschend die Kanzlerin: »Wir schaffen das« – die deutsche Version von Obamas »Yes, we can«. Die Deutschen bekamen damit ein neues Bild von ihrer Kanzlerin, die Welt ein neues Bild von den Deutschen und diese ein neues Bild von sich selbst.

Es habe ihnen »die Tränen in die Augen getrieben vor Dankbarkeit, dass Deutschland jetzt dieses andere Gesicht zeigt«, sagten Christine und Rainer Roth, ein bayerisches Anwaltspaar, das damals Urlaub machte in Frankreich, nicht weit entfernt von Oradour – ein Dorf, dessen Bewohner 1944 von einer Einheit der Waffen-SS massakriert wurden und das daher besonders sensibel reagierte auf die deutsche Willkommenskultur.[168] Damit beschrieben sie eine Stimmung, von der damals viele ergriffen waren in Deutschland. Hätte das Fernsehen diese Stimmung nicht abbilden sollen? Hätten die Medien Stimmung machen sollen gegen diese Willkommenskultur und gegen die Flüchtlinge? Das taten ja bereits andere mit großer Lautstärke.

Ein großer Teil der Medien hielt dagegen, war tatsächlich eine Zeit lang Teil der Willkommenskultur. Haben sie sich also mit einer Sache gemein gemacht, wenn auch vielleicht mit einer guten?

Ja, haben sie. Und wir riskieren die Behauptung: Hanns Joachim Friedrichs hätte es auch getan, und er hätte auch bei der Solidaritätsaktion für Deniz Yücel mitgemacht. Das meinen nicht nur wir, das meinen auch zahlreiche andere Kollegen, darunter eine ganze Reihe von Preisträgern des Hanns-Joachim-Friedrichs-Preises, Nikolaus Brender zum Beispiel, der ehemalige *ZDF*-Chefredakteur, der zum Fall Yücel gesagt hat: »Die Pressefreiheit ist ein zentrales Element unserer gemeinsamen Menschenrechte. Sich als Journalist damit nicht gemein zu machen wäre gemeingefährlich und geradezu absurd. Angesichts von unterdrückter Presse zu schweigen und sich für inhaftierte Journalisten nicht einzusetzen hätte Hanns Joachim Friedrichs als Duckmäusertum empfunden. (…) Niemand kann sich also für sein Schweigen und Nichtstun auf Hanns Joachim Friedrichs berufen. Im Gegenteil. Er oder sie tun damit das, was Hanns Joachim Friedrichs verabscheute: sich gemein machen mit den Unterdrückern der Freiheit.«[169]

Stephan Lamby, der den Hanns-Joachim-Friedrichs-Preis 2014 erhielt, unterscheidet zwischen anständiger journalistischer Haltung und Kampagnenjournalismus: »Kampagnenjournalismus ist intellektuell kraftlos, weil leicht durchschaubar. Die Absicht ersetzt das Argument. Und doch ist es sinnvoll, oft notwendig, wenn Journalisten kämpfen. Sie sollten allerdings nicht für oder gegen Personen und Parteien kämpfen, sondern für höhere Werte: für Wahrheit, Gerechtigkeit, Freiheit – oder eben Pressefreiheit.«[170]

Oder eben für das Recht auf Asyl. Oder für die Gleichberechtigung der Frau. Dass es damit in Deutschland ein gutes Stück vorangegangen ist, ist auch den vielen Journalistinnen zu verdanken, die sich seit Jahrzeiten mit der Sache der Frauen gemein gemacht haben und immer noch gemein machen, indem sie die schlechtere Bezahlung für gleiche Arbeit anprangern oder kritisieren, dass die Führungspositionen in Politik, Wirtschaft, Medien und Wissenschaft noch immer stark männlich dominiert sind. Es ist kein Kampagnenjournalismus, wenn sich Frauen in den Medien für Frauenrechte einsetzen, sondern es ist Teil des Auftrags der Medien, die Finger in die Wunden zu legen. Die Gleichheit vor dem Gesetz und die Forderung, dass niemand wegen seines Geschlechts benachteiligt werden dürfe, ist in Deutschland ein Verfassungsauftrag, und wenn er nicht oder unzureichend erfüllt wird, ist es nicht nur das Recht, sondern sogar die Pflicht von Journalisten und Journalistinnen, darüber zu berichten.

Hajo Friedrichs hat das übrigens ganz genauso gesehen. Woher wir das wissen? Eine schöne Pointe dieses Kapitels ist, dass Friedrichs kurz vor seinem Tod gewünscht hat, der nach ihm benannte Preis möge an die engagierten Moderatorinnen des kämpferischen *ZDF*-Frauenjournals *ML Mona Lisa* gehen. So hat es mir (PG) eine Freundin von Hajo Friedrichs später erzählt. Diese Moderatorinnen hießen damals Maria von Welser und Petra Gerster. Und tatsächlich haben sie ihn im Jahr 1996 bekommen.

Journalisten dürfen nicht nur, sondern sollen sogar Haltung zeigen, umso mehr, je mehr gegen Minderheiten gehetzt, je mehr Grundrechte verletzt, je mehr Freiheiten beschnitten werden. Daher schreiben Journalisten auch Reportagen mit politischen Botschaften. Setzen sich in ihrem Job ein für den Frieden, für Barrierefreiheit und Inklusion, für Tier-, Natur- und Umweltschutz, für Hilfsbereitschaft und Solidarität mit den Armen und Hungernden dieser Welt. Kämpfen mit Worten, Bildern und Filmen gegen Ausbeutung und Unterdrückung, gegen Folter und Krieg, gegen Diktaturen und Zensur.

In den USA kämpft die Mehrheit von ihnen derzeit gegen den Präsidenten, indem sie seine Lügen aufdecken, die Widersprüche in seinen Äußerungen und seiner Politik benennen und die Folgen seiner Politik beschreiben. Dafür werden sie von rechts beschimpft, der Einseitigkeit geziehen und des Kampagnenjournalismus verdächtigt. Aber sie machen nur ihre Arbeit. Es kann in einer Demokratie keine Neutralität mehr geben, wenn irgendwelche Gruppierungen, Parteien oder der Präsident höchstselbst lügen, Fakten verdrehen, das Recht und die demokratischen Institutionen missachten. Dann ist es geradezu die Pflicht von Journalisten, sich mit der Demokratie gemein zu machen.

Daher erwartet ein Großteil des Publikums geradezu, dass sich Journalisten mit dieser oder jener guten Sache gemein machen. Die Medien sollen helfen, Vorurteile abzubauen und Minderheiten zu respektieren. Sie sollen aufklären: über die Gefahren des Rauchens, des Alkohols, der Drogen; über gesunde Ernährung und die Tricks der Lebensmittelindustrie; über den Klimawandel, die Energiewende, den Umweltschutz. Sie sollen berichten, was nicht sein soll: die Korruption in Politik und Wirtschaft; die Tierquälerei, die Verseuchung der Böden und die Vergiftung des Grundwassers in der industriellen Landwirtschaft; die Steuerhinterziehung der Reichen in dubiosen Steueroasen; die entwürdigende Behandlung von Alten in »Seniorenresidenzen«; die ungleiche Bezahlung von Männern und Frauen; Doping im Sport; Gewalt gegen Frauen – und so weiter.

Seriöse Medien berichten über all die genannten Themen, ergreifen manchmal auch Partei (oft schon allein dadurch, dass sie ein Thema überhaupt aufgreifen), aber wenn sie es tun, dürfen sie die Stimmen der Gegenseite nicht unterdrücken. Für beides, das Parteiergreifen wie das Ernstnehmen der Gegenseite, werden sie beschimpft – immer von denen, die dabei schlecht wegkommen oder anderer Meinung sind – als Schulmeister, Volkserzieher, Nachrichtenunterdrücker,

Manipulateure, Kumpanen des Establishments, Stimmungsmacher, Kampagnenjournalisten, Agenten des Kapitals und der CIA, neoliberale Sturmtruppe, rot-grün versiffte Haltungs- und Gesinnungslumpen, Lügenpresse. Das ist auch in Ordnung so. Denn das ist Demokratie, und dazu gehört, dass Journalisten harsche Kritik aushalten müssen.

Insbesondere dann, wenn demokratische Grundwerte zur Disposition gestellt werden, müssen Journalisten Haltung zeigen und sie verteidigen. Was die übrigen Gebote des seriösen Journalismus nicht außer Kraft setzt: sorgfältige Prüfung der Quellen; lieber etwas später mit einer korrekt recherchierten Meldung herauskommen als zu früh mit einer schlampig recherchierten oder gar einer Fehlinformation; nie die Distanz zum Geschehen verlieren; trennen zwischen Nachricht und Kommentar; nicht einseitig berichten und auch die Gegenseite zu Wort kommen lassen; sich bewusst sein, dass man irren kann, daher sparsam sein mit Wertungen und immer bereit sein zur Fehlerkorrektur. Aber dennoch: Erkennen, wann es Zeit ist, deutlich zu werden, Haltung zu zeigen.

Man stelle sich vor, in Deutschland würde eine neue nationalsozialistische Bewegung mit einem Hitler-ähnlichen Führer an der Spitze erstarken – sollten die Medien neutral damit umgehen? Ausgewogen berichten? Sollten sie den Vertretern dieser Bewegung die gleiche Aufmerksamkeit gewähren wie demokratischen Politikern, sie in die Talkshows einladen, ihnen in zahlreichen Interviews die Möglichkeit einräumen, ihre Botschaft zu verbreiten? Ihnen mit dem gleichen Respekt gegenübertreten, mit dem sie demokratischen Politikern gegenübertreten?

Auch wenn die Bewegung zahlreiche Anhänger hätte, gälte: Demokratie ist mehr als der Wille einer Wählermehrheit. Demokratie ist auch Rechtsstaatlichkeit, Gewaltenteilung und vor allem: die unbedingte Geltung der Menschenrechte. Wer diese Säulen der Demokratie zum Einsturz bringen möchte, so wie es einst die Nazis getan haben, hätte keinen Anspruch auf Neutralität der Journalisten und auf ausgewogene Berichterstattung.

Die gesamte Verfassung unseres Landes ist ja auch eine Antwort auf die zwölf Jahre Geschichte zwischen 1933 und 1945 und Ausdruck des festen Willens, vergleichbares Unrecht auf deutschem Boden nie wieder zuzulassen. Deshalb ist unsere Verfassung nicht neutral, sondern parteiisch – nicht parteipolitisch, sondern parteiisch in dem Sinn: pro Menschenwürde, pro Menschenrechte, pro Minderheitenschutz, pro Asyl, pro Gleichheit, pro Freiheit, pro Solidarität. Deshalb dürfen, ja sollen sich Journalisten gemein machen mit dieser Verfassung und dem, was daraus folgt.

Das jedenfalls ist unser Standpunkt. Und nach unserem Dafürhalten war das auch der Standpunkt von Hanns Joachim Friedrichs.

Dritter Teil

MACHT UND OHNMACHT DER JOURNALISTEN

EINS

Das Objektivitätsgebot und seine Grenzen

Gerade Nachrichtenjournalisten arbeiten unter hohem Zeitdruck. Stündlich wird von ihnen erwartet, den Stand des Tagesgeschehens zu melden. Wird irgendwo in einem fernen Land geschossen, muss innerhalb von Minuten entschieden werden, wie die schussfreudigen Typen zu bezeichnen sind: Rebellen? Freischärler? Terroristen? Milizen? Revolutionäre? Sicherheitskräfte? Söldner? Polizisten? Soldaten? Kriminelle Banden? Mafiosi? Die Bezeichnung, für die man sich in der Eile entschieden hat, sollte aber möglichst morgen und auch noch in einer Woche und in einem Monat Bestand haben.

Gibt es Streit zwischen verschiedenen politischen oder religiösen Gruppierungen, müssen sie irgendwie eingeordnet werden: links, rechts, liberal, orthodox, gemäßigt, konservativ, progressiv, linksradikal, rechtsradikal, revolutionär, konterrevolutionär, islamistisch, christlich-fundamentalistisch, feministisch, queer, reaktionär, populistisch …

Schon über solche Einordnungen kann man streiten. Und ist es nicht auch eine Wertung, wenn man eine Partei oder Gruppierung als populistisch, rechtsradikal, antisemitisch, frauenfeindlich einstuft? Sollten Redaktionen daher lieber auf solche Einordnungen verzichten?

Man kann darauf verzichten, wenn man davon ausgehen kann, dass eine Partei oder Gruppierung dem Publikum bekannt ist. Die AfD muss nicht mehr in jeder kleinen Meldung explizit als rechtspopulistisch bezeichnet werden. Das Publikum hat sich seine Meinung über diese Partei längst gebildet. Aber wenn es sich um unbekannte Gruppierungen in fernen Ländern handelt, von denen manche zum ersten Mal hören, dann ist eine Einordnung – und sei sie auch ein bisschen wertend – hilfreich, um das Mitgeteilte besser zu verstehen.

Nachrichten kommen kaum ohne solche Einordnungen aus. Die Nachricht, die zu hundert Prozent aus nackten Fakten bestünde, wäre für viele schwer verständlich. Meist macht erst die Einordnung das Faktum zur Nachricht. Über das nackte Faktum kann man nicht streiten, über dessen Einordnung schon.

Nach dem Zweiten Weltkrieg hat es beispielsweise bis ins Jahr 1989 ein Faktum gegeben, das sich selbst als DDR bezeichnet hat, Deutsche Demokratische Republik. Deutsch hat ja gestimmt. Aber demokratisch? Republik? Diese Bezeichnung wollte man dem »Phänomen« oder »Gebilde«, als das es Kurt Georg Kiesinger bezeichnet hatte, nicht zugestehen. Anfänglich wurde sie daher im Westdeutschland der 50er-Jahre SBZ (Sowjetische Besatzungszone) genannt – auch Ostzone oder Sowjetzone. Allmählich bürgerte sich dann – besonders nach Willy Brandts Entspannungspolitik – doch die Schreibweise DDR ein, aber die Springer-Zeitungen schrieben: »DDR«. Die Anführungszeichen sollten kundtun, dass man bei Springer der DDR diese Selbstbezeichnung noch immer nicht zugesteht, weil sie noch immer eine propagandistische Lüge sei. Abgeschafft wurde die sogenannte »DDR« bei Springer erst im August 1989 – nicht weil man ahnte, dass dieses »Phänomen« nicht mehr lange existieren würde, sondern weil die Gänsefüßchen der Springer'schen Expansion in die osteuropäischen Märkte im Wege standen.[171]

Man sieht also: Schon die Wortwahl, Schreibweisen, Bezeichnungen sind nicht frei von wertenden Kontexten, subjektiven Einflüssen, Interessen, zeitgeschichtlichen Usancen. Das reine, nackte Faktum ist kaum mitteilbar, sondern muss in Worte gekleidet werden, und diese Einkleidung verändert das Faktum.

Darum kann es Objektivität im Journalismus nicht geben. Es gibt sie nicht einmal in der Wissenschaft, ja nicht einmal in einer der härtesten aller Wissenschaften, der Physik. Dort weiß man seit den Forschungen von Albert Einstein, Niels Bohr, Werner Heisenberg und vielen anderen: In der Quantenphysik entscheidet die Versuchsanordnung über den Ausgang des Experiments. Wer beweisen will, dass Licht aus elektromagnetischen Wellen besteht, kann dies tun, wenn er weiß, wie er seinen Versuch aufbauen muss. Wer beweisen will, dass Licht nicht aus Wellen, sondern aus kleinsten Teilchen besteht, kann dies ebenfalls beweisen, wenn er die zugehörige Versuchsanordnung kennt. Was also ist Licht – Welle oder Teilchen? Hängt davon ab …

Ist es also schon in den harten Wissenschaften schwierig, experimentell und theoretisch zu objektiven Wahrheiten vorzudringen, so ist das in den weichen Geisteswissenschaften noch viel schwieriger, denn da bekommt es das Subjekt mit dem Subjekt zu tun, das sich nur schwer objektivieren lässt, vor allem dort, wo handfeste Interessen im Spiel sind. Das erklärt die Widersprüchlichkeit der Millionen wissenschaftlicher Studien, Gutachten und statistischer Erhebungen, die regelmäßig mit dem Satz enden: Weiterer Forschungsbedarf ist nötig.

Wissenschaftler haben in der Regel ausreichend Zeit, um ein wissenschaftliches Problem gründlich zu erforschen.

Trotzdem dringen sie kaum zu objektiven, zeitlos gültigen Wahrheiten vor, vor allem wenn es um Wahrheiten über den Menschen geht, denn der ändert sich dauernd. Er zeigt auch meist ein anderes Verhalten, wenn er weiß, dass er beobachtet wird. Und er kann morgen, im nächsten Jahr oder in zehn Jahren wieder ein anderes Verhalten zeigen, weil er etwas gelernt hat, anders gestimmt ist oder einfach nur, weil er älter geworden ist.

Das Zuverlässigste, was Wissenschaftler liefern können, sind Erkenntnisse, die unter Zuhilfenahme anerkannter Methoden zustande gekommen und intersubjektiv nachprüfbar sind. Neue, bessere Methoden können aber zu anderen Ergebnissen führen. Die gegebenen Voraussetzungen zum Zeitpunkt einer wissenschaftlichen Erhebung können zum Zeitpunkt ihrer Veröffentlichung fundamental andere sein, und eine intersubjektive Nachprüfung ist gar nicht mehr möglich, das Ergebnis nicht mehr reproduzierbar. Deshalb wird die Forschung nie an ein Ende kommen.

Wenn schon die langsam und gründlich arbeitende Wissenschaft zu keiner Objektivität imstande ist, kann es der schnelle Tages-, Wochen- und Monatsjournalismus erst recht nicht sein. Trotzdem ist auch von ihm zu verlangen, sich nach bestem Wissen und Gewissen um Wahrhaftigkeit und Objektivität zu bemühen. Und dafür gibt es, wie in der Wissenschaft, Regeln und Methoden. Die fünf wichtigsten sind:

- Das »Mehr-Quellen-Prinzip«: Wenn wir (PG) im *ZDF* etwas erfahren, was das Potenzial zu *breaking news* hat, rücken wir damit trotzdem nicht eher heraus, bis wir die Nachricht von mindestens einer zweiten unabhängigen Quelle bestätigt bekommen. Lieber etwas zu langsam sein, dafür aber richtig, als zu schnell und falsch.

- Immer auch die andere Seite hören: Berichtet uns Foodwatch, dass in den Eiern einer bestimmten Legehennenfabrik Dioxin gefunden wurde, holen wir eine Stellungnahme des Hühnerhalters ein.
- Fairness: Bestätigt der Hühnerhalter das Dioxin, sagt aber, die gemessene Menge liege weit unter der Bedenklichkeitsgrenze, muss das natürlich berichtet werden, wenn auch unter dem Vorbehalt, dass die Messung eines unabhängigen Instituts noch aussteht. Aber bis dahin muss eine Skandalisierung vermieden werden. Erst wenn feststeht, dass die gemessene Dioxinmenge gesundheitsgefährlich und die Zahl der vergifteten Eier groß ist, kann daraus ein Lebensmittelskandal werden, den dann aber nicht der Journalist, sondern der Legehennenhalter zu verantworten hat. Oder der Futtermittelhersteller.
- Transparenz – ein in der Vergangenheit lange vernachlässigtes, gegenwärtig aber immer wichtigeres Prinzip: »Darf es Journalisten mit Parteibuch geben?« fragte das *Medium Magazin*[172] den Chefredakteur der *Zeit*, Giovanni di Lorenzo, und der antwortete: »Ja, aber sie sollten dann nicht über diese Partei schreiben. Oder, wenn es doch geschieht, ihre Parteimitgliedschaft transparent machen. Jeder Journalist ist auch ein Bürger und hat als solcher das Recht, sich zu einer Partei zu bekennen. Aber es ist richtig, dass da die Sensibilität gewachsen ist. Früher war es gar nicht anstößig, wenn jemand zugleich SPD-Mitglied und Leiter des Parlamentsbüros einer großen überregionalen Redaktion war und auch noch selbst über die SPD schrieb, übrigens kenntnisreich und durchaus kritisch. Aber das wäre heute undenkbar.« Als während der 90er-Jahre fast alle Wirtschaftsjournalisten aller Zeitungen die Globalisierung feierten, wäre es für die Leser schon hilfreich gewesen, wenn man erfahren hätte, ob diese Jour-

nalisten Aktien besitzen und wie viel sie wert sind. Dann hätte man verfolgen können, wie deren Aktienvermögen im Lauf vieler Jahre immer weiter stiegen, und nachvollziehen können, warum sie so begeistert von der Globalisierung sind. Zugleich hätte man diejenigen ernster genommen, die keine Aktien besaßen und trotzdem von der Sinnhaftigkeit der Globalisierung überzeugt waren, und jene besser verstanden, die von den Wirtschaftsressorts so gut wie aller Zeitungen jahrelang als »Besitzstandswahrer« und »Globalisierungsjammerer« bezeichnet wurden. Dass die Globalisierung ein Segen sei, hat für die Aktionäre gestimmt. In den 90er-Jahren schossen nach jeder Entlassungswelle die Aktienkurse in die Höhe, weil die Produktion in Billiglohnländer nach Osteuropa und Ostasien verlagert wurde. Die Wirtschaftsteile unserer Zeitungen läsen sich vermutlich anders, wenn Wirtschaftsredakteure über ihre Investments Auskunft geben müssten. Es soll gar nicht in Abrede gestellt werden, dass man Aktien besitzen und trotzdem kritisch und wahrhaftig über die Wirtschaft berichten kann, aber gerade deshalb sollte es eigentlich kein Problem sein, die Sache transparent zu handhaben, so wie auch unter Reisereportagen stehen sollte, ob ein Tourismusveranstalter oder eine private oder staatliche Tourismusförderorganisation die Reise des Journalisten finanziert hat. Transparenz und damit Objektivität kann schließlich auch noch erzeugt werden durch radikale und zugleich sichtbar gemachte Subjektivität. Allerdings erfordert das eine hohe journalistische Begabung. Ein Meister in dieser Kunst des »objektiven Subjektivismus« war der legendäre *SZ*-Reporter Herbert Riehl-Heyse, der 2003 im Alter von 63 Jahren verstorben ist. In seinen Reportagen analysierte er nicht scheinobjektiv die Parolen, Widersprüche und Pläne seiner Gesprächspartner, zum Beispiel eines Parteifunktionärs oder Unternehmers, sondern schrieb über sich selbst, seine eigenen Gefühle, Gedanken, Fragen. Natürlich ließ er in die Geschichte auch Fakten und Hintergründe mit einfließen, aber er erzählte sie durchgehend aus seiner persönlichen Perspektive – und doch so, dass der Leser hinterher mehr verstanden hatte als nur die Gedankenwelt des Autors.

- Das fünfte Prinzip, um sich einer einigermaßen wahren Beschreibung der Wirklichkeit zu nähern, lautet: Diversität. Also: Alte und Junge, Männer und Frauen, Deutsche mit und ohne Migrationshintergrund, Linke und Rechte, Religiöse und Atheisten – und so weiter, denn sie alle haben ihre eigene spezifische Sicht auf die Dinge, jeder Einzelne kann mit seinem subjektiven Blick auf die Wirklichkeit die subjektiven Blicke der anderen ergänzen, erweitern, korrigieren, relativieren. Diese Diversität ist allerdings ebenfalls noch ausbaufähig in den deutschen Medien. Da sind sich fast alle Kritiker einig – eine Einigkeit, die aber sofort wieder zerbricht, wenn es um die neue Gretchenfrage geht: Sag, wie hältst du's mit der Politik? Ist die eine Hälfte des Publikums überzeugt, dass die Medien in ihrer Gesamtheit einen Rechtsdrall haben, glaubt die andere, handfeste Beweise dafür zu haben, dass sie alle »rot-grün versifft« sind.

Was stimmt denn nun?

ZWEI

Haben die deutschen Medien eine rot-grüne Schlagseite?

Um diese Frage gleich zu Beginn zu beantworten: Ja. Und nein. Um es also klar zu sagen: Es ist kompliziert. Und schlimmer. Aber es könnte noch schlimmer sein.

Zunächst zum Ja: Eine absolute Mehrheit der deutschen Journalisten neigt nach eigener Auskunft zu politischen Ansichten, die eher dem Meinungsspektrum links von der Mitte zuzuordnen sind. Entsprechend verhält es sich mit ihren Parteipräferenzen: Ein gutes Drittel der Journalisten (35,5 Prozent) tendiert zu den Grünen, 26 Prozent zieht es zur SPD. Das ergibt eine satte rot-grüne Mehrheit von 61,5 Prozent. Nur 8,7 Prozent sind Anhänger der CDU, 6,3 Prozent Anhänger der FDP.

Also trifft der Vorwurf, unsere Medien seien »rot-grün versifft«, doch voll zu, oder? Nein, so pauschal kann man es eben nicht sagen, denn diese Zahlen sind schon etwas älter. Sie stammen aus einer Untersuchung aus dem Jahr 2005.[173] Die Autoren der Studie waren Siegfried Weischenberg vom Institut für Journalistik und Kommunikationswissenschaft der Universität Hamburg sowie Maja Malik und Armin Scholl vom Institut für Kommunikationswissenschaft der Universität Münster. Repräsentativ befragt hatten sie rund 1 500 Journalistinnen und Journalisten aus allen Mediensparten. Und das ist ihr Ergebnis aus dem Jahr 2005:

Parteineigung der Journalisten	in %
CDU	8,7
SPD	26
FDP	6,3
Bündnis 90/Die Grünen	35,5
PDS	0,8
Sonstige	3,2
neigen keiner Partei zu	19,6

Fünf Jahre später gab es eine neue Untersuchung, und nach der hatte sich in diesen fünf Jahren doch einiges getan. Die stärkste Gruppe bildeten nun nicht mehr die Sympathisanten der Grünen, sondern die »Neutralen«.[174] Eine Mehrheit von 36,1 Prozent der Befragten hatte jetzt angegeben, keiner bestimmten Partei zuzuneigen. Die Sympathisanten der Grünen hatten nur noch einen Anteil von 26,9 Prozent, blieben aber immerhin zweitstärkste Gruppe. Medienschaffende mit SPD-Präferenz kamen nur noch auf 15,5 Prozent – Rot-Grün hatte jetzt also auch unter den Journalisten die absolute Mehrheit verloren. Dafür erhielt die Linke nun mit 4,2 Prozent einen deutlich höheren Zuspruch als ihre Vorgängerpartei PDS. Wiederum weit abgeschlagen und kaum verändert: CDU/CSU 9,0 Prozent, FDP 7,4 Prozent.

Woher kommt diese immer noch überdurchschnittlich hohe Neigung der Journalisten zu den Grünen? Eine der beiden Autorinnen der Studie, die Berliner Journalistikprofessorin Margreth Lünenborg, sagte dazu: »Ein Motiv, in den Journalismus zu gehen, ist ein gewisses kritisches Bewusstsein und die Idee, politisch gestalten zu wollen.«[175] Wer mit den herrschenden Verhältnissen zufrieden sei, der werde eher Ingenieur oder Banker und wähle bevorzugt schwarz-gelb. Der politische Journalist hingegen müsse viel Skepsis mitbringen und einige Lust, die Mächtigen zu kritisieren – Eigenschaften, die sich traditionell eher im linken Lager finden.[176]

Das mag so sein, lenkt aber ein bisschen von der Tatsache ab, dass sowohl in der älteren wie in der jüngeren Studie eine große Mehrheit von über 90 Prozent der Befragten angegeben haben, vor allem komplexe Sachverhalte erklären und vermitteln zu wollen und ihr Publikum nicht indoktrinieren, sondern nach bestem Wissen und Gewissen neutral und vorurteilsfrei informieren zu wollen.

Dagegen kann man natürlich einwenden: Auch wenn man den Journalisten die gute Absicht glaubt, bleibt offen, ob dies denn auch gelingt. Sich ganz und gar von seinen Prägungen, Präferenzen, Vorurteilen und all seinen kulturellen Bedingtheiten zu lösen und die Welt mit einem völlig objektiven Blick zu beschreiben ist doch kaum einem Menschen möglich. Wenn also eine Mehrheit der Journalisten politisch zu rot-grün tendiert, muss man dann nicht doch davon ausgehen, dass trotz aller Bemühung um Objektivität rot-grüne Reste in der Berichterstattung hängen bleiben?

Das ist empirisch schwer nachzuweisen – aber wenn es so wäre, dann wäre es offensichtlich nicht so wirkungsvoll, dass es das Wählerverhalten bestimmt, denn: Wer ist zuverlässig bei fast jeder Bundestagswahl die stärkste Partei? Eben.

Ausgerechnet jene Unionsparteien, zu denen nur neun Prozent der deutschen Journalisten tendieren, gehen in den letzten Jahren aus fast jeder Wahl als stärkste Kraft hervor, in Bayern meistens mit absoluter Mehrheit. Und im Mai 2017 befinden sich die Grünen im Umfragetief, die Linke schaffte es in Nordrhein-Westfalen nicht ins Parlament, Rot-Grün wurde in Schleswig-Holstein wie in Nordrhein-Westfalen abgewählt, und eine absolute Mehrheit von Rot-Rot-Grün bei den Bundestagswahlen im September 2017 ist im Mai 2017 nicht in Sicht.

Vielleicht gelingt es den rot-grün gewirkten Journalisten ja doch ganz gut, ihre private Meinung für sich zu behalten und sich aufs Informieren, Erklären und Aufklären zu beschränken? Vielleicht ist es ja sogar so, dass die rot-grün Gewirkten bei ihrer Arbeit größere Skrupel haben, ihren politischen Neigungen nachzugeben, als die schwarz-gelben? Dann hätten wir den kuriosen Fall, dass die Journalistenzunft mehrheitlich zwar zu rot-grün tendiert, aber – vielleicht aus der Furcht, nicht objektiv zu sein – eher CDU-FDP-freundlich berichtet.

Und nun wird es noch einen Tick komplizierter, denn tatsächlich geistert die These von den rot-grün dominierten Medien nicht allein durch die Welt. Begleitet wird sie stets von ihrer Anti-These: Die Medien leiden keineswegs unter einem Links-, sondern vielmehr unter einem Rechtsdrall, und das erkläre dann auch die Wahlergebnisse. Thomas Meyer, Chefredakteur der SPD-nahen Zeitschrift *Neue Gesellschaft/Frankfurter Hefte*, haut genau in diese Kerbe.

In seinem Buch *Die Unbelangbaren*[177] wirft er den Medien, besonders einigen »Alphajournalisten« Grenzüberschreitungen vor. Statt über Politik zu berichten, wollten sie selbst Politik machen. Ohne über ein Mandat zu verfügen, versuchten sie, steuernd in Wahlen einzugreifen, und genau das sei ihnen im Wahlkampf 2013 gelungen, als sie voreingenommen über den SPD-Kanzlerkandidaten Peer Steinbrück berichteten. Statt sich mit dessen Wahlprogramm zu beschäftigen, habe man ihn als Menschen diskreditiert, und mehr als für seine politischen Pläne und Vorstellungen hätten die Medien sich für dessen Vortragshonorare interessiert. Besonders infam fand Meyer die Reportage des *Spiegel*-Redakteurs Dirk Kurbjuweit, mit der dieser dem Kanzlerkandidaten Steinbrück fünf Tage vor der Wahl den »Gnadentod« gegeben habe.

Der einigermaßen aufsehenerregende Schlagabtausch zwischen *ZDF*-Moderatorin Marietta Slomka und Sigmar Gabriel Ende 2013 über die SPD-Mitgliederbefragung diente Meyer als Beweis dafür, mit welch inquisitorischen Methoden da eine öffentlich-rechtlich bestallte Journalistin versucht hatte, »einen Politiker mit zweifelhaften Argumenten vorzuführen«. »Die über das Mikrofon und die Regie gebietende Journalistin schien signalisieren zu wollen: Seht her, Leute, ich habe keine Furcht vor Macht und Amt und lasse mir nichts vormachen.«[178]

Dabei wird Marietta Slomka von Kollegen wie Publikum gerade dafür geachtet und bewundert, wie sie ihre Interviews führt: beherzt und cool, stringent und ja, richtig, »ohne Furcht vor Macht und Amt«. Nicht zuletzt für ihre Kunst der Interviewführung bekam sie im Jahr 2015 den Hajo-Friedrichs-Preis. Marietta Slomka stelle Politikern, wenn es sein muss, auch dreimal dieselbe Frage, um eine Antwort zu bekommen, hatte *ZDF*-Chefredakteur Peter Frey seine Moderatorin laut *dpa* gelobt.[179]

Diese angebliche Voreingenommenheit der Journalisten gegen SPD-Politiker und SPD-Politik erklärt das SPD-Mitglied Meyer, der auch stellvertretender Vorsitzender der Grundwertekommission der SPD ist,[180] mit »guten Studien« (Meyer) aus der Sozialforschung, die belegten, dass zahlreiche Journalisten von heute zwar »aus Mitte/linken Elternhäusern der 68er kommen«, aber über »eine sehr starke besitzbürgerliche, besitzstandswahrende, aufstiegsorientierte Mentalität« verfügten und »eine große Verachtung für alles, was links oder mittelinks ist« hegten. »Das langweilt die, das ödet die an.« Deshalb, so Meyer, kämen linke Themen, wie etwa Ungleichheit, Wirtschaftsmacht, Ausgegrenztsein in den Medien kaum mehr vor. Da werde »eine bestimmte Sicht der Welt verbreitet, die eigentlich sehr besitzbürgerlich geprägt ist«.[181]

Die These ist interessant, krankt jedoch daran, dass sie ein Sozialdemokrat mit sozialdemokratischen Fällen zu belegen versucht, weshalb Heribert Prantl von der *SZ* resümiert: »Meyers Kritik liest sich wie eine mitleidsheischende Schimpferei bei der Vorstandsrunde im Willy-Brandt-Haus. Es schadet der Meyer'schen Kritik am selbstgefälligen Habitus von Journalisten, dass er diese Kritik sozialdemokratisiert. Da ist ein SPD-Herz wund und aufgescheuert.«[182]

Haben also die Medien in ihrer Gesamtheit einen Linksdrall? Nein. Haben sie einen Rechtsdrall? Nein. Dann ist also alles gut? Nein. Ja, was denn dann? Wie gesagt ...

Ein bisschen komplizierter als einfache Thesen und wissenschaftliche Studien ist die Sache schon. Zwar kann man deutschen Medien kaum vorwerfen, rot-grüne oder schwarz-gelbe Parteipropaganda zu verbreiten, aber die Themen, die sie während der letzten Jahre gesetzt haben, die waren grün: Frieden, Umwelt, Klima, Frauen, Schwule, Lesben, Flüchtlinge – das waren die »Sachen«, mit denen sich Journalisten »gemein gemacht« haben.

Aber: Hätten sie das besser bleiben lassen sollen? Die Mehrheit der Deutschen würde darauf, so vermuten wir, antworten: Nein, das war doch gut so, dass sich die Medien dieser Themen angenommen haben, und das sollen sie auch weiter tun.

Könnte es also so sein, dass Journalisten mit rot-grüner Schlagseite während der 70er- und 80er-Jahre des letzten Jahrhunderts begonnen haben, diese Themen gegen große Widerstände der Wirtschaft, der CDU/CSU, der FDP, teilweise sogar gegen die SPD durchzusetzen, und damit langfristig Erfolg hatten, weil es ihr Publikum auch so wollte? Und jetzt, da sie sich mit ihren Themen durchgesetzt haben und diese sogar von der sozialdemokratisierten Merkel-CDU als wichtig anerkannt sind, können sich die Journalisten zurücklehnen, ihre politischen Neigungen für sich behalten und sich mit der Rolle der Informierer, Erklärer, Berichterstatter und gelegentlich der Aufklärer begnügen.

Ja, so glauben wir, so könnte es sein. So ungefähr sah es schon der Journalismusforscher Siegfried Weischenberg, der nach seiner Untersuchung von 2005 resümierte: »Der Berufsstand ist so professionell wie nie zuvor. Nur eine Handvoll Wichtigtuer fällt aus der Reihe.«[183]

Und damit ist nun aber wirklich alles gut, oder? Nein.

Thomas Meyer, der Journalistenkritiker aus dem Willy-Brandt-Haus, war zumindest in einem Punkt auf einer richtigen Spur. Dass »linke Themen, wie etwa Ungleichheit, Wirtschaftsmacht, Ausgegrenztsein« aus den Medien verschwanden, weil das die Journalisten »anödet«, da könnte etwas dran sein. Anhaltspunkte dafür liefert die bereits zitierte Studie über die »Souffleure der Macht« aus dem Jahr 2006. Deren Verfasser Siegfried Weischenberg hat die Ergebnisse mit einer noch früheren Studie von 1993 verglichen und herausgefunden: Der Anteil der Journalisten, die »Kritik an Missständen üben« als Ziel angeben, sei zwischen 1993 und 2005 von 63 auf 57 Prozent gesunken. Der Anteil der Journalisten, die »sich einsetzen für die Benachteiligten in der Bevölkerung« als Ziel angeben, sei von 43 auf 29 Prozent gesunken, und der Anteil jener, »die Politik, Wirtschaft und Gesellschaft kontrollieren« wollen, von 37 auf 24 Prozent. Umgekehrt sei der Anteil der Journalisten, die »möglichst neutral und präzise informieren« wollen, von 74 auf 89 Prozent gestiegen.

Das kann man begrüßen nach dem Motto: Endlich hören sie auf, uns zu belehren und zu indoktrinieren. Man kann es aber auch kritisieren. Was nützen »neutrale, präzise Informationen«, wenn über ganze Teile der Wirklichkeit – wie zum Beispiel über die Welt der Arbeitslosen, Ausgegrenzten,

Globalisierungsverlierer – nur noch wenig oder gar nicht mehr berichtet wird? Wenn ausführlich über die Royals, aber fast gar nicht über die soziale Realität in Großbritannien berichtet wird?

Der Vorwurf an die Journalisten wie auch an die Politiker, ganze Bevölkerungsgruppen aus den Augen verloren zu haben, hat Aufwind, seit Donald Trump ins Weiße Haus gewählt worden ist und in Europas Arbeiterbezirken rechtspopulistisch gewählt wird. Nach dessen Wahl füllten sich die Zeitungen in den USA, aber auch in Europa mit wahren Selbstanklagewellen der Journalisten.

Das typische Statement las sich in etwa so: »Das können nicht alles Idioten gewesen sein.« Gemeint waren die Trump-Wähler, über die der »Alphajournalist« Hajo Schumacher in der *Berliner Morgenpost* sagte: »In Wirklichkeit weiß ich nichts von diesen Menschen, ihren Hoffnungen, ihren Träumen, ihren Enttäuschungen, ihrer Wut. Anstatt hinzugucken, zu fragen, was wissen zu wollen, habe ich genau das gemacht, was ich diesen Menschen vorgeworfen habe: Stereotype, Vorurteile, fertige Meinungen, Hirn ausschalten. Ich komme nicht umhin, mich zu einer gewissen bildungsbürgerlichen Arroganz zu bekennen, die mit Ignoranz einhergeht, eine ebenso bequeme wie widerwärtige ›Heute-show‹-Attitüde, von ganz oben runter.«[184]

Natürlich durften auch die »metrosexuellen Latte-macchiato-Bewohner der Metropolen« nicht fehlen in den journalistischen Selbstkasteiungen. Die Meinung der »Ressentimentbeladenen« über diese abgehobenen Eliten mit ihren unverständlichen, meist englischsprachigen Obsessionen wie LGBTQ, Gendermainstreaming, Refugees welcome, Veggie days, Climate change oder der vierfachen Mülltrennung mit separatem Komposttütchen«, sei einhellig, und dafür hat es jetzt von den Ressentimentbeladenen die Quittung gegeben.[185]

Sogar der Springer-Chef Mathias Döpfner attestierte sich selbst, seinem Haus und allen anderen: Medienversagen. »Die Sorgen der Menschen, die das politische Establishment so sehr entfremdete, dass sie bei Trump Zuflucht suchen, wurden nicht ernst genommen, sondern lächerlich gemacht.«[186] Auf den »Emporen des guten Geschmacks der veröffentlichten Meinung« herrsche »statt Verständnis und Empathie Publikumsbeschimpfung und Wählerverachtung«. Dies würde von den Menschen durchschaut.

Man würde ja die Journalisten gerne loben für so viel zerknirschte Selbstkritik, wenn da nicht so ein leicht falscher Unterton mitschwänge, ein Unterton, der klar zum Vorschein kommt und sich zum Oberton entwickelt in der folgenden Wehklage: »Sie stehen fast alle Mitte-links, wenn nicht sogar am linken Rand. Ihre Ansichten gleichen sich wie in einer Sekte. Ohne Prophet beten sie zum gleichen Gott.« Folge davon sei, die Welt nicht mehr so zu erkennen, wie sie wirklich sei.[187]

Damit sind wir nun wieder auf Anfang. Die Medien eine einzige verschworene linke Sekte, und der Mann, der das mit den linken Gottesanbetern behauptet, heißt Markus Somm, ist Chefredakteur der *Basler Nachrichten*, die zum Medienimperium des Schweizer Moguls Christoph Blocher gehört. Gemeinsam mit diesem und mit dem Chef der *Weltwoche*, Roger Köppel, kämpft Somm um die rechte Deutungs- und Meinungshoheit in der Schweiz. Und es ist kein Zufall, dass Döpfner und Somm ausgerechnet von dem christlich-evangelikalen Medienmagazin *pro* so ausführlich wie genüsslich zitiert werden.

Was von solcherlei Scheinselbstkritik zu halten ist, hat Jost Kaiser in der *FAS* auf den Punkt gebracht: »Dass ausgerechnet Journalisten, die sich in weniger dramatischen Zeiten als unverzichtbare Retter oder gar ›Sturmgeschütz‹ der

Demokratie inszenieren, ihre offensichtlich nicht besonders gefestigten liberalen Ideale als ›elitär‹ selbst diffamieren – es ist vielleicht die wirklich alarmierende Feststellung über Journalismus im Krisenjahr 2016.«[188]

Und zugleich darf resümiert werden: Der Streit darüber, ob die Medien alle einen Linksdrall haben oder doch eher mehr nach stark rechts tendieren, kann in die nächste Runde gehen. Er wird uns immer begleiten und nie wissenschaftlich entschieden werden können. Das Urteil, zu dem man kommt, wird stets von der eigenen Herkunft, Prägung, kultureller Bedingtheit und dem eigenen Interesse beeinflusst sein. Objektivität ist nicht herstellbar.

Wenn aber Objektivität nicht möglich ist, wie soll man als Medienkonsument dann wissen, wem man vertrauen kann? Lässt sich denn nicht wenigstens ein Unterschied zwischen mehr und weniger objektiven Medien machen?

Doch, ja, dieser Unterschied lässt sich machen, und wie er zu machen ist, ist schon beschrieben worden im einleitenden Kapitel dieses Abschnitts (III.1.). Dort sind fünf Kriterien genannt worden, die erfüllt sein müssen, um einem Journalisten ernsthaftes Bemühen um Objektivität zu attestieren. Das fünfte Kriterium lautete: Diversität. Dieses muss noch einer näheren Untersuchung unterzogen werden.

DREI

Die Wahrheit ist bunt

Journalisten entstammen eher selten der Arbeiterklasse. Daraus wird ihnen heute ein Vorwurf gemacht, nicht nur von linken, sondern gerne auch von konservativen Medienvertretern wie etwa den im vorigen Kapitel erwähnten Herren Döpfner und Somm, die selber ganz oben stehen in der sozialen Hierarchie.

Trotzdem muss das Argument ernstgenommen werden, denn es stimmt ja: Journalisten verkehren sehr häufig mit Politikern, Managern, Unternehmern, Künstlern, Schriftstellern, Wissenschaftlern und ihresgleichen, daher ist es schon möglich, dass sie über die Jahre zunehmend den Kontakt zum normalen Volk verlieren. Und es ist auch möglich, dass deshalb ein Teil der sozialen Realität aus ihrem Blickfeld verschwindet, sie das nicht einmal bemerken und auch nicht, wie sie sich allmählich die Weltsicht derer zu eigen machen, mit denen sie dauernd Umgang haben. Die Folge wäre eine Konstruktion von Wirklichkeit, in der sich die aus dem Blickfeld verschwundenen Teile der Bevölkerung nicht mehr wiederfinden. Das würde erklären, warum viele denken: Die Medien beschreiben die Welt nicht mehr richtig, nicht mehr objektiv, ja falsch. Man kann ihnen nicht mehr trauen.

Aber was heißt »falsch beschreiben«? Wer entscheidet über richtig und falsch? Oder gar über wahr und unwahr?

Weil das eine eher philosophische Frage ist, die im Redaktionsalltag nicht entschieden werden muss, haben die meisten Journalisten den Vorwurf der Lüge lange nicht ernstgenommen und sich allenfalls dem Vorwurf mangelnder Objektivität gestellt. Und darauf hatten sie eine starke Antwort: Wir gehen mit journalistischen Methoden zu Werke, die uns davor bewahren, die Welt nur durch die Brille der Eliten oder unserer eigenen Herkunft und Gruppenzugehörigkeit zu sehen. Wir berichten Fakten, die durch mindestens zwei geprüfte Quellen gedeckt sein müssen. Wenn jemand, über den wir berichten, etwas behauptet, prüfen wir das, wenn er eine Meinung äußert, holen wir die Stellungnahmen derer ein, die anderer Meinung sind. Wir trennen zwischen Nachricht und Meinung, und von Meinungen verlangen wir, dass sie argumentativ begründet sind. Wir sind Profis, und weil wir Profis sind, sind wir in der Lage, von uns selbst und unserer Herkunft abzusehen.

Seriöse Journalisten arbeiten tatsächlich so, bemühen sich zumindest, diese Standards zu erfüllen, und daher muss man verstehen, dass sie den Vorwurf der Lügenpresse nie richtig ernstnehmen konnten. Außerdem: Ihr dauernder Umgang mit den Eliten ist eine berufliche Notwendigkeit, denn es ist ihr Job, gerade »denen da oben« auf die Finger zu sehen, weil dort oben die Entscheidungen fallen, von denen die Menschen »da unten« betroffen sind, und darüber werden sie von der journalistischen Elite aus erster Hand informiert.

So weit kann man die Zurückweisung der Kritik noch akzeptieren. Aber eines haben die Profis übersehen: »Da unten«, so haben sie bis vor Kurzem noch gedacht, wird nichts entschieden, und darum müssen wir uns dort auch nicht aufhalten.

Nach dem Brexit-Votum und der Wahl Donald Trumps ins Weiße Haus ist dann allerdings auch den Profis aufgefallen, dass »da unten« von Zeit zu Zeit ja doch etwas entschieden wird: Wahlen. Die Überraschung der Eliten über den Ausgang der Präsidentschaftswahl in den USA und des Brexit-Votums in Großbritannien dient seitdem den Kritikern der Journalisten als Beweis für deren Abgehobenheit, denn: Wären sie im Volk verwurzelt, hätten sie gemerkt, wie sich »die da unten« von »denen da oben« nicht beachtet, nicht respektiert, verschaukelt, belogen und betrogen gefühlt haben. Stattdessen waren sie überrascht – eben weil sie den Kontakt zum Volk verloren haben.

Diesen Vorwurf muss man ernstnehmen. Aber was folgt daraus?

Nach der Wahl Donald Trumps hat der Journalist und Buchautor Michael Lind diese getrennten Welten, in denen Amerikaner leben, im amerikanischen Online-Magazin *The Smart Set* so beschrieben: Intellektuelle, also Wissenschaftler, Leitartikler und Think-Tank-Experten sind »Menschen, die sich beruflich mit Ideen beschäftigen, innerhalb ihrer Gesellschaften aber eine sehr untypische Spezies« sind. »Sie leben und arbeiten zum Beispiel selten dort, wo sie geboren wurden. Der durchschnittliche Amerikaner dagegen lebt und arbeitet nur rund 18 Meilen entfernt von seiner Mutter. (…) In den USA ist der Standardrat von Intellektuellen gegen die soziale Ungleichheit meist: Mehr Bildung! (…) Tatsächlich ist für die meisten Jobs in entwickelten Volkswirtschaften jedoch außer einer Berufsausbildung keine höhere Bildung erforderlich.«[189]

Möglicherweise denken, schreiben und senden also die Intellektuellen und Journalisten an der Realität von Arbeitslosen, Paketzustellern, Amazon-Lageristen, Call-Center-Telefonisten und Telekom-Shop-Verkäufern einfach deshalb vorbei, weil sie diese Realität nicht kennen, ja sich oft noch nicht einmal dafür interessieren. Journalisten haben zwar vielleicht mit der Arbeits- und Sozialministerin und dem Chef der Bundesanstalt für Arbeit zu tun, aber kaum mit Arbeitslosen. Sie teilen weder Ansichten noch Lebensstil mit denen, die in der Fabrik die Teile zusammenschrauben, mit dem Lieferwagen die Pakete bringen, im Laden die Smartphones verkaufen. Sie pflegen vielleicht ein freundschaftliches Verhältnis zum Wirt ihres Lieblingsitalieners, nicht aber zu dem Somalier, der in der Küche die Spülmaschine befüllt. Sie wissen nicht, wo und wie der Somalier wohnt, kennen nicht dessen deutsche Nachbarn, die sich von den vielen Fremden um sie herum ihrer gewohnten Umgebung beraubt fühlen. Und dann sind sie überrascht, wenn in Bezirken, in denen bisher die SPD stets sichere Mehrheiten einfuhr, diese Mehrheiten plötzlich an die AfD verloren gehen.

Wie könnten also solche Überraschungen künftig vermieden werden? Was müsste passieren, damit sich die Adressaten der Weltberichterstatter in deren Berichten wiedererkennen? Michael Lind meint, dass es womöglich nicht schaden könnte, »jeden Professor, Leitartikler und Experten, der Karriere machen will, dazu zu verpflichten, ein oder zwei Jahre in einem Einkaufszentrum, einem Hotel, einem Krankenhaus oder einem Lager zu arbeiten«.[190] Ein provokanter Vorschlag, allerdings ohne Chance, Realität zu werden. Aber sinnvoll wäre zumindest, für alle Abiturienten ein soziales Pflichtjahr einzuführen, damit die verschiedenen sozialen Schichten wenigstens für zwölf Monate einmal richtig durchmischt würden.

Auch das wohl ein chancenloser Vorschlag, jedenfalls derzeit. Daher müssten die Redaktionen ab und zu auch jemanden einstellen, der das Leben als Arbeiter, Paketzusteller, Mc-Jobber kennt. Nur haben die in der Regel kein Abitur, noch seltener ein abgeschlossenes Hochschulstudium, aber genau das ist heute in so gut wie allen Medien die Voraussetzung, um überhaupt eine Anstellung als Volontär zu bekommen oder von einer der zahlreichen Journalistenschulen in Deutschland genommen zu werden.

Ob diese Zugangshürde wirklich ausnahmslos von jedem Bewerber übersprungen werden muss, sollte von den Verlagen allein schon deshalb unbedingt infrage gestellt werden, weil etliche der erfolgreichsten Journalisten unseres Landes kein Diplom vorzuweisen hatten und haben. Weder Henri Nannen noch Rudolf Augstein konnten ein Hochschuldiplom ihr Eigen nennen, Alice Schwarzer kann es nicht und die Herren Wolf Schneider, Stefan Aust, Friedrich Küppersbusch und zahlreiche andere Journalisten können es ebenfalls nicht.

Eine komplizierte Sache pointiert auf den Punkt bringen und mit wenigen klaren Sätzen beschreiben, einen abstrakten Sachverhalt anhand einer gut erzählten Geschichte erklären – das ist eine Fähigkeit, für die es nicht unbedingt ein Studium, sicher aber Intuition, Verstand und Erfahrung braucht, Fähigkeiten, die nicht in Schulen oder Universitäten gelehrt werden.

Damit soll jetzt nicht behauptet werden, dass man Studienabbrecher sein müsse, um im Leben Erfolg zu haben. Dennoch sollten Redaktionen, aber auch Unternehmen und Verwaltungen aufhören, Bewerber ohne nähere Prüfung allein schon deshalb auszusortieren, weil ihnen ein Universitätsabschluss fehlt. Nicht jeder Studienabbruch ist mit Scheitern gleichzusetzen. Manche hören nach vier Semestern auf, weil sie der Unibetrieb langweilt, sie eine bessere Idee haben oder an den Details einer Sache weniger interessiert sind als am großen Überblick.

Dagegen führt der Uni-Abschluss, den alle haben, zu relativ homogenen Belegschaften, mit ähnlichen Wahrnehmungsmustern. Besondere Schicksale, Brüche in der Biografie, Erfahrungen des Scheiterns, ein Leben als Außenseiter oder Angehöriger einer Minderheit – das formt Charaktere, die in der Regel einen etwas anderen Blick auf die Welt entwickeln als die mit Durchschnittslebenslauf. Der Ehrgeiz jeder Redaktion sollte daher sein, sich auch ein paar jener interessanten Typen zu holen, die sich, aus welchen Gründen auch immer, ohne Kita-Abi-Uni-Laufbahn durchs Leben schlagen. Die personelle Zusammensetzung einer Redaktion sollte die heterogene Vielfalt der multikulturellen, multiethnischen, multireligiösen Gesellschaft unseres Landes widerspiegeln, dann wird sich in den Zeitungen und im Fernsehen auch die Realität dieser komplexen Gesellschaft besser widerspiegeln.

Das Gegenteil ist der Fall, weil Redaktionen in der Regel schon bei Vergabe von Volontärsstellen darauf achten, dass der Bewerber oder die Bewerberin zu ihnen passt. Dabei bleibt vielleicht gerade der ohne Chance, der die Sicht der Redaktion auf die Welt durch seine besondere Wahrnehmung erweitern, ergänzen – und damit objektivieren könnte.

Durch Medien klüger werden, das ist ja das Ziel. Dazu braucht es Journalisten, die unterschiedliche Perspektiven einnehmen. Nun kann man sagen: Die Addition unterschiedlichster Subjektivismen steigert nicht zwangsläufig die Objektivität. Besser, man verlangt von jedem, seine subjektive Sicht draußen zu halten und seine Herkunft, Biografie und kulturelle Prägung zu vergessen, wenn er etwas mitzuteilen hat. Man sollte einem Bericht nicht anmerken, ob er von einem Mann oder einer Frau, einem Grünen oder einem Sozialdemokraten, einem Deutschen oder Migranten, einem Christen oder Atheisten geschrieben ist. Vielmehr sollte er sorgfältig recherchiert und gut geschrieben sein und alles Wesentliche so kurz wie möglich mitteilen.

Theoretisch stimmt das, und für die reine Nachricht gilt diese Forderung auch. In der Praxis aber kommt das Subjektive schon vor der Formulierung einer Nachricht ins Spiel: Bei der Auswahl und Gewichtung. Was hält eine Redaktion für wichtig, interessant, mitteilenswert? Alle Erfahrung lehrt: Reine Männergruppen haben andere Präferenzen als reine Frauengruppen. Alten sind Dinge wichtig, die Jungen völlig unwichtig sind. Heteros widmen ihre Aufmerksamkeit anderen Vorgängen als Schwule, und diese wiederum haben andere Interessen als Lesben. Dasselbe gilt für Deutsche und Migranten, Akademiker und Nicht-Akademiker, geisteswissenschaftlich Gebildete und Naturwissenschaftler. Jeder Einzelne mag sich noch so mühen, sich stets vollkommen vorurteilsfrei, alle Prägungen reflektierend, eventuelle Voreingenommenheiten korrigierend, zu äußern. Auf Dauer wird es nicht gelingen. Daher hilft nur: Diversität. Je größer die personelle Vielfalt einer Redaktion ist, desto weiter, tiefer, differenzierter, facettenreicher, vielleicht auch widersprüchlicher wird das Bild sein, das diese Redaktion von der Welt für ihr Publikum zeichnet.

VIER

Kann ein Türke objektiv sein?

Was ist besser – wenn Frauen über die Probleme und Benachteiligungen von Frauen berichten oder wenn ein Mann das tut? Wenn ein evangelisches Kirchenmitglied über die evangelische Kirche berichtet? Oder sollte besser ein Katholik oder Atheist das Feld der evangelischen Kirche beackern? Sollten SPD-Mitglieder über die SPD, Gewerkschafter über Gewerkschaften berichten?

Oder wie ist es, wenn für eine deutsche Zeitung ein Deutsch-Türke aus der Türkei und ein Deutsch-Spanier aus Spanien berichtet? Wäre es nicht besser, wenn der Türke aus Spanien und der Spanier aus der Türkei berichtete, denn, so könnte man argumentieren: Wenn Deutsch-Türken und Deutsch-Spanier aus der Heimat ihrer Eltern berichten, sind sie weniger objektiv, weil bei ihnen irgendwo tief drinnen, vielleicht sogar nur unbewusst, eine emotionale Komponente mitschwingt, die nicht zum Schwingen käme, wenn sie aus einem Land berichteten, das mit ihrer Herkunft nichts zu tun hat.

Man könnte aber ebenso gut sagen: Der Deutsch-Türke spricht neben Deutsch auch die Sprache seiner Eltern, kennt die Kultur und Mentalität der Türken viel besser als der Spanier, und aus dieser intimen Kenntnis heraus wird er seinem deutschen Publikum ein tieferes, facettenreicheres, differenzierteres Türkei-Bild vermitteln als ein Spanier oder Deutscher. Wenn er also die Methoden anwendet, die eine gewisse Objektivität erzwingen, wird seine Berichterstattung wahrscheinlich besser sein als die des Spaniers. Und selbst wenn er hin und wieder bewusst die Sicht eines Deutsch-Türken einfließen ließe, könnte es für einen deutschen Leser, Hörer oder Zuschauer ein Gewinn sein, die Welt einmal mit seinen Augen zu sehen.

Was also ist denn nun besser? Genau um diese Frage drehte sich eine Kontroverse, die der *FAS*-Redakteur Michael Martens im Februar 2017 losgetreten hatte. Martens nahm die Inhaftierung des deutsch-türkischen *Welt*-Redakteurs Deniz Yücel zum Anlass, zu fragen, was das denn solle, diese Neigung deutscher Medien, Türken als Türkei-Erklärer für die Deutschen einzusetzen. Als weiteres Beispiel nannte Martens die Deutsch-Türkin Özlem Topçu, die für die *Zeit* über die und oft aus der Türkei berichtet.[191]

»Warum«, so fragte Martens, »reduzieren deutsche Verlage die Kinder oder Enkel türkischer ›Gastarbeiter‹ so oft auf die Rolle von Türkei-Erklärern? Weil sie Türkisch sprechen?« Es gebe »viele Menschen, die die Sprache eines Landes gut beherrschen und das Land dennoch oder just deshalb fließend missverstehen. Enge emotionale oder gar familiäre Verbundenheit mit einem Land muss kein Vorteil sein, wenn man über das Land berichtet.«[192]

Dagegen könnte es »ein Zeichen mangelnden Vertrauens« und Zutrauens sein, zu glauben, Türken könnten nur über die Türkei schreiben. »Warum hat die ›*Welt*‹ Deniz Yücel nicht nach Russland geschickt, damit er den Lesern Putin erklärt? Warum berichtet eine deutsche Journalistin mit türkischen Wurzeln nicht über Südamerika? Warum diese Herkunftsgettoisierung im deutschen Journalismus?«[193]

Zwar sei das »Erfahrungsgepäck, mit dem einer durchs Leben stapft, (…) wertvoll. Aber Migrantenkinder, die nur über Migration schreiben? Gähn! Solange der Eindruck vorherrscht, dass ein ›Türke‹ nur Türkei ›kann‹, müssen sich die Leser auf den Arm genommen fühlen. Die Verlage schulden den Lesern Journalisten, nicht Türken vom Dienst, eingezwängt in das Prokrustesbett ihrer Biografien.«[194]

Auf diesen Artikel reagierte die von Martens genannte Özlem Topçu auf bemerkenswerte Weise scharf, emotional und zugleich mit überzeugenden sachlichen Argumenten. Alles zusammen ist ein Lehrstück dafür, wie schwierig es ist, Objektivität in den Journalismus hineinzubekommen und wie sich diese Frage nach der Objektivität mit den Themen Integration, Minderheiten, Migration und Diskriminierung zu einem unentwirrbaren Knäuel verstrickt. Nicht nur deshalb werden wir Özlem Topçu in diesem Kapitel zu Wort kommen lassen, sondern auch, weil sich daran erklären lässt, wie gut den Medien und ihren Rezipienten Diversität zu Gesicht steht, wie sich der Blick weitet, wenn man unterschiedlichste Sichtweisen vermittelt bekommt.

Als Erstes erinnerte Özlem Topçu daran, wie es früher einmal war im westdeutschen Journalismus: »Der westdeutsche, weiße und männliche Journalist bestimmte den Blick auf das Land und die Welt. Auch den Blick auf ›die anderen‹ im eigenen Land, die man damals noch ›Ausländer‹ oder ›Gastarbeiter‹ nannte.«[195] Irgendwann aber war nicht mehr zu übersehen, dass »20 Prozent der in Deutschland Lebenden eine nicht nur deutsche Biografie haben« (Topçu), was kluge Entscheider zu dem Entschluss brachte: »Die Realität bei uns drinnen muss die Realität da draußen widerspiegeln.« Die »Kanakenbiografie«, so Topçu, »einst ein Makel«, avancierte zum Einstellungskriterium, Integration war sowieso ein Thema, und da konnte es doch nur gut sein, auch ein paar Redakteure mit türkischen Wurzeln zu haben.

Topçu erkannte ihre Chance, wurde Journalistin, und es erschien ihr ganz selbstverständlich, sich auf »Türkenthemen« zu stürzen, denn »Identität, Migration und Zusammenhalt in der Gesellschaft sind relevante Themen, die jahrelang Autoren mit rein deutschen Biografien beackert haben. Sie schrieben oft über eine Welt, die sie nicht gut kannten. Zu der sie schwer Zugänge bekamen. Die sie oft genug paternalistisch behandelten. Jetzt waren endlich auch die Stimmen der ›anderen‹ zu hören.«[196] Und das sei nicht etwa deshalb gut, weil Migranten richtiger oder besser berichteten, »sondern weil sie es anders taten. Mit anderer Kenntnis etwa der kulturellen Codes, anderer Temperatur, anderer Sprache. Mal nachgiebiger, mal strenger als ihre herkunftsdeutschen Kollegen.«

So weit der sachliche Teil. In den kritisch-emotionalen Passagen zeiht sie Martens der Taktlosigkeit: Statt sich mit dem inhaftierten Deniz Yücel zu solidarisieren, nehme er dessen Haft zum Anlass, über »Quotentürken« herzuziehen. Das haben etliche Journalisten unterschiedlichster Herkunft auch so gesehen, aber nicht alle.

Die deutsch-türkische Journalistin Çiğdem Toprak schrieb beispielsweise, »dass Martens recht hat und sich sehr wohl mit Yücel solidarisiert«, indem er den Fall zum Anlass nimmt, etwas zu thematisieren, was zweifellos viele deutsch-türkische Journalisten beschäftige. »Viele Medienmacher mit türkischem Hintergrund« beklagten sich genau darüber: dass man zu oft »Türkenthemen« bediene, sich aber auch zu anderem berufen fühle und eben nicht den »Quotentürken« spielen möchte. Toprak zitiert die türkisch-deutsche Journalistin und Autorin Çiğdem Akyol, die sich bereits 2010 darüber beklagt habe, dass sie zwar einen einfacheren Zugang zu Themen wie Islam und Migration habe, sich aber an einer »unangenehmen Nebenwirkung«

stoße: »Kompetenzen, die ich mir hart erarbeiten musste, werden gerne mal übersehen. Ich habe Völkerrecht studiert, nicht Einwandererdasein.«[197]

Özlem Topçu jedenfalls hat aus Martens' durchaus berechtigter Frage etwas ganz anderes herausgehört, nämlich die wohlmeinend-paternalistische Inschutznahme vor der »Herkunftsgettoisierung«. In Martens' Logik seien Türken also Opfer ihrer Chefredaktionen, »willenlose Kreaturen, die auf den deutschen Meister hören: Gehst du Türkei, Ali! Schreibst du fieses Zeug über den Türk! Ja, Meister.«

Für Topçu schwingt da gleich auch noch die Frage mit: »Kann ein deutscher Türke ›objektiv‹ über die Türkei berichten? Kriegt der das klar mit seiner Biografie?« Nein, hört Topçu aus Martens' Artikel heraus. Martens stelle die Fähigkeit des Türken »zur Differenzierung infrage, und zwar nicht aufgrund womöglich intellektueller oder beruflicher Mängel, sondern einfach aufgrund seiner Herkunft. Er hätte auch schreiben können: Türken haben eine Biografie, Deutsche nichts außer klarem Sachverstand und einem normalen Leben.«

Der Streit ist ein Lehrstück über Objektivität im Journalismus und zeigt zugleich, wie komplex unsere multikulturelle, multiethnische, multireligiöse, pluralistische Individualistengesellschaft geworden ist. Diese Komplexität muss sich in den Medien widerspiegeln, sonst vermitteln sie ein falsches Bild von der Wirklichkeit. Daher führt an Diversität kein Weg vorbei. Ob dann Türken über die Türkei berichten oder über Finanzpolitik, Frauen über Frauen oder über die Justiz, ist zweitrangig.

Die Frage nach der Herkunft sei nicht zu umgehen, schreibt Çiğdem Toprak, daher solle man sie akzeptieren, aber sie dürfe nicht ausschlaggebend sein für dies oder jenes. »Sicher, meine Herkunft eröffnet mir Welten und Perspektiven – wie ich aber mit Beobachtungen, Kenntnissen und Wissen umgehe, das drückt sich in Kompetenzen wie der Fähigkeit zu analytischem Denken und Schreiben aus. Die Herkunft spielt immer eine Rolle, aber wer ich bin und was ich kann, spielt die Hauptrolle; meine ethnische, kulturelle oder religiöse Identität eine Nebenrolle. Ich profiliere mich nicht über mein Türkischsein, weder in meinem Alltag noch als Politikwissenschaftlerin oder Journalistin.«

Eines aber wird sich ändern, wenn die Redaktionen so bunt und vielfältig werden wie die Realität da draußen: die Machtverhältnisse. Wie sagte Özlem Topçu? »Aber verdammt, nix mehr nur Fließband bei Opel und Mercedes! Die anderen bestimmen jetzt mit, man hört ihre Stimmen, sie sind meinungsbildend.« Und das ist gut so.

Vierter Teil

MACHT UND OHNMACHT DER MEDIEN

EINS

Fluch oder Segen?

Wenn ein Politiker eine Wahl gewinnt, dann führt er das auf seine Tüchtigkeit und seinen tollen Wahlkampf zurück. Wenn er aber verliert, sagt er meistens, die Medien seien schuld. Die hätten ihn »runtergeschrieben« oder falsch dargestellt. Die Journalisten wiederum, die daran schuld sein sollen, wenn ein Politiker verliert, weisen jede Schuld von sich und sagen: Wir berichten ja nur. Wenn aber die Journalisten sich selbst gegenüber so kritisch wären, wie sie es gegenüber den Politikern sind, müssten sie zugeben, dass es so einfach auch wieder nicht ist, denn selbst wenn sie die reinen Wahrheitssager wären, als die sie sich gerne idealisieren, müssten sie zugeben, dass allein schon ihre Entscheidung, über irgendetwas die Wahrheit zu sagen, die Wirklichkeit verändern kann. Das, worüber berichtet wird, verändert sich durch das Berichtete. Nicht immer, aber häufig. Und eben deshalb üben Journalisten Macht aus, und auch deshalb werden sie oft als »vierte Gewalt« im Staat bezeichnet. Sie sind es, weil sie durch das bloße Berichten über Ereignisse, Personen und Entwicklungen eine Wirkung auf diese Ereignisse, Personen und Entwicklungen erzielen können.

Christian Wulff wäre heute noch Bundespräsident, wenn nicht über seinen Privatkredit und über Wulffs ungeschickten Umgang mit der Berichterstattung berichtet worden wäre. Bayerische Landtagsabgeordnete würden noch immer ihre Verwandten beschäftigen. Christine Haderthauer wäre noch heute bayerische Sozialministerin, und ihr Mann ließe noch immer Modellautos von Psychiatriepatienten bauen. Karl-Theodor zu Guttenberg wäre noch heute Verteidigungsminister und womöglich Kanzlerkandidat, und der Bischof Tebartz-van Elst würde noch heute an seinen Privatgemächern bauen. Uli Hoeneß hätte sich womöglich das Gefängnis erspart, wenn er nicht aus Angst vor den Medien eine überhastete Selbstanzeige bei seinem Finanzamt abgegeben hätte.

Das, worüber Medien berichten, hat also Folgen, nicht immer so gravierende, dass sie gleich zu Regierungskrisen, Ministerrücktritten oder zu erdrutschartigen Siegen oder katastrophalen Niederlagen von Parteien führen, aber doch in vielen Fällen mittlere bis leichte. Durch die tägliche Entscheidung der Redaktionen, worüber sie heute oder morgen berichten werden, werden sie zu »Agendasettern«, sie bestimmen, was Thema ist, worüber geredet wird, zu Hause, am Arbeitsplatz, am Stammtisch, in der Talkshow, in den sozialen Medien. Sie lenken die Aufmerksamkeit der Menschen auf Themen, die sie für wichtig halten, und allein dadurch beeinflussen sie die öffentliche Meinung, ob sie es nun wollen oder nicht.

Wenn sie an fünf Tagen hintereinander berichtet haben, wie gut der neue Parteivorsitzende Martin Schulz in der SPD und auch außerhalb ankommt, werden sie am sechsten Tag berichten, dass seine Umfragewerte und die der Partei gestiegen sind – und werden so tun, als ob das nichts mit ihrer Berichterstattung zu tun hätte. Nach den zwei verlorenen Landtagswahlen im Saarland und in Schleswig-Holstein wurde ausführlich berichtet, wie gering sich der »Schulzeffekt« ausgewirkt habe, und dass es für die SPD katastrophal sei, wenn dieser Effekt auch bei der »kleinen Bundestagswahl« in Nordrhein-Westfalen nicht zum Zuge käme. Vielleicht hat diese Art der Berichterstattung mit dazu beigetragen, dass der Effekt auch dort verpuffte.

In Kenntnis dieses Zusammenhangs halten sich Unternehmen, Verbände und Parteien hochbezahlte PR-Profis, die an jedem Tag dafür arbeiten, dass ihr Unternehmen, ihr Verband, ihre Partei keinen Anlass für negative Schlagzeilen und möglichst viele Anlässe für positive liefert, denn es ist schwer, nach einer negativen Schlagzeile weitere zu verhindern und aus ihnen wieder herauszukommen. Klug war es daher von Margot Käßmann, nach ihrer öffentlich bekannt gewordenen Alkoholfahrt von ihrem Amt der EKD-Ratsvorsitzenden zurückzutreten und sich damit aus den Schlagzeilen zu nehmen. Danach wurde sie als Heldin gefeiert.

Schon das Wissen, dass überhaupt berichtet werden *könnte*, kann Entscheidungen in Politik und Wirtschaft, in der Kultur und im Sport beeinflussen. Die Verantwortlichen handeln dann vielleicht vorausschauend so, dass vielleicht doch nichts, jedenfalls nichts Negatives, berichtet werden kann. Dass Medien auf diese Weise Macht ausüben, ist erwünscht. Deshalb gibt es die Pressefreiheit. Die Presse soll unabhängig und frei berichten dürfen, was gut läuft im Land und erst recht, was schlecht läuft, schiefging, verbesserungs- und korrekturbedürftig ist. Und indem Medien darüber berichten, bewirken sie Verbesserungen und Korrekturen, verhindern Vettern- und Misswirtschaft, erzwingen Transparenz, Auskünfte, Rechenschaft und können Kartelle, Korruption, Bestechung und kriminelles Handeln zwar nicht verhindern, aber erschweren. Das ist der Segen der Macht einer freien demokratischen Presse.

Andererseits berichten die Medien regelmäßig auch über den Berliner Flughafen. Und er wird trotzdem nicht fertig, aber immer teurer. Sie berichten seit Jahrzehnten über wuchernde Bürokratien, und sie wuchern weiter. Sie berichten über das komplizierte Steuerrecht, und es wird dennoch immer komplizierter. Sie berichten über verlogene, korrupte Politiker und Manager, und sie sterben trotzdem nicht aus. Sie finden, dass ein bestimmter Politiker so versagt hat, dass er zurücktreten sollte, aber er tritt nicht zurück, sitzt die Angriffe der Medien einfach aus.

Warum erzielt das Berichten im einen Fall eine große Wirkung, im anderen eine geringe, und im dritten gar keine? Warum sind Medien in einem Fall so mächtig wie die heilige Inquisition und im anderen so ohnmächtig wie ein kleines Kind? Und werden die Medien ihrer Macht gerecht und handeln danach, oder missbrauchen sie ihre Macht? Immer wieder kursiert zum Beispiel die Behauptung, dass sich einige wichtige Journalisten zusammensetzen und bestimmen, wer der nächste Kanzler wird – selbst manche Politiker bilden sich das ein.

Diesen Fragen gehen wir in den nächsten Abschnitten nach.

ZWEI

Vom Segen der Macht

Wenn man in einer x-beliebigen Fußgängerzone Passanten mit der Frage überfiele, was ihrer Meinung nach das größte neuere Ereignis der Weltgeschichte ist – was bekäme man zu hören? Vermutlich würden viele antworten: der Fall der Mauer. Andere würden sagen: die Erfindung des Computers, des Internets, Facebook, Google, die Globalisierung. Wieder andere plädierten für die Mondlandung, die Pille oder die Entschlüsselung des menschlichen Genoms. Vermutlich nur ganz wenige würden das Ereignis nennen, das mit guten Gründen als das wirklich größte neuere Ereignis der Weltgeschichte bezeichnet werden könnte: die Emanzipation der Frau.

Mehr als 10 000 Jahre lang wurde die Herrschaft des Mannes über die Frau, die männliche Überlegenheit und die weibliche Minderwertigkeit als natürlich und gottgegeben betrachtet. Eine der ersten Frauen der Weltgeschichte, die inmitten der Französischen Revolution verlangte, die Idee der Gleichheit auch auf Frauen anzuwenden, war Olympe de Gouges. Sie wurde guillotiniert. Danach herrschte wieder Ruhe. Erst die Arbeiterbewegungen des 19. Jahrhunderts setzten die Frauenrechte wieder auf die Tagesordnung und führten einen langen, zähen Kampf für das aktive und passive Wahlrecht der Frauen. Es hat bis 1918 gedauert, bis den Frauen in Deutschland dieses Recht gewährt wurde. Wenig später wurde das passive Wahlrecht von den Nazis wieder kassiert, denn die Frau sollte Hausfrau und Mutter sein. Und noch in den 60er-Jahren des letzten Jahrhunderts brauchte die Frau die Erlaubnis ihres Ehegatten, wenn sie einem Beruf nachgehen wollte.

Der Kampf der Frauen um Gleichberechtigung begann so richtig erst ab 1968, und vor allem in den demokratischen Ländern des Westens. Dort geht es seitdem mit dem Patriarchat zu Ende – mithilfe der Macht der Medien und der Frauen in den Medien, die ihre Benachteiligung zum Thema machten. Also wieder ein Fall, in dem sich Journalistinnen (und auch Journalisten) mit einer Sache gemein machten und immer noch machen.

Da könnte man nun wieder mangelnde Ausgewogenheit beklagen. Aber: Wie berichtet man denn »ausgewogen« über die Benachteiligung der Frau? Über Sexismus? Überhaupt über Chauvinismus, Rassismus, Antisemitismus, Nationalismus? Warum sollte sich eine Journalistin, wenn es um grundgesetzlich verbriefte Rechte der Frau geht, »neutral« verhalten, wenn sie erlebt, dass ihr diese Rechte nicht zugestanden werden? Die Antwort kann nur lauten: Wenn gegen Grundrechte verstoßen wird, gibt es keine Neutralität. Deshalb sind Frauen in den Medien seit Jahrzehnten parteiisch, wenn es um ihre Rechte geht. Und dabei haben sie viel erreicht.

Woran man sieht: Die Macht der Medien ist nicht nur etwas, was zu schnellen Reaktionen auf die kurz vorher erfolgte Berichterstattung führt. Viel tiefgreifender wirkt sich Medienmacht langfristig durch Dauerberichterstattung aus. Damit bewirken die Medien Machtverschiebungen innerhalb eines gesellschaftlichen Gefüges und können langfristig dazu beitragen, ein bestimmtes kollektives Interesse durchzusetzen und damit historische Umbrüche auslösen – allerdings niemals allein, und nie gegen den Willen der Mehrheitsgesellschaft.

Dies scheint uns ein besonders wichtiger Aspekt: Medien können Impulse aus der Gesellschaft aufgreifen und sie verstärken. Aber uns ist kein Fall bekannt, in dem Medien von sich aus, allein mit ihrer Macht, eine tiefgreifende gesellschaftliche Veränderung bewirkt haben. Die Regel ist vielmehr: Von der Gesellschaft kommt ein Impuls. Er verpufft, wenn ihn die Medien ignorieren. Greifen sie ihn jedoch auf, können politische und gesellschaftliche Veränderungen bis hin zu revolutionsartigen Umbrüchen wie im Fall der Emanzipation der Frau die Folge sein.

Am Anfang stand das 1951 erstmals in deutscher Übersetzung erschienene Buch *Das andere Geschlecht* der Schriftstellerin und Philosophin Simone de Beauvoir, geboren 1908. Darin ging es nicht um die vordergründigen Aspekte der Geschlechtergerechtigkeit, wie etwa gleichen Lohn für gleiche Arbeit, um Bildungschancen und um politische Rechte, sondern um Tieferes, Grundsätzlicheres. Erstmals hatte eine Frau konsequent und radikal darüber nachgedacht, was es heißt, eine Frau zu sein, was es für Frauen bedeutet, vom Mann gegängelt, bevormundet, angebetet, verachtet, idealisiert, mythisiert, definiert und, ja, auch penetriert zu werden. Simone de Beauvoir ging es um die tatsächlichen und vermeintlichen Unterschiede in der Biologie des Mannes und der Frau und den daraus abgeleiteten Rollenzuweisungen für Männer und Frauen. Sie formulierte darin den historisch einschneidenden Satz: »Man wird nicht als Frau geboren, man wird es.« Beauvoir machte vor keinem Tabu halt, dachte auch über Sex nach, über ihre eigene Sexualität, ihre eigenen sexuellen Bedürfnisse.

Das war ein Skandal. Das hätte ein gewaltiger Impuls für die Medien sein können. War es aber nicht. Weil Medien männlich waren. Die Wissenschaft, die Verlage, die Zeitungen, die Zeitschriften, das Radio, das Fernsehen bestanden aus Männern. Es gab schlicht keine Journalistinnen, die den Impuls hätten aufgreifen und verstärken können. Und die Journalisten taten es nicht, denn sie waren wütend, hielten Beauvoirs Gedanken für abwegig, peinlich, absurd, unterstellten ihr Frigidität und Männerfeindlichkeit. Nach dieser kurzen männlichen Aufregung in den Medien verstaubte Beauvoirs Buch in den nachfolgenden Jahren und Jahrzehnten in den Bibliotheken. Wiederentdeckt wurde es erst im Verlauf der weltweiten Studentenrevolte während der wilder 68er-Jahre. Aber wiederum waren es nicht die Medien, die es aufgriffen, sondern einige wenige Frauen der Bewegung.

Ihnen fiel auf: All diese fortschrittlichen linken Herren und deren Schriften, Zeitungen, Bücher, die es doch so sehr mit der Gleichheit und der Solidarität mit den Arbeitern und Schwächeren hatten, meinten immer nur die Männer. In den tonangebenden Studenten-, Theoretiker- und Revolutionszirkeln waren es immer die Männer, die das große Wort führten. Sie diktierten die Texte der Flugblätter, die Frauen tippten, kochten den Kaffee und machten den Dreck weg.

Eine, die frühzeitig ein sehr feines Gespür für diese Dinge entwickelte, hieß Alice Schwarzer, kam nicht, wie die meisten Anführer der 68er, aus großbürgerlichem Hause, sondern von unten. Unehelich geboren und von den Großeltern aufgezogen – wobei der Großvater den mütterlichen Part übernahm. Ein Studium war für so eine damals nicht drin. Also Handelsschule, kaufmännische Lehre, Sekretärin, Tippen, Frust. Dann geht sie als Au-pair nach Paris, lernt Französisch, fällt unter die Franzosen, liest und diskutiert viel, geht ins Kino, ins Theater, und volontiert anschließend bei den *Düsseldorfer Nachrichten*. Sie wird Reporterin beim linken Satiremagazin *Pardon,* die erste Frau. Schon dort stößt sie bei Recherchen über die *VDO-Tachowerke* auf ein Thema, das ihr Lebensthema werden wird: der Unterschied zwischen Mann und Frau. »Frau sein heißt: kleinlaut befolgen, was Männermund großspurig verkündet. Frau sein heißt: viel arbeiten und noch weniger verdienen als die anderen Männer.«[198]

Schwarzer, mittlerweile 27, verlässt *Pardon*, geht wieder nach Paris, schreibt von dort Artikel für deutsche Zeitungen, berichtet für den *WDR* über Streiks in Frankreich, Fabrikbesetzungen und die politischen Aktivitäten von Jean-Paul Sartre und Simone de Beauvoir. Parallel dazu studiert sie in Paris Psychologie und Soziologie. Und jetzt liest sie ihr Buch der Offenbarung: *Das andere Geschlecht* von Simone de Beauvoir. Und dazu noch *Der Weiblichkeitswahn* der amerikanischen Feministin Betty Friedan.

Nach der Lektüre weiß sie, dass sie mit ihren Empfindungen richtig liegt und damit nicht allein ist. Nun kann Alice Schwarzer in Worte fassen, was ihr seit vielen Jahren nur wortloses Unbehagen bereitet hat: Es gibt ein Machtverhältnis zwischen den Geschlechtern, das Rassen und Klassen, einfach alles durchzieht. Wird es erschüttert, geraten auch alle anderen Hierarchien ins Wanken. So wird aus ihr die kämpferische, parteiische Journalistin und Gründerin von *Emma,* der Zeitschrift, in der die Realität bewusst einseitig aus der Sicht von Frauen dargestellt wird, weil diese Sicht in den anderen Medien fehlt. Natürlich wird sie dafür angegriffen, besonders von Männern, die sich viel auf ihren distanzierten, neutralen Blick auf die Wirklichkeit einbilden.

Dagegen kontert sie*:* »Wollen die Herrn (…) tatsächlich diesen absurden, nie praktizierten und unpraktizierbaren Objektivitätsanspruch aufrechterhalten? Muss man wirklich noch sagen, dass es objektiven Journalismus nicht gibt; nicht geben kann? (…) Nur eingestandene Subjektivität wird dem

Leser oder Zuschauer ermöglichen, journalistische Präsentierung (die schon bei der notwendigen Auswahl der Fakten beginnt) nachzuvollziehen, seine Auswahlkriterien berücksichtigen und damit einer Realität auf die Spur kommen zu können. Hand in Hand mit dieser Pseudo-Objektivität geht die Ablehnung der Emotionalität, solange es nicht die eigene ist. Während die Mehrzahl der Intendanten und Politiker, manche Journalisten und alle Kirchenfürsten vor Emotionen überschwappen, sollen wir Frauen uns immer schön an die Spielregeln halten. Denn Emotionen, die bringen artig disziplinierte Bürgerinnen, Ehefrauen und Freundinnen auf dumme, aufmüpfige Gedanken. Darum sind sie so gefährlich. Und so richtig.«[199]

Es ist diese schnörkellose, schnell auf den Punkt zusteuernde Sprache, die eines der Geheimnisse des Erfolgs der Alice Schwarzer werden wird. Jetzt kann es mit der Sache der Frauen beginnen in Deutschland. Jetzt muss Schwarzer eine Antwort finden auf die Frage: Wie macht man den Männern klar, dass die angeblichen Privatangelegenheiten der Frauen gesellschaftliche Angelegenheiten sind, die auch Männer betreffen? Sie importiert die Antwort aus Frankreich. Dort waren Anfang 1971 französische Feministinnen öffentlich für das Recht auf Schwangerschaftsabbruch eingetreten und hatten sich selbst der illegalen Abtreibung beschuldigt. In Frankreich wie auch in Deutschland wurde Frauen, die abtrieben, der Prozess gemacht, sie kamen ins Gefängnis, galten fortan als gemeine Kriminelle. Das wollten die Französinnen nicht mehr länger hinnehmen.

Die deutschen Frauen bald auch nicht mehr, nachdem Alice Schwarzer Hunderte von Gesprächen geführt hatte, um sie für die Idee zu gewinnen, es den Französinnen gleichzutun. Sie hatte Erfolg. Anfang Juni 1971 erschien das Magazin *Stern* mit einem Titelbild, das rund zwei Dutzend Passfotos von Frauen zeigte mit der Zeile: *Wir haben abgetrieben.* Im Heftinnern veröffentlichte das Blatt eine Liste mit 374 Namen von Frauen, die sich des Verstoßes gegen den Paragrafen 218 bezichtigten, um ihn zu Fall zu bringen. Zehntausende weiterer Unterschriften folgten.

Jetzt bekam die Sache der Frauen erstmals öffentliche Aufmerksamkeit. Jetzt konnte man auch über andere Themen reden. Und es wurde geredet. Schriftstellerinnen thematisierten ihr Frausein, Journalistinnen berichteten darüber, Politikerinnen arbeiteten an ersten Gesetzesänderungen, es entstand eine Frauenliteratur, Frauenbuchläden wurden gegründet.

Seitdem ist Gleichberechtigung ein Thema, auch weil sich Frauen gegen Widerstände und trotz Beschimpfungen und Schlägen unter die Gürtellinie Stellen in den Medien und den politischen Parteien eroberten, um dort um Gleichberechtigung zu kämpfen. Und mit zunehmender Präsenz in den Medien gelangten auch die Themen der Frauen in die Medien und veränderten die Gesellschaft peu à peu.

Das *ZDF* lancierte das erste und einzige bundesweite Frauenmagazin: Seit den späten 80er-Jahren berichtete *ML Mona Lisa* über Themen, die woanders im Programm kaum oder gar nicht vorkamen: lesbische Liebe, der lange Kampf um den Paragrafen 218, Kinderpornografie, Missbrauch, Frauen im Knast, die Beschneidung von kleinen Mädchen in Afrika – das waren Themen, die weit über die »normale« bundesdeutsche Diskriminierung in Alltag und Beruf hinausgingen und viel Aufsehen erregten. Vor allem aber mit der Sendung über die systematische Vergewaltigung bosnischer Frauen durch serbische Soldaten 1992 hatte *ML Mona Lisa* Pionierarbeit geleistet, denn zum ersten Mal erfuhr die Öffentlichkeit, dass in den Bosnienkriegen nicht nebenbei, sozusagen als »Kollateralschaden«, sondern systematisch vergewaltigt wurde – mit dem Ziel einer ethnischen Säuberung: Die Serben setzten Vergewaltigung als Kriegswaffe gegen bosnische Frauen ein, um sie zu zwingen, kleine Serben auf die Welt zu bringen.

Preise und Auszeichnungen (vom Hajo-Friedrichs-Preis für die beiden Moderatorinnen war schon an anderer Stelle die Rede) zeigten dem Magazin, dass es mit seiner Art Journalismus und der dahinterstehenden Haltung richtig lag.

Heute ist *ML Mona Lisa* Geschichte. Als feministisches Frauenmagazin ist es schon eine ganze Weile passé, denn im *ZDF* war man inzwischen zu der Überzeugung gelangt, dass ein journalistisches Format für eine bestimmte Zielgruppe überholt sei. Also nannte man es 2013 vorübergehend »Magazin für Frauen, Männer und mehr«, bis es im Sommer 2017 – ein Jahr vor seinem 30. Geburtstag – ganz abgeschafft wurde.

Das bedauern viele. Einerseits leuchtet das Argument des Hauses ein, dass Frauen heutzutage kein eigenes Magazin mehr brauchten, um ihre Themen zu setzen, weil sie diese schließlich überall einbringen könnten. Andrerseits ist es mit der Gleichberechtigung in Deutschland auch wieder nicht so weit her, von anderen Ländern ganz zu schweigen. Noch sitzen Frauen eben nicht ihrem Anteil entsprechend in den Chefetagen, den Ministerien und Leitungsgremien. Zwar schließen Frauen mehrheitlich ihr Studium mit den besseren Examina ab, aber Professoren werden noch immer weit überwiegend die Männer. Das Land hat zahlreiche hervorragende Juristinnen, aber in den höchsten Gerichten dominieren noch immer die Männer. Nicht einmal in den Medienhäusern sind Frauen entsprechend ihrem Anteil im Journalismus vertreten.

Zugegeben: Verglichen mit der Situation von Frauen weltweit sind das Peanuts. Aber das kann kein Grund sein, sich hier mit dem Erreichten zufriedenzugeben. Allein die Tatsache, dass mit Donald Trump ein Mann zum US-Präsidenten gewählt wurde, der mit seinem Sexismus prahlt, lässt befürchten, dass es mit der Sache der Frauen wieder bergab geht. Und wer denkt, dass das ein Einzelfall ist, braucht nur in den sozialen Netzwerken nachzuschauen, wie auf Frauen reagiert wird, die sich zu irgendetwas öffentlich äußern: mit Frauenverachtung, Schmähreden und regelrechtem Hass. Das alles wären weiterhin wichtige Themen für ein – durchaus feministisches – Frauen-Magazin, wie *ML Mona Lisa* es lange war.

Aber das bisher Erreichte zeigt: Gesellschaftlicher Fortschritt braucht Medien, die ihn befördern. Die Gleichberechtigung der Frau ist ja nicht das Einzige, was mithilfe der Medien vorankommt. Dass es heute schwule Politiker gibt und lesbische Moderatorinnen und umgekehrt, ist ebenfalls mit ein Verdienst jener Medien, die sich diesem Anliegen geöffnet und sich mit dem Kampf gegen Diskriminierung und für Gleichberechtigung über Jahrzehnte hinweg gemein gemacht haben.

Oder die Integration der Behinderten in die Gesellschaft, rollstuhlgerechte Städte, Bahnhöfe, Wohnungen, Autos – dass es das alles gibt, ist auch den Medien zu verdanken, die das alles zum Thema gemacht haben.

Die Entstickung der Kraftwerke, die Abgasreinigung im Auto, der Ausstieg aus der Atomkraft, die Energiewende, die Klimarettung, der Tierschutz, die Kritik an der industrialisierten Landwirtschaft – das alles sind Politikfelder, denen in den Medien viel Aufmerksamkeit gewidmet wird. Und so, nur so, kommt es allmählich zu mal kleinen, mal großen Verbesserungen und manchmal zu radikalen Politikwechseln.

Aber es sind nicht die Journalisten, die mit ihrer Macht dem Volk diese Dinge überstülpen. Es sind die politisch interessierten Teile der Gesellschaft, die eine Berichterstattung und Diskussion über diese Themen verlangen. Es ist ein immerwährender Prozess von Wirkung und Wechselwirkung zwischen Politik, Medien und Öffentlichkeit, der die Dinge vorantreibt.

Dieser Prozess geriete ins Stocken, würden die Medien plötzlich ausfallen, sei es, weil sie von oben einer Zensur unterworfen würden, sei es, weil bestimmte Entwicklungen sie finanziell ruinieren. Daher muss die Öffentlichkeit ein Interesse daran haben, dass die Medien auch unter veränderten Bedingungen weiterhin ihren Auftrag erfüllen können: möglichst unabhängig und frei berichten, was wichtig ist.

DREI
Vom Fluch der Macht

Wo Macht ist, ist ihr Missbrauch nicht weit. Eben deshalb zeichnet sich eine Demokratie durch Gewaltenteilung aus. Die Macht wird aufgeteilt zwischen drei voneinander unabhängigen Instanzen, die sich gegenseitig kontrollieren und am Machtmissbrauch hindern sollen. Das Parlament beschließt die Gesetze; die Regierung führt sie aus; die Justiz spricht Recht, wacht darüber, dass kein Gesetz gegen die Verfassung verstößt und überall im Land rechtsstaatliche Prinzipien zur Anwendung kommen.

Braucht es da noch die Medien als »vierte Gewalt«? Können sie diese Rolle überhaupt ausfüllen? Nein, sagt Ulrich Wickert, der »elder statesman« unter den Journalisten, das gehe eigentlich nicht, denn damit billigte man ihnen denselben verfassungsmäßigen Rang zu wie den anderen drei Gewalten, und diesen Rang haben die Medien nicht, weil es ihnen »an demokratischer Legitimation und an Transparenz« fehlt.[200] Niemand hat sie gewählt. Niemandem sind sie Rechenschaft schuldig.

»Zum Zweiten wird der größte Anteil der Medien, ausgenommen die öffentlich-rechtlichen Rundfunkanstalten, aus wirtschaftlichem und nicht aus demokratischem Interesse betrieben.«[201] Gewinn ist das primäre Ziel eines Verlags, nicht Aufklärung, Information, Stärkung der politischen Urteilskraft, Pflege der Demokratie.

Das ist vielleicht ein bisschen zu apodiktisch gegenüber den privaten Medien und ein bisschen zu freundlich gegenüber den öffentlich-rechtlichen Rundfunkanstalten, bei denen die Quote schließlich auch eine Rolle spielt, neben dem hohen Ziel von Aufklärung und Information. Weshalb um 20.15 Uhr eben nicht politische Magazine, sondern ein unterhaltsamer Film oder eine Show gesendet werden. Und nicht allen kommerziellen Medien kann man unterstellen, nur auf Gewinnmaximierung aus zu sein. Die *FAZ* und die *FR* gehören einer Stiftung und sind daher nicht verpflichtet, Gewinne abzuliefern, sondern müssen lediglich darauf achten, dass sie sich wirtschaftlich selbst tragen. Die *Zeit* gehört zwar zum Holtzbrinck-Konzern, aber man hat noch nicht gehört, dass die Konzernzentrale den stolzen Redakteuren Renditeziele vorgeschrieben hätte.

Dennoch: In der Tendenz hat Wickert recht. Das meiste, was auf der Welt von privaten Unternehmern gedruckt und gesendet wird, dient nicht primär dem Ziel, dem mündigen Bürger die Information zu liefern, die er braucht, um sich ein eigenes politisches Urteil zu bilden. Sehr viel von dem, was sie liefern, entspricht eher Antworten auf Fragen wie »wer mit wem«, »wer auf wem« und »wer nicht mehr mit wem«, wie der legendäre Klatschreporter Michael Graeter einmal sein Arbeitsfeld beschrieben hat. Auch das fällt unter die Pressefreiheit.

Nur wenn ein schwerreicher Promi gegen die Verletzung seines Persönlichkeitsrechts klagt, müssen sich die Anwälte mancher Verlage äußerst anstrengen, um vor Gericht darzulegen, warum ein Foto, das ihn halbnackt an seinem Swimmingpool zeigt, von öffentlichem Interesse ist, der Information dient und daher unbedingt mit dem hohen Grundrecht auf Pressefreiheit gegen das mindere Persönlichkeitsrecht verteidigt werden muss. Oft, wenn auch nicht immer, bekommen die Verwerter der Paparazzi-Fotos recht, wenn auch während der letzten Jahre nicht mehr so häufig wie früher. Und die Entschädigungssummen für die Verletzung von Persönlichkeitsrechten haben sich von einst geringfügigen Beträgen in eher abschreckende Höhen bewegt.[202]

Die betroffenen Verlage heulen jedes Mal auf, wenn sie zu hohen Zahlungen verurteilt werden, und rufen gleich das Ende der Pressefreiheit aus, aber die Gerichte halten Maß, beweisen einen hohen Respekt vor dem Grundrecht der Pressefreiheit und lassen vieles ungestraft durchgehen, was dem öffentlichen Interesse zwar nicht dient, aber auch nicht besonders schadet.

Es zeichnet den freien, liberalen Rechtsstaat aus, dass er die Gesellschaft nicht schulmeistert und ihr vorschreibt, was sie zu goutieren habe. Insofern kann man es als Beleg für funktionierende Pressefreiheit werten, wenn Medien, die mit Klatsch und Tratsch die Sensationsgier, niedere Instinkte und den Voyeurismus ihres Publikums befriedigen, eben nicht automatisch der Zensur zum Opfer fallen. Ein demokratischer Staat hat zu respektieren, dass es ihn nichts angeht, was seine Bürger lesen, hören und sehen wollen.

Verführt so eine weite Auslegung der Pressefreiheit nicht geradezu zu ihrem Missbrauch? Doch, das tut sie. Und darum kommt dieser Missbrauch auch immer wieder vor, in vielfältigen Formen, von denen das Foto eines Paparazzo oder eine erfundene Schwangerschaft von Helene Fischer noch die harmlosesten sind. Doch in unserem Rechtsstaat sind der Pressefreiheit durch bestimmte Rechte wie das Persönlichkeitsrecht auch Grenzen gesetzt, und deshalb können Betroffene gegen den Missbrauch auch klagen.

Gegen bestimmte schwere Fälle von Missbrauch der Pressefreiheit kann man leider nicht vor Gericht klagen. Wir haben in Kapitel II.3. bereits darauf hingewiesen, wie Rupert

Murdoch oder Silvio Berlusconi offensichtlich ihre ganze publizistische Macht vor allem dazu einsetzen, die eigenen wirtschaftlichen und politischen Interessen zu befördern. In Deutschland war es lange Zeit Helmut Kohl, der vom Medienzar Leo Kirch und dem Springer-Verlag mehr unterstützt wurde, während man dem Bertelsmann-Konzern und dessen Tochter Gruner+Jahr nachsagte, eher die SPD, Helmut Schmidt und Johannes Rau zu favorisieren. So herrschte wenigstens ungefähr ein Gleichgewicht der Kräfte, und von einem Missbrauch der Pressefreiheit zu sprechen wäre auch deshalb übertrieben, da trotz einer gewissen Einseitigkeit der Berichterstattung doch auch immer die Gegenseite ausreichend zu Wort gekommen ist.

Von Machtmissbrauch lässt sich allerdings im »Fall Wulff« sprechen, der viele Deutsche bewegt und in ihrer Ablehnung der Presse bestätigt hat. Der ehemalige Bundespräsident Christian Wulff war von praktisch allen Medien – von *Bild* über *Spiegel*, *FAZ* und *SZ* – über Monate so lange gejagt worden, bis sie ihn zur Strecke gebracht hatten. Es war zwar völlig in Ordnung, dass sie über dessen Privatkredit berichtet und sein privates Beziehungsgeflecht auf mögliche Interessenkollisionen untersucht haben. An der Aufklärung daran bestand ein öffentliches Interesse. Aber im weiteren Verlauf der Geschichte muss man den Medien krasses Fehlverhalten attestieren.

Fragwürdig war schon das schnelle Ersturteil, das von den Leitmedien gefällt wurde. »Mit der Kreditaffäre hat Bundespräsident Wulff das Recht verwirkt, als moralische Instanz zu gelten. Er verliert damit die stärkste Legitimationskraft in diesem Amt. Wer Wulff kennt, weiß, dass es so kommen musste«,[203] schrieb die *SZ* im Dezember 2011. Und einen Tag später legte die *FAZ* nach: »Kreditfragen (...) sind moralische Fragen. Es geht um Glauben und Vertrauen. Damit sind sie das Äquivalent zum höchsten Staatsamt. Es geht um moralischen Kredit«.[204]

Damit sei von den wichtigsten Medien ein Schema etabliert worden, »das die folgenden Recherchen und Interpretationen geprägt hat«, schrieb der Mainzer Kommunikationswissenschaftler Hans Mathias Kepplinger. »Selbstverständlich hätte es auch andere Schemata geben können«, zum Beispiel: »Wulff zahlt seiner geschiedenen Frau und seiner Tochter 4 200 Euro Unterhalt im Monat. Deshalb hat er Schulden gehabt. Allerdings haben ihm gute Freunde aus der Klemme geholfen, darunter sein langjähriger Mentor, Egon Geerkens. Er hat ihm 90 000 Euro geliehen und einen günstigen Kredit für sein Haus vermittelt. Wulff hat Geerkens dafür seine Rolex und wertvolle Bücher als Sicherheit überlassen müssen.«[205]

Auch auf diese Geschichte hätten Leser vermutlich mit Häme und Spott reagiert, aber nicht alle. Viele geschiedene Männer in ähnlicher Situation hätten sich in dieser Geschichte wiedergefunden und gegenüber Wulff vielleicht auch Anteilnahme oder Respekt gezeigt – wenn Wulff die Sache von Anfang offen gespielt und dazu gestanden hätte. Dass er ständig lavierte und immer nur so viel zuzugeben bereit war, wie die Medien herausgefunden hatten, war dann sein Eigenanteil an der Eskalation der weiteren Entwicklung.

Es entstand der Eindruck: Er ist nicht ehrlich. Und der Eindruck verfestigte sich mit jeder weiteren Kleinigkeit, die von den Medien recherchiert wurde: fragwürdige Vergünstigungen (Urlaubsreisen, Flugreisen, Hotelaufenthalte, Buchwerbung, Handybenutzung, Autokauf, Leihkleidung, Bobby-Car); Kontakte zu angeblich fragwürdigen Personen (Geerkens, Maschmeyer, Glaeseker, Schmidt, Groenewold); Protestanrufe bei Springer-Verlagsangehörigen (Diekmann, Döpfner, Springer) und so weiter.

Mit jedem neuen Detail wurde es peinlicher für Wulff – aber auch für die recherchierenden Journalisten, nur merkten sie das nicht. Als sie auch noch ein Bobby-Car an Land gezogen hatten, um es gegen Wulff zu verwenden, hätten sie sich eigentlich fragen müssen, ob das jetzt wirklich noch der Aufklärung dient oder nur ihrer Jagdlust und der Auflage und Quote. Nur einige wenige kritische Stimmen u.a. von Giovanni di Lorenzo in der *Zeit* und von Heribert Prantl in der *Süddeutschen Zeitung*[206] äußerten Zweifel, ob die Medien bei ihrer Arbeit noch über das richtige Maß verfügten.

Schließlich stand der ehemalige Bundespräsident wegen 753,90 Euro Essens- und Hotelkosten vor Gericht. Wulff habe sich von dem Filmunternehmer David Groenewold im Jahr 2008 auf das Oktoberfest nach München einladen lassen. »Als Gegenleistung« habe Wulff sich für dessen Film *John Rabe* eingesetzt und den Siemens-Konzern in einem Brief um Unterstützung gebeten. Am Ende brach auch dieser letzte Vorwurf der Staatsanwaltschaft zusammen. Wulff wurde von dem Verdacht auf Vorteilsannahme freigesprochen. Das ganze Verfahren sei ein »Musterverfahren für Unverhältnismäßigkeit« (Prantl). Und es war ein Musterbeispiel für die Unverhältnismäßigkeit von medialer Berichterstattung, wie sie von Zeit zu Zeit immer mal wieder vorkommt.

Müssen sich also Journalisten bei Wulff und ihren Lesern entschuldigen? »Nein – warum auch«,[207] meinte Paul Josef Raue, der zusammen mit Wolf Schneider *Das neue Handbuch des Journalismus* geschrieben hat, ein Standardwerk für Journalisten. Das Büßergewand stehe den Journalisten nicht, sei heuchlerisch. »Wir haben Standards: Der Pressekodex regelt, wie wir mit unserer Macht umzugehen haben; er sanktioniert jeden, der dagegen verstößt.«[208] Raue findet »es richtig, ja notwendig, wenn Journalisten die Mächtigen kontrollieren, auch den Bundespräsidenten. Wir schaden der Demokratie, wenn wir es nicht tun. Ich entschuldige mich nicht.«

Das ist sehr formaljuristisch gedacht, nicht bedenkend, dass Journalisten der Demokratie – und ihrer eigenen Glaubwürdigkeit – auch dadurch schaden können, dass sie ein Opfer jagen, bis es erlegt ist.

Den besseren Ton hatte wieder einmal Heribert Prantl getroffen, als er, nachdem er sich noch einmal durch alles Gedruckte zur Causa Wulff gearbeitet hatte, schon wegen der schieren Masse Verwunderung, Beklemmung und auch Bestürzung empfand: »Schon diese Masse kann den Eindruck erwecken, dass hier Macht ausgeübt werden soll; schon in der Dichte und Frequenz von Artikeln und Sendungen mag eine Art von Gewalttätigkeit liegen. Diese Art von Gewalt ist nicht gemeint, wenn von der Presse als vierter Gewalt die Rede ist. Die Causa Wulff ist ein Lehrstück für die Pressefreiheit. Diese Pressefreiheit ist nicht dafür da, Journalisten lust- und machtvolle Gefühle zu verschaffen. Sie ist nicht die Freiheit zur Selbstermächtigung und Selbstbefriedigung, die in einem Rücktritt den Höhepunkt findet. Sie ist für die Demokratie da; und Demokratie ist etwas anderes als eine Meute, die Beute will.«[209]

VIER

Vom Ruch der Macht

Lange vor Pegida, lange vor der Kritik an den »gleichgeschalteten Mainstream-Medien« und lange vor dem zur Gewissheit erhobenen Verdacht, die Journalisten steckten mit den Mächtigen unter einer Decke, hat es diese Kritik schon gegeben, und es waren nicht die Mediennutzer, nicht »das Netz« und nicht die AfD – die hat damals noch gar nicht existiert –, sondern es waren Journalisten, die diese Vorwürfe erhoben. Und diese Vorwürfe waren, weil gespeist aus eigenem Erleben, wesentlich präziser, treffender, umfassender und darum auch schmerzlicher als die spätere tumbe Hinz-und-Kunz-Medienschelte aus dem Netz.

Diese journalistische Selbstkritik lässt sich auf den Nenner bringen: Es gibt einen Machtmissbrauch, der weniger auf Absicht als vielmehr auf Fahrlässigkeit beruht, einem Mangel an Selbstdistanz, unterentwickeltem Verantwortungsbewusstsein, zu viel Affirmation und übergroßer Eitelkeit. Statt die Verhältnisse zu kritisieren, den Moden und dem Zeitgeist zu widerstehen, kreieren Journalisten diese Moden, bauen mit am jeweils herrschenden Zeitgeist und rechtfertigten die Verhältnisse, die sie eigentlich kritisieren sollten. Für die Kritik fühlt sich in den Redaktionen kaum noch jemand zuständig, und wenn doch, muss er damit rechnen, bis zur Unkenntlichkeit redigiert zu werden und seinem weiteren Fortkommen geschadet zu haben.

Missbrauch durch Fahrlässigkeit

Diesen Machtmissbrauch durch Fahrlässigkeit gab es schon immer, aber nach dem Fall der Mauer, während des Wechsels von der Bonner zur Berliner Republik, der auch mit einem Generationenwechsel verbunden war, entwickelte sich diese Form von Missbrauch fast schon zum neuen Standard. Die »Generation Golf« eroberte die Medien und kickte die Generation der 68er und Nach-68er aus den Redaktionen. Politisches Engagement fand diese neue Generation lächerlich, Kirchen, Parteien und Gewerkschaften erschienen ihnen überholt, Streit über komplexe Themen langweilig. Sie wollten Spaß, Geld, Markenklamotten, schicke Autos, erstklassige Locations, zockten an der Börse, träumten vom schnellen Reichtum durch den »Neuen Markt« und erfanden den »Popjournalismus« und die »Popliteratur«.

»Betrieben wird er meist von Söhnen und Töchtern aus gutem Hause, die viel Freude an Markenprodukten und der narzisstischen Umkreisung des eigenen Bauchnabels haben. Sie unterscheiden streng zwischen ›in‹ und ›out‹. Ersteres sind in der Regel sie selber, letzteres alle anderen, insbesondere ›Prolls‹, ›Alt-68er‹ und alle dieses irgendwie albern engagierte Volk. Politisch endet der Popjournalist nach allerlei Pirouetten verlässlich und sehr pragmatisch irgendwo zwischen Guido Westerwelle und Roland Koch. Sein Feind ist der ›Gutmensch‹ im schlecht sitzenden Anzug. ›Gutmensch‹ ist überhaupt eines seiner liebsten Schimpfwörter. Weil er nämliche jede Art von Haltung zutiefst verachtet«,[210] beschrieb der Publizist und *taz*-Mitgründer Tom Schimmeck 2007 die neue Journalistengeneration.

Seinen Höhepunkt erreichte der von solchen Popjournalisten kreierte Spaßjournalismus, als der »Nemax 50« im März 2000 kurz vor der 10 000-Punkte-Grenze stand. Dann kam der Crash, und kurz danach steuerten Terroristen zwei Flugzeuge in die Twin Towers in New York. Gedämpft setzte sich – trotz Peter Hahnes »Schluss mit lustig« – das lustige Treiben noch ein paar Jahre fort, verebbte erst nach dem Beginn der Finanzkrise im Jahr 2007, aber was danach kam, war dasselbe, nur ohne »lustig«: *Business as usual.*

Schon 2006, ein Jahr vor Ausbruch der Finanzkrise, beschrieb der Schweizer Chefpublizist des Ringier-Verlags, Frank A. Meyer, sein Staunen über die Vergabe des Henri-Nannen-Preises in Hamburg, eine für ihn beispiellose Selbst-Glamourisierung der deutschen Journalistenszene: abgesperrte Straßen, Vorfahrt der Limousinen, roter Teppich, Hostessen, die geehrten Kollegen im Smoking. »Aus einem journalistischen Monument meiner Generation hat man ein Bambi gemacht.«[211] Das mache ihn doch irgendwie ratlos. »Gehören wir jetzt alle dazu? Müssen wir dazugehören wollen? Zur Gesellschaft der Erfolgreichen und Reichen, der Schönen und Prominenten? Also zu einer Gesellschaft, der wir doch so lange Zeit skeptisch und mit ätzender Kritik gegenüberstanden?«[212]

Auch der schon zitierte Tom Schimmeck diagnostizierte, »dass sich viele Medienleute nicht mehr als Mittler zu den Menschen, sondern als Mitinhaber von Macht begreifen. Ihre Währung heißt Wichtigkeit. Sie suchen die Nähe anderer ›Wichtiger‹, möglichst im Fernsehen. Denn sie haben verstanden: Wer notorisch auf der Mattscheibe herumfuhrwerkt, wird quasi automatisch groß. Die Perpetuierung der eigenen Visage generiert Bedeutung.«[213]

»Weiche Knechtschaft einer eitlen Selbstverliebtheit«

Schimmeck bezog sich in seiner Rede zur Jahreskonferenz des Netzwerks Recherche auch auf Jürgen Leinemann, einen weiteren Kritiker des Journalismus. Der langjährige *Spiegel*-Redakteur hatte in seinem schon zwei Jahre davor erschienenen Buch *Höhenrausch*[214] beschrieben, wie die Macht nicht nur die Mächtigen süchtig macht, sondern auch die, die ihnen am nächsten kommen, die Journalisten. Leinemann war schon mit 34 Büroleiter des *Spiegel* in Washington und hat dort den Sturz des US-Präsidenten Richard Nixon miterlebt. Jahrzehnte danach sprach er aus, was andere Journalisten noch nach ihrer Pensionierung nicht wahrhaben wollen: »O ja, ich vermochte mich so gut einzufühlen in die Lebenslügen des gehetzt wirkenden amerikanischen Präsidenten, dass ich sein Scheitern früh voraussagte. Aber warum? Heute weiß ich, was ich damals verdrängte – ich tickte wie er und die meisten politischen Karrieristen. Ich teilte ihren unersättlichen Hunger nach Anerkennung und Bestätigung.«[215] Leinemann fragt, ob er und seine Kollegen den Politikern nicht »bis zur Austauschbarkeit ähnlich« seien. Zwischen den zwei Gruppen der Politiker und der Journalisten habe schon immer ein symbiotisches Verhältnis bestanden, begünstigt durch ein »Schmiergeld namens Nähe« (Peter Zudeick). Täglich mit Kanzler, Ministern, Ministerpräsidenten zu sprechen, jederzeit Zugang zu den wichtigsten Managern und Unternehmern der Republik zu haben, deren Mobilfunknummern zu kennen – das hebt das Gefühl für die eigene Bedeutung, erweckt auch bei manchem den Wunsch nach privater Vertrautheit, und der Politiker oder Manager, der dies merkt, befriedigt so einen Wunsch gern, hat er dadurch doch einen Kritiker weniger und einen Bewunderer mehr.

Die bundesdeutschen Politiker der Nullerjahre beschreibt Leinemann als »Erfolgs-Junkies«, die es in den Führungsetagen der Redaktionen, Sendern und Fernsehanstalten mit Gleichaltrigen zu tun haben, beide gleich gestrickt nach einem Muster, das Wolfgang Joop laut Leinemann für sich und seine Generation einmal so beschrieben hat: »Ohne Verankerung in Vergangenheit oder Zukunft passen wir uns der Chance des Augenblicks an. Unser Ego hat Priorität vor Parteien, Politik und den Parolen von gestern.«[216] Und dieses Ego lege Wert auf »gegelte Frisuren, unübersehbare Dekolletés, Designeranzüge und kunstvoll dekorierte Schlampigkeit«.[217]

Die journalistische Freiheit, so Leinemann, werde heute in der Bundesrepublik »viel weniger durch obrigkeitsstaatliche Pressionen bedroht als durch die weiche Knechtschaft einer eitlen Selbstverliebtheit«.[218] Das habe die Medienlandschaft im Lauf der Jahre doch stark verändert. »Sie ist bunt geworden, vielfältig, voller Trallala und Albernheiten, der Werbung nahe und dem Showgeschäft und immer auf Rendite bedacht.«[219]

Und das, so bemerkte Thomas Leif, Chefreporter des *SWR*, habe im Lauf der Jahre in fast allen Medien zu acht Großtrends[220] geführt, die der Qualität des Journalismus schaden:

- Trend zum Unwichtigen
- Trend zur Informationsverdünnung
- Trend zur Personalisierung
- Trend zum Unernsten
- Trend zum Nebensächlichen
- Trend zum »agenda cutting«
- Trend zur Inszenierung
- Trend zur Dauerunterhaltung

Zwei Bundespräsidenten, Roman Herzog und Johannes Rau, hätten sich vergeblich daran abgearbeitet, konstatiert Leif, und zitiert Herzog mit einem Statement aus dem Jahr 1996: »Kein Schwachsinn, keine Perversion, keine noch so abwegige Marotte, die nicht in extenso bunte Seiten und Bildschirme bevölkern würde (...) Diese unendliche ausweglose, schleichende Banalisierung und Trivialisierung macht die Hirne kaputt.« Und Johannes Rau: »So wird Politik zu einem Teil der öffentlichen Unterhaltung«. Stattdessen wünsche er sich »eine Mediendemokratie, in der das Vermitteln der Sache wichtiger ist als das Vermitteln von Bildern und Bildunterschriften.«

Ein Kessel Buntes statt Komplexität

»Informationsverdünnung bedeutet Quotensteigerung«, und das werde auf Seminaren zum Thema Boulevard-Journalismus gelehrt, schreibt Leif und zitiert Harald Schmidt bei den »Mainzer Tagen der Fernsehkritik« 2001, der die Folgen dieses Trends auf den Nenner bringt: »80 Prozent der TV-Sendungen sind unfassbarer Müll, da tut man niemandem unrecht.« Sogar *ZDF*-Intendant Dieter Stolte habe nicht widersprochen, sondern die »voyeuristische Selbstinszenierung« beklagt und vor »einem zunehmenden Realitätsverlust« gewarnt.

Ein großes Problem fast aller Medien ist die – auch von ihnen mitverursachte – geringe Aufmerksamkeitsspanne ihres Publikums. Diesem Publikum komplexe Sachverhalte – und die meisten Probleme dieser Welt sind komplex – zu vermitteln, erscheint Redakteuren als so aussichtslos, dass viele es schon gar nicht mehr versuchen. Und wenn doch, dann probieren sie es mit Personalisierung. Komplexität wird entlang eines menschlichen Schicksals oder mithilfe einer betroffenen Person aufzudröseln versucht, doch diese Methode hat Grenzen. Im Bewusstsein dieser engen Grenzen und im Bewusstsein des allgegenwärtigen Auflagen- und Quotendrucks verzichten daher viele Redaktionen auch noch auf die Vereinfachung durch Personalisierung.

Lieber erzählen sie unterhaltsame, voyeuristische Geschichten aus dem Privatleben allzeit medienpräsenter Promis, Geschichten von Sportereignissen, Events, Showstars, und dies in Endlosschleife auf allen Kanälen – zuletzt wieder zu beobachten beim Besuch von Ivanka Trump, von Beruf »First Daughter«, auf dem G-20-Frauengipfeltreffen in Berlin. Etwas Bemerkenswertes mitzuteilen hatte sie nicht. Botschaft? Unklar. Was von dem Besuch blieb, war eine kurzzeitige Verwirrung darüber, wer wer ist, denn Ivanka, blond wie immer, kam im Blümchenkleid, und so blond und im Blümchenkleid kam auch Königin Maxima daher. Die Geschichte von den Blonden in Blümchenkleidern erreichte einen wie von selbst.

Das »Mündiger-Bürger-Sein« dagegen ist mit Anstrengung und der Bereitschaft verbunden, sich zu drögen Themen wie Gleichstellung, Feminismus, Energiewende, Steuerpolitik, Globalisierung usw. aus verschiedenen Quellen zu informieren. Daher ist es grundsätzlich nicht verkehrt, wenn sich wiederum das Fernsehen müht, das Dröge spannend, interessant, unterhaltsam zu vermitteln. Dieser Kompromiss begegnet uns heute tagtäglich in Form der Talkshow, die in Wahrheit mehr ein Rollenspiel ist, der Schaukampf einer sorgfältig zusammengestellten Darstellertruppe. Mindestens ein Quotenbringer muss dabei sein, gerne ein Schauspieler oder Showstar, der die Laufkundschaft bei der Stange hält, außerdem ein Hingucker, zum Beispiel eine Schweizerin in der Burka, noch irgendein Provokateur mit radikalen Ansichten, ein Betroffener, gerne Putzfrau, die dem Minister in der Runde die Meinung sagt, fertig ist das Theater, das für mindestens zehn Prozent Marktanteil gut sein sollte.

»Als Antwort auf die zunehmende Komplexität« gebe es »einen stillen – nicht reflektierten – Konsens gegen das Anspruchsvolle, das Sperrige, das Komplexe«, schreibt Leif. Statt des Sachberichts entscheide man sich lieber für den »Aufreger«, »der Themen ›anheizt‹, über die man sich eigentlich gar nicht aufregen muss« (Leif). Die Konzentration auf das Offensichtliche, das Spektakuläre und die Sensation verdränge das Wesentliche. Gerne bediene man die Sehnsucht des Publikums »nach orientierender Verdichtung ohne verwirrende Nebenargumente. Stoffe, die sich zur extremen Vereinfachung nicht eignen«, fallen durchs Raster. Was gedruckt und gesendet wird, muss unterhaltsam sein, leicht konsumierbar, schnell verdaubar.

Und extreme Vereinfachung führt dann eben so gut wie immer zur Verfälschung. Um ein Beispiel aus jüngster Zeit zu nehmen: Was hatte Merkel gesagt, nachdem sie die Grenze für 800 000 Flüchtlinge geöffnet hatte? »Wir schaffen das« – richtig. Auf diesen Satz wird sie seitdem reduziert, er wird ihr seither vorwurfsvoll um die Ohren gehauen. Oliver Gehrs hat im Juni 2017 auf die interessante Tatsache aufmerksam gemacht, dass Merkels drei Worte »laut Archiv in deutschsprachigen Zeitungen und Zeitschriften seitdem etwa 5 000 mal zitiert« wurden, der ganze Satz jedoch nur 14-mal und der gesamte Kontext im Jahr 2016 ein einziges Mal, in der *Frankfurter Rundschau.*[221]

Der ganze Satz lautete: »Wir schaffen das, und dort, wo uns etwas im Wege steht, muss es überwunden werden, muss daran gearbeitet werden.«[222] Der ganze Kontext lautete: »Wir werden gleich auch über Erstaufnahmeeinrichtungen, Bearbeitungsdauer, Rückführungen, faire Verteilung in Europa, sichere Herkunftsländer, Bekämpfung von Fluchtursachen sprechen. Aber wir werden vorher darüber sprechen müssen, was uns leiten sollte und was auch mich bewegt, wenn wir darüber sprechen, dass in diesem Jahr bis zu 800 000 Menschen zu uns kommen werden.«[223] Und dann kam der Wir-schaffen-das-Satz.

Alles in allem sei »das im Angesicht der dramatischen Situation eine ziemlich differenzierte Aussage« gewesen, die schon alle Probleme und Lösungsansätze benannte, »und sich dennoch für den Versuch aussprach, Menschlichkeit zu zeigen«, resümiert Gehrs. Doch übrig geblieben seien eben nur die sehr apodiktisch und anmaßend klingenden drei Worte – fahrlässige Verkürzung, ja Verfälschung durch die Medien.

Agenda Cutting

Zum auf Quote getrimmten Agenda Setting kommt auch noch das »Agenda Cutting«. Damit meint Leif, dass da draußen Heerscharen von PR-Agenturen rund um die Uhr daran arbeiten, »bestimmte Themen zu verhindern, zu verzögern oder mit einem eigenen ›spin‹ – also ›Dreh‹ – zu verbinden«. Nicht nur ums Verhindern und Frisieren der Berichterstattung geht es den Agenturen, sondern auch darum, die eigenen eher unwichtigen Themen gegen die eigentlich wichtigen durchzudrücken, konkurrierende Interessen durch das kommerzielle Interesse des Auftraggebers zu verdrängen.

Ähnlich arbeiteten die Staatskanzleien. Interviews bekommen Journalisten häufig nur noch dann, wenn sie sich an die Vorgaben der Pressereferenten halten und die gewünschte Botschaft transportieren. »Wer sich nicht an das politische Alphabet des ›wording‹ hält, wird von der

Interviewliste gestrichen, bekommt keine Antworten mehr« (Leif).

Und viele Journalisten spielen mit. Vielen scheint es auch egal zu sein. Oder vielleicht ist es ihnen wichtiger, ihrer Fangemeinde auf Facebook ein Foto von sich und dem Minister oder der Ministerpräsidentin zu zeigen. Jeder vermarktet sich, so gut er kann, und weil das kaum einer allein schafft, gilt es, sich zu vernetzen, Seilschaften zu bilden, so etwas wie Korpsgeist zu entwickeln.

So jedoch, konstatierte Frank A. Meyer, wird man zur Kaste. »Und die eherne Regel jeder Kaste heißt: Eine Krähe hackt der anderen kein Auge aus.« Besser noch: »Man interviewt sich gegenseitig, man lädt zu Talkshows ein, ... lanciert die Bücher von guten Kollegen, ignoriert die Bücher von Kollegen, die aus der Reihe tanzen. Was ist gegen so wunderbare Kollegialität einzuwenden? Nichts. Nirgends eine Verschwörung.«[224] Niemand setzt bewusst Lügen in die Welt. Aber die Hauptstadtluft, in der sich die führenden Journalisten der Leitmedien bewegen und von der sie glauben, in ihr schwebe der Duft der großen weiten Welt, ist in Wahrheit der Mief einer sehr kleinen Welt auf engstem Raum, in der man ständig mit den immer gleichen Leuten mit den immer gleichen Ansichten in den immer gleichen Locations zusammengluckt, und so bildet sich »ganz ohne böse Absicht ein Mainstream in der Einschätzung von Politik oder Wirtschaft, von Politikern und Unternehmern, von Parteien und Verbänden und Gewerkschaften«.[225] Und auf einmal werden politische und gesellschaftliche Entwicklungen »von den führenden Medien, von den Stimmungs- und Meinungsmachern unter den Journalisten sehr, sehr ähnlich gesehen – fatal ähnlich«.[226]

Im Gleichschritt Richtung Neoliberalismus

Zum Beispiel die Globalisierung. Fast alle Blätter von der *FAZ* über die *SZ*, die *Welt* und die *Zeit* schrieben unisono in ihren Wirtschaftsteilen, Globalisierung sei ein Schicksal, und zwar ein gutes. Sich dagegen zu sträuben sei in etwa so sinnvoll, wie sich gegen Ebbe und Flut zu wehren.

Neben den üblichen Gütern und Dienstleistungen exportierte Deutschland nun auch Arbeitsplätze. In Osteuropa und im fernen Asien ließ es sich viel billiger, gewinnbringender, mit weniger Umweltauflagen und steuerbegünstigt produzieren. Millionen Deutsche verloren ihre Jobs. Die Aktien stiegen in dem Maße, in dem deutsche Unternehmen Massenentlassungen vornahmen. Die Einkommen derer, die ihre Jobs behielten, stagnierten oder sanken. Die Lebenshaltungskosten sanken nicht. Die Beiträge zur Gesundheits- und Sozialversicherung stiegen, deren Leistungen nicht. Aber die mit Aktien reich Gesegneten wurden nun dank der gewinnbringenden Produktion in Polen und Fernost noch reicher. Und dieser Einkommenszuwachs aus Kapitalvermögen wurde geringer besteuert als Einkommen aus Arbeit, aber selbst diese geringere Besteuerung des leistungslos erworbenen Reichtums erschien den Reichen als Zumutung. So schleusten sie ihr Geld am Finanzamt vorbei in die Steueroasen dieser Welt, assistiert von willigen Bankern und findigen Beratern.

Darüber las man wenig in den Zeitungen. Hin und wieder eine Geschichte über Steueroasen, aber kein journalistischer Aufschrei, keine *Spiegel*-Kampagne, kein *Stern*-Feuerwerk gegen die wachsende soziale Ungleichheit, auch die *Zeit* verhielt sich still.

Das änderte sich erst nach der Finanzkrise, als alle Welt gesehen und erfahren hatte, wohin die Exzesse des von allen

Fesseln befreiten Kapitalismus geführt haben. Nun hagelte es Kapitalismuskritik, und der *FAZ*-Herausgeber Frank Schirrmacher bekannte: »Ich beginne zu glauben, dass die Linke recht hat.«[227] Diese Einsicht kam allerdings mindestens zehn Jahre zu spät. Und auf das kollektive Eingeständnis, dass sich da während der 90er- und Nullerjahre eine ganze Journalistengeneration ideologisch verrannt und von ihrer publizistischen Macht fahrlässig einen falschen Gebrauch gemacht hatte, hofft man vergebens.

»Wir Journalisten sind Teil des Establishments geworden«

Es hat sich allerdings auch nach der Finanzkrise nicht viel geändert. Ende Dezember 2016 wiederholt Stephan Lebert in der *Zeit* den schon vor einem Jahrzehnt erhobenen Vorwurf: »Wir Journalisten sind Teil des Establishments geworden.«[228] Auch er ortet die 90er- und die Nuller-Jahre als die Zeit, in der sich das Selbstverständnis vieler Journalisten änderte. »Man war stolz darauf, wenn die Mächtigen nach einem riefen, wenn man bei der Macht am Tische saß und sie beraten durfte. Die Medien wurden Teil des Establishments, wie die Politik, die Wirtschaft oder die Verwaltung. Wenn Journalisten Geburtstage oder Hochzeiten feierten, rückten die Verantwortlichen der Gesellschaft auf die Gästelisten. Man wollte sich zur Elite zugehörig fühlen, man wollte sie nicht mehr kontrollieren.«[229]

In diesen Zeiten, so bemerkte Lebert, »schaffte der Journalismus übrigens weitgehend die sogenannten Sozialreportagen ab, also die Nahaufnahmen aus den unteren Milieus, die Geschichten, die soziale Missstände anprangerten. (…) Man wollte lieber über seinesgleichen berichten, über die

Leute, die man auf dem nächsten Empfang trifft und die man im Fernsehen sieht.« Und das hatte Folgen: Das Bild, das die Medien von der Wirklichkeit zeichneten, »wurde immer kleiner und immer enger, und es wurde immer ähnlicher dem Bild, das schon die verantwortlichen Politiker und Wirtschaftsführer den Menschen präsentierten, tagein, tagaus« (Lebert).

In jenen 90er-Jahren, in denen kritische TV-Sendungen gekürzt, auf schlechtere Sendeplätze verschoben, in Spartenkanäle ausgelagert oder gleich ganz gestrichen wurden, moderierte ich (PG) neben *ML Mona Lisa* rund vier Jahre lang die *ZDF*-Sendung *Achtung lebende Tiere*: kein schönes Abendprogramm, eines mit oft schrecklichen Bildern, mit denen wir zeigten, wie bei uns mit der Ware Tier umgegangen wird. Aber auch über ermutigende Entwicklungen in der Tierhaltung wurde berichtet. Die Sendung, die mittwochs ab 21.00 Uhr lief, wurde dann 1998 mit dem Argument abgesetzt, dabei handele es sich um »Nischenfernsehen der 70er-Jahre«. Die Quälerei der Tiere ging weiter.

Und heute? Heute ändert sich gerade etwas. Fundamental. Und das gibt zu den größten Hoffnungen Anlass. Und zu den größten Befürchtungen. So oder so: Das Jahr 2017 könnte als so etwas wie ein »Wendejahr« in die Geschichte eingehen.

Fünfter Teil

DIE FÜNFTE GEWALT

EINS

Der virtuelle Stammtisch

Für den ehemaligen Bundespräsidenten Christian Wulff kam die »fünfte Gewalt« zu spät, denn diese hätte ihn – vielleicht – geschützt.

Die fünfte Gewalt – das ist ein noch problematischerer Begriff als die »vierte Gewalt«. Beide sind durch nichts legitimiert, Macht auszuüben, aber sie tun es. Die Macht der fünften Gewalt hätte der vierten Einhalt gebieten können, als sie es mit Wulff übertrieb, hätte es wahrscheinlich getan. Warum wir das vermuten, erklären wir später. Zunächst: Was ist damit gemeint?

Im Gegensatz zur »Vierten«, den Medien, die immerhin geografisch zu orten, personell zu identifizieren und über konkrete Postadressen zu erreichen sind, ist die »Fünfte« etwas sehr Diffuses, ein Abstraktum, das weitgehend anonym durchs »Netz« geistert und so schwer zu lokalisieren ist wie das Netz selbst – ein gigantischer virtueller Stammtisch und so etwas wie eine zweite öffentliche Meinung neben der, die von Medien gemacht und an realen Stammtischen diskutiert wird.

Jeder Einzelne, der im Internet etwas mitteilt oder kommentiert, baut am weltweiten Kommunikationsnetz mit und nutzt damit die Infrastruktur, die von Netzprovidern wie der Telekom und Netzgiganten wie Amazon, Apple, Facebook, Google, Twitter, Instagram zur Verfügung gestellt wird. In

Facebook, Twitter, in den Foren der sozialen Netzwerke, in Blogs, auf Instagram wird – auf unterschiedlichsten Niveaus – informiert, diskutiert, gestritten, geschimpft, gelogen, geprahlt, gespottet, philosophiert, gelästert, getratscht, auch gehetzt, gestalkt, gemobbt und gehasst, fast alles wie am altvertrauten Stammtisch, nur in weltweitem Rahmen, und, da endet die Analogie, nicht immer weiß man, wer da mit wem am Stammtisch sitzt.

Auch die fünfte Gewalt ist durch das Grundrecht auf freie Meinungsäußerung geschützt. Auch sie übt Macht aus: zum einen durch ihre permanenten anarchischen Äußerungen. Zum anderen durch ihren Einfluss auf die vierte Gewalt: Die Profis in den Medien, diese Beobachter und Konstrukteure der Wirklichkeit, werden jetzt – ein Novum – beim Beobachten beobachtet von denen, für die das Weltgeschehen medial konstruiert wird.

Das macht die Sache kompliziert, denn nun gibt es plötzlich mindestens drei Öffentlichkeiten: erstens die alte, die schon immer durch die Medien hergestellt wurde; zum Zweiten die neue, die sich durch Millionen von Meinungsäußerungen im Netz artikuliert und konstituiert, teils als Echo und Kritik der medialen Berichterstattung, teils als eigene Berichterstattung; schließlich drittens eine Meta-Öffentlichkeit, die beide anderen im Blick hat, die Wechselwirkungen zwischen beiden beobachtet, kommentiert, interpretiert und damit eine weitere Wirklichkeitskonstruktion liefert, die wiederum den alten Medien neuen Stoff liefert und auf sie zurückwirkt.

Ist es dadurch auch besser geworden? Jein.

Teile dieser fünften Gewalt sind unprofessionell, voreingenommen, ungerecht, ideologisch verblendet, abergläubisch, sektiererisch und oft schlicht dumm und verbreiten nichts als Gerüchte, Lügen, Verleumdungen und Verschwörungstheorien.

Doch das Netz ist eben nicht nur das reine Quatsch-, Desinformations-, Spionage- und Manipulationsmedium, als das es heute von vielen wahrgenommen wird. Das Netz ist vielmehr das, was wir daraus machen. Wer sich intelligent im Internet bewegt, wird klüger, kann etwas bewirken, bewegen, verhindern, kann es also als ein Instrument der Demokratie einsetzen. Man ist eben nicht nur Propaganda- und Desinformationskampagnen ausgesetzt, man findet auch Information im Netz, die man anderswo nicht findet. Man kann sich im Netz als Teil der öffentlichen Meinung artikulieren, sich mit anderen zu Demos, Flashmobs, Aktionen verabreden, Online-Petitionen starten oder unterschreiben und auf diese Weise Druck ausüben auf Politik, Wirtschaft, Verbände und Gesellschaft. Eine nicht geringe Zahl von Nutzern hat daraus während der letzten Jahre ein Instrument zur Verbesserung der Demokratie und Kontrolle der Medien gemacht.

Diese neuartigen Bürgerjournalisten sind genauso kritisch, wach, intelligent und professionell wie die, die sie beobachten. Und sie werden begleitet, unterstützt, korrigiert von Profis, selbstkritischen Journalisten, die zweigleisig unterwegs sind, in den alten und in den neuen Medien. In beiden berichten sie über die Berichterstattung, decken Fehler auf, kritisieren, klären auf und halten einen immerwährenden Diskussions- und Reflexionsprozess über die Medien am Laufen. In ihrer Summe bilden diese Medienkritiker im Netz eine neue kritische Instanz, eine Art selbst organisierter Medienkontrolle und Gegenöffentlichkeit.

Um nun wieder auf Wulff zu kommen: Hätte es diese Kontrolle, diese fünfte Gewalt, schon 2011/2012 gegeben, als Wulff von der vierten Gewalt zerfleischt wurde, wäre er wahrscheinlich mit einigen Schürf- und Bisswunden davongekommen, denn nicht nur Häme strömt durchs Netz, sondern auch reflektierte Kritik. Wir sind fast sicher, dass es im Netz an einem bestimmten Punkt der Berichterstattung zu einer Welle der Empörung gekommen wäre und spätestens, als es um das Bobby-Car ging, eine Mehrheit »Jetzt reicht's, hört auf!« gerufen hätte. Und vielleicht hätte es einige Journalisten sogar zum Umdenken gebracht.

Nun gibt es das Internet schon länger als seit 2014 – warum also haben die Bürgerjournalisten in den sozialen Medien nicht auf die Wulff-Berichterstattung reagiert? Tatsächlich haben sie schon damals reagiert, aber nur mit einem Grummeln. Zu einem formidablen Shitstorm hat es noch nicht gereicht.

Das änderte sich drastisch, als Russland begann, die Ukraine zu destabilisieren und die Krim zu annektieren. Da hagelte es plötzlich Proteste – nicht gegen Putin, sondern gegen die Putin-kritische Berichterstattung der Medien. Vielen erschienen die Berichte aus der Ukraine, vom Maidan und von der Krim zu einseitig. Und als dann Fehler in einigen Fernsehbeiträgen nachgewiesen werden konnten, kannten die Kritiker kein Halten mehr, und sogar der *ARD*-Programmbeirat sah sich genötigt, die Ukraine-Berichterstattung der *ARD* zu kritisieren.

Diese Shitstorms gegen die Medien wiederholten sich nach der Berichterstattung über den Absturz der Germanwings-Maschine, die Kölner Silvesternacht und die Flüchtlingsströme. In Sachsen marschierten die Truppen der Pegida.

Seitdem wissen die Medien, dass sie unter Beobachtung stehen. Seitdem reagieren sie darauf, und darum ist es letztlich doch nicht ganz unangemessen, von einer fünften Gewalt zu sprechen. Wie sie sich entlang dieser Entzündungsherde – Ukraine, Germanwings, Köln, Flüchtlinge – bildete und entwickelte, soll nun Thema der nachfolgenden Kapitel sein.

ZWEI

Etwas Neues geschieht: die Beobachtung der Beobachter

Es war kurz nach Beginn der Ukraine-Krise, also im März oder April 2014. Ich (CN) hatte gerade in Facebook etwas Putin-Kritisches gepostet. Kaum war eine halbe Minute vergangen, wurde ich von zwei mir Unbekannten angepöbelt. Der eine unterstellte mir Blödheit, Ahnungslosigkeit, Demenz, der andere bezeichnete mich als »CIA-Arschloch«.

Nie zuvor war ich in Facebook derart angemacht worden. Bis dahin herrschte auf meiner Seite ein höflich bis freundschaftlich vertrauter, auch mal ironischer Ton, dann plötzlich dieser aggressive Akt. Er hat mich erschreckt. Zugleich versetzte mich die Schnelligkeit der Reaktion in Erstaunen. Im Rückblick war das der Beginn einer Zeitenwende, der Beginn von Lüge und Hass im Netz, von Desinformation und Propaganda. Es war aber auch der Beginn einer öffentlichen Medienkritik und Medienkontrolle durch Bürger, wie es sie nie zuvor gegeben hat.

Ein Großteil dieser Kritik war bloßes Medienbashing, unsachlich, inkompetent, unfair und durch nichts begründet. Ein kleinerer Teil war gut begründet, wurde jedoch anfangs kaum ernstgenommen und in seiner Berechtigung daher auch nicht erkannt.

Ein Grund dafür dürfte gewesen sein, dass die unflätige Beschimpfung und Bedrohung aller Journalisten von der *FAZ* über *SZ*, *Spiegel*, *Zeit*, bis zu *ARD* und *ZDF* zum neuen Volkssport wurde. Wer über Monate hinweg täglich zu hören bekommt, dass er ein Schwein sei, mit der Politik und den Reichen unter einer Decke stecke, um das Volk in die Irre zu leiten, und sich dafür bezahlen lasse, versucht irgendwann, das zu ignorieren und einfach weiter nach bestem Wissen und Gewissen seine Arbeit zu machen. Und überhört dann diejenigen, die sachlich und fundiert kritisieren.

In jedem Fall war etwas Neues in der Welt, und der Umgang damit musste von allen Beteiligten erst erlernt werden. Und wir lernen immer noch.

Nach dieser ersten Attacke zweier mir Unbekannter auf meiner Facebook-Seite dachte ich zunächst: Zufall. Ein Ausreißer. Als sich dann jedoch auf anderen Facebook-Seiten, vor allem in den Facebook-Foren, ein ähnlicher Tonfall ausbreitete, immer im Zusammenhang mit Russland und der Ukraine, dachte ich: kein Zufall. Plan. Da muss eine Propagandamaschine im Hintergrund laufen. Aber wie machen die das? Scannen die das ganze Netz, um Putin-feindliche Äußerungen herauszufiltern und sofort darauf zu reagieren? Das müssen Zehntausende sein. Wer organisiert die? Werden die alle von Putin bezahlt?

Heute wissen wir, dass da tatsächlich Putins psychologische Kriegführung am Werk war.[230] Wir wissen, dass in Russland sogenannte Troll-Fabriken gezielt Stimmungsmache in den sozialen Medien betreiben, gestohlene Geheimdokumente, gefälschte Studien und Nachrichten verbreiten.[231] Wir wissen, dass »social bots« automatisiert täuschend echte Nachrichten in sozialen Netzwerken verbreiten und immer intelligenter werden, sodass ein Mensch, der mit ihnen »diskutiert«, glaubt, es tatsächlich mit einem menschlichen Gegenüber zu tun zu haben. In den USA sind sie bereits als Instrument zur Meinungsmache, Verzerrung von Debatten und als Wahlkampfhelfer eingesetzt worden.[232] Und es wird befürchtet, dass auch die Bundestagswahl 2017 auf diese Weise beeinflusst werden könnte.

Nach einer von der *FAZ* zitierten Studie des Oxford Internet Institute beruhte »fast ein Fünftel der Twitter-Diskussion während der US-Präsidentenwahlen 2016 mit großer Wahrscheinlichkeit auf Bots.« Sie seien »in den Vereinigten Staaten zum akzeptierten Wahlkampfmittel auf beiden Seiten geworden. Doch waren die Pro-Trump-Bots laut Studie fünfmal aktiver als jene, die zugunsten Hillary Clintons agierten. Die Urheber dieser Art von Manipulation auszumachen sei jedoch schwierig: Russische Hacker kämen ebenso infrage wie Kampagnenteams oder einfache Bürger.«[233] In Russland kämen etwa 45 Prozent der Twitter-Aktivitäten von automatisierten Nutzer-Accounts.[234]

Putin setzt dieses »Robot Trolling«, also Nachrichten und Kommentare, die von Computern generiert werden, selbstverständlich auch im Ausland ein, lässt Falschmeldungen besonders gern in deutscher Sprache vom Band rollen. Sie sind so formuliert, dass sie von Anhängern links- oder rechtsextremistischer Bewegungen gern geglaubt und massenhaft weiterverbreitet werden.

»DEUTSCHLAND: ASYLANT ONANIERT VOR JUNGEM MÄDCHEN IN SCHWIMMBAD« – »FREUNDE VON MERKEL HABEN EINE MASSENSCHLÄGEREI IN DORTMUND ANGEZETTELT« – »SACHSEN: ZWEI SEXTÄTER AUS LIBYEN VERGEHEN SICH SEXUELL AN DREI JUNGEN MÄDCHEN«: Solche Tatarenmeldungen produziert auf der Krim ein Mann namens Konstantin Knyrik, Chefredakteur der russischen Nachrichtenagentur *NewsFront*, mithilfe einer etwa hundertköpfigen Redaktion.[235] Täglich verlassen seine Lügenfabrik Meldungen über deutsche NATO-Soldaten, die in Litauen ein minderjähriges Mädchen vergewaltigen, 700 000 Deutsche, die ihre Heimat verlassen, weil sie Merkels Flüchtlingspolitik nicht mehr ertragen, oder Einwanderer, die deutsche Kirchen anzünden. Das Selfie eines syrischen Flüchtlings mit Angela Merkel wurde von der Krim aus mit der Behauptung verbunden, Merkel sei hier mit einem Attentäter des IS zu sehen.[236] Auch die CIA hat ihre Propagandaabteilungen, aber so plump gehen sie nicht zu Werke, so dreist zu lügen wagen sie nicht.

Ein Fall, bei dem sich sogar Russlands Außenminister Sergej Lawrow einschaltete, war »Lisa«, eine dreizehnjährige Russlanddeutsche aus Berlin-Marzahn. Sie hatte behauptet, von zwei arabischstämmigen Flüchtlingen vergewaltigt worden zu sein. Zahlreiche Mitglieder der russlanddeutschen Gemeinde demonstrierten daraufhin vor dem Berliner Kanzleramt für ihre Lisa und gegen die Flüchtlinge. Lawrow warf den deutschen Behörden öffentlich vor, den Fall vertuschen zu wollen, machte sich zum Anwalt von »unserem Mädchen Lisa« und ermahnte die Bundesregierung, nicht aus politischer Korrektheit ein Verbrechen zu vertuschen. »Wahrheit und Gerechtigkeit« müssten »siegen«. Wenige Tage später hatte die Wahrheit gesiegt und war Lawrow blamiert: Das Mädchen hatte sich wegen schulischer Probleme und aus Angst vor den Eltern zu einem Bekannten geflüchtet. Dieser, ein Deutscher, und auch dessen Mutter bestätigten übereinstimmend, dass Lisa die ganze Zeit bei ihnen gewesen sei. Zu Sex sei es nicht gekommen. Offensichtlich hatte Lisa sich selbst Verletzungen zugefügt und ihr Handy kaputt gemacht, damit die Geschichte von der Vergewaltigung glaubhaft wirkte.[237] Davon erfuhren die Russen in Russland natürlich nichts. Der Zweck, Unruhe unter Deutschrussen zu schüren, Merkel zu schwächen und in Russland von den dortigen Schwierigkeiten und Problemen abzulenken, war erfüllt.

Damals, Anfang 2014, wusste ich nichts von Troll-Fabriken, hatte ich von *social bots* noch nie etwas gehört und von »psychologischer Kriegführung« zuletzt beim Offizierslehrgang bei der Bundeswehr (1972). Ich sah nur: Auf ehemals gesitteten Diskussionsforen fanden keine Diskussionen mehr statt zwischen Leuten, denen es um Annäherungen an die Wahrheit, Meinungsaustausch, Argument und Gegenargument ging. Da waren Meinungskrieger unterwegs, aggressiv, teilweise dumm, teilweise intelligent, demagogisch, verlogen, an Sachlichkeit und Wahrheit nicht interessiert.

Viele der höflichen Diskutanten zogen sich zurück oder wurden nun ebenfalls aggressiv. Bald waren die Beleidiger unter sich. Und sie beschränkten sich nicht mehr darauf, sich nur in den sozialen Netzwerken zu beleidigen, sondern auch in den Kommentarspalten der Online-Seiten der Zeitungen, so lange, bis die Zeitungen ihre Kommentarspalten wieder schlossen. Auch das wurde ihnen umgehend zum Nachteil ausgelegt. Da sollen wohl unbequeme Meinungen unterdrückt werden, hieß es sogleich, nur dass es sich halt nicht um Meinungen, sondern um Beleidigungen und Hetze handelte. Deren Zahl war so groß, dass die Redakteure, die eigentlich Besseres zu tun hatten, mit dem Löschen nicht mehr nachkamen.

Das Bashing hörte trotzdem nicht auf. Man beschimpfte nun die Redakteure per Mail, via Facebook und Twitter. Auch das *ZDF* wurde überflutet mit Beschwerden, Beleidigungen, Unterstellungen, Hasstiraden. Steile Thesen wurden aufgestellt, mit »Belegen« versehen aus dubiosen Quellen. Videos und Fotos, von denen man nicht wusste, wer sie wann und wo gemacht oder gefälscht hatte, dienten als Beweis für alles Mögliche.

Andererseits, und diese Einsicht kam in den Redaktionen vielleicht zu spät: Es konnte nicht alles Propaganda sein. Sehr viele Deutsche bekundeten tatsächlich Verständnis, ja Sympathie für Putin. Aus Gesprächen mit Bekannten und ganz vernünftigen Menschen ging hervor, dass sie die Berichterstattung als einseitig gegen Putin gerichtet empfanden. Waren die Medien also tatsächlich Partei in dem Konflikt? Gar »gekauft«, wie es ab jetzt immer wieder hieß?

Der sehr kritische Medienjournalist Stefan Niggemeier hat dazu etwas sehr Kluges gesagt: »Ich glaube nicht, dass viele deutsche Journalisten in irgendeinem engeren oder weiteren Sinne gekauft sind. Ich glaube aber, dass sie nicht unvoreingenommen sind. Dass die Berichterstattung tatsächlich, vermutlich oft unterschwellig und unbewusst, geprägt ist von einer klaren Überzeugung, dass es hier eine gute Seite und eine böse Seite gibt. Dass man den Aussagen der einen Seite prinzipiell glauben kann, bis das Gegenteil erwiesen ist, und den Aussagen der anderen Seite prinzipiell nicht glauben kann, bis das Gegenteil erwiesen ist.«[238]

Aber selten sind Sachverhalte ja eindeutig schwarz oder weiß. In der Regel dominieren die Grautöne, und alle Beteiligten sind mal die Besseren, mal die Schlechteren, und nur sehr selten eindeutig gut oder eindeutig nur böse. Trotzdem muss immer versucht werden, zwischen hellerem und dunklerem Grau und zwischen fast Weiß und fast Schwarz zu unterscheiden – ein schwieriges Geschäft. Für die Medien kommt erschwerend hinzu: Sie beschreiben das aktuelle Zeitgeschehen. Für die Herleitung des Aktuellen aus der Geschichte bleibt nur wenig Raum.

So erscheint uns im Westen Assad in Syrien aktuell zwar als der größte Schurke, aber nicht als der alleinige. Die Schurken sitzen auch in Saudi-Arabien und in Iran, und, je nach politischem Standpunkt, auch in Russland und in den USA.

Und wer bei den Dutzenden »Rebellen«-, »Islamisten«- und »Terroristen«-Gruppen, die in Syrien kämpfen, zu den eher Guten und wer zu den eher Schlechten gehört, lässt sich selbst für die Geheimdienste nur schwer einschätzen, weshalb sie oft gar nicht wissen, wen sie unterstützen oder lieber bekämpfen sollten.

Noch komplizierter würde es, wenn man anfinge, die Ursachen für den Nahostkonflikt aufzudröseln und die Schuldigen zu benennen – wo müsste man da anfangen? Bei den Kreuzzügen? Dem Osmanischen Reich? Dem britischen und französischen Kolonialismus? Dem Holocaust und der Gründung des Staates Israel? Dem »Kalten Krieg« nach 1945? Dem Sturz Saddam Husseins durch die USA?

Es ist nicht die Aufgabe von Medien, schon gar nicht von Nachrichten, Geschichtsunterricht zu erteilen, sondern das aktuelle Geschehen zu beschreiben. Manche sagen, schon das Kommentieren sollten Journalisten bleiben lassen. Eine immer wieder gehörte Forderung lautet: Journalisten sollen ihren Lesern nicht sagen, was sie denken sollen. Nein, sollen sie nicht, okay. Aber sagen, was sie, die Journalisten, denken, sollen sie schon. Und die Meinung nicht nur gut begründen, sondern vor allem als solche kennzeichnen.

Die meisten Journalisten spezialisieren sich im Lauf ihres Lebens auf bestimmte Felder, der eine als Korrespondent auf ein Land, der andere auf die politischen Parteien, der dritte auf die Gewerkschaften, die nächsten auf die Literatur, die Musik, die Naturwissenschaft, die Medizin und so weiter. Jeder von ihnen kann Vorgänge und Entwicklungen in seinem Spezialgebiet besser einordnen und beurteilen als die meisten seiner Leser und Zuschauer, und daher gehört das Einordnen und Beurteilen zum Service. Man möchte wissen, was so ein Spezialist von einer Sache hält, und auch, was andere Spezialisten von derselben Sache halten. Diese kommen möglicherweise zu einem ganz anderen Urteil, und erst wenn die Leser und Zuschauer die verschiedenen Urteile, Einschätzungen, Bewertungen kennen, können sie sich selbst ein Urteil bilden. Aus der bloßen Mitteilung einer Nachricht kann man sich in der Regel – ohne Hintergrundwissen – kein eigenes Urteil bilden.

In Syrien ist es, nach allem, was wir bisher von verschiedensten unabhängigen Medien erfahren haben, nun einmal so, dass Assad Fassbomben auf sein eigenes Volk wirft. Er verteidigt seine Macht mit massenhaftem Mord, Folter und Lügen. Soll man sich mit diesem Hintergrundwissen im Kopf als Journalist Assad unvoreingenommen nähern? Wäre man nicht schrecklich dumm und naiv, wenn man seine Aussagen in dieser Sache bis zum Beweis des Gegenteils als wahr betrachtete?

Gestützt wird Assad von Wladimir Putin. Gegen ihn demonstrierten russische Jugendliche, weil, wie sie sagen, er und seine korrupten Oligarchen ihnen die Zukunft rauben. Die Demonstrationen wurden von der russischen Polizei unterbunden, Demonstranten verhaftet und ins Gefängnis gesteckt. Seit Jahren verschwinden in Russland Oppositionelle auf geheimnisvolle Weise, werden verhaftet, mundtot gemacht, verleumdet, von Schlägertrupps massakriert, nicht selten ermordet. Immer wieder werden Homosexuelle attackiert, ohne dass die Polizei eingreift. Ein altes reaktionäres Bündnis von Thron und Altar hat sich etabliert, das die Kunst unterdrückt und Frauen dem alten Machismo von gestern unterwirft. Putin macht gemeinsame Sache mit Europas Rechtspopulisten, wohl um Europa zu spalten und zu destabilisieren. Und inzwischen wissen wir eben auch, wie oben schon gesagt, dass von Russland aus Desinformationskampagnen gesteuert werden, die im Westen als Wahrheitszerstörungsgranaten in den sozialen Netzwerken einschlagen.

Müsste man den Medien nicht Naivität vorwerfen, wenn sie ihn weiterhin beim Wort nähmen und bis zum Beweis des Gegenteils davon ausgingen, dass er die Wahrheit spricht? Nicht einmal bei demokratischen Politikern sind die Journalisten so naiv.

Nun gibt es Menschen, die überzeugt sind, dass all die berichteten Machenschaften Putins und Assads Erfindungen der gehirngewaschenen links-grün versifften Mainstream-Medien sind, dass in Wahrheit Putin der lupenreine Demokrat ist und die US-Regierung, Merkel, die internationalen Konzerne und die westlichen Geheimdienste in Wahrheit die Bösen sind, die all diese Lügen über Russland in die Welt setzen. Solche Superskeptiker zu widerlegen ist unsereinem schier unmöglich – was schon als Beweis gilt, dass wir irren. Aber wieso eigentlich? Welche Beweise haben denn die Putin-Verteidiger? Vor allem: Wer sich so sicher ist, dass sämtliche westlichen Mainstream-Medien bewusst lügen, wenn es um Putin geht, der sollte dann auch in der Lage sein zu beschreiben, wie genau es denn dabei zugeht bei dieser gleichgeschalteten Lügerei.

Wer dirigiert denn das Lügenorchester? Wieso unterwirft sich das ganze Orchester diesem Dirigenten? Welches Interesse haben Dirigent und Orchester, die Welt so systematisch zu belügen? Und wie kann man erklären, dass unter den Zehntausenden Orchestermusikern nicht ein einziger ist, der ausschert und sein Wissen über die große Verschwörung für viel Geld ausplaudert? Was für eine große geheimnisvolle Kraft schafft es, diese riesige Lügentruppe aus Nachrichtenagenturen, Korrespondentennetzen, Zeitungs-, Radio- und Fernsehredaktionen über so viele Jahre hinweg so eisern im Griff zu haben, dass kein Einziger das Schweigen bricht? Und warum wissen wir, die beiden Autoren dieses Buches, die wir seit Jahrzehnten in den Medien arbeiten, mit zahlreichen

Kollegen im Gespräch sind und etliche Redaktionen von innen kennen, nichts von dieser gigantischen Verschwörung? Sollten wir zwei tatsächlich die Einzigen sein, denen man nicht gesagt hat, dass alle auf ein Kommando hören?

Wer einfach behauptet, dass »die alle lügen«, ohne auch nur einen einzigen Beweis für diese Behauptung zu erbringen, und wer nicht eine einzige der soeben erhobenen Fragen beantworten kann, sollte lieber schweigen. Oder eben halt damit leben, dass er ein unverbesserlicher Verschwörungstheoretiker ist und als solcher nicht ernst genommen werden kann.

Oft wird eingewendet, man müsse doch verstehen, dass Putin seinen Einflussbereich durch den Westen bedroht sieht. Und das sollte sich auch in der Berichterstattung niederschlagen. Darüber kann man streiten. Darüber wird auch gestritten. Und zwar eben in den so kritisierten Medien. Dort kommen in den politischen Talkshows der Öffentlich-Rechtlichen regelmäßig auch Politiker der Linken oder aber auch der AfD zu Wort, die die Aggression eher beim Westen als bei Putin sehen. Und manchmal sitzt auch der russische Botschafter selbst in der Runde. Die Tatsache, dass bei uns kontrovers diskutiert wird, beweist ja gerade, dass nichts verschwiegen wird, die Argumente der anderen Seite gehört werden.

Außerdem gibt es nicht nur US-Interessen, EU- und Russlandinteressen, sondern auch noch die der Ukrainer. Und die, so scheint es, wollen mehrheitlich lieber im US- und Euro-Einflussbereich leben als im russischen. Die halbe Welt würde lieber in diesem Einflussbereich leben. Niemand strebt nach Russland, alle wollen in die EU, besonders nach Deutschland. Putin sollte sich einmal darüber Gedanken machen, warum das so ist und warum Polen und die baltischen Staaten um NATO-Verstärkung bitten.

Aber, so argumentieren zahlreiche Russland-Sympathisanten, es werde zwar kontrovers diskutiert, aber doch von den meisten mit einer gewissen Voreingenommenheit gegen Putin. Die negative Haltung westlicher Medien gegenüber Putin sei doch nicht zu übersehen.

Das mag so sein. Und gilt auch für zahlreiche andere Politiker wie Erdoğan, Kaczyński, Orbán, Le Pen, Wilders, Farage und Trump. Und das ist – in unseren Augen – in Ordnung, bedeutet es doch, dass zahlreiche westliche Journalisten die westliche Zivilgesellschaft für wert befinden, verteidigt zu werden gegen homophobe, misogyne, nationalistische, rechtspopulistische Autokraten. Sie sehen diese Zivilgesellschaft gefährdet durch Verbrecher wie Duterte und Lügner wie Trump, bekämpft von religiösen Fundamentalisten und Terroristen und unterminiert von der Herrschaft der Märkte. Man sollte dankbar und froh sein, dass so viele Journalisten diese Zivilgesellschaft publizistisch verteidigen.

Öffentlich-rechtliche Journalisten sind dazu sogar gesetzlich verpflichtet: »Das *ZDF* ist den im Grundgesetz verankerten demokratischen und rechtsstaatlichen Werten verpflichtet. Angebote des *ZDF* beleuchten daher undemokratische Entwicklungen kritisch.« So oder so ähnlich lauten die Grundsätze auch für die anderen öffentlich-rechtlichen Sender. So steht beispielsweise im *WDR*-Gesetz zu den Programmgrundsätzen in § 5: »Der *WDR* soll die internationale Verständigung, die europäische Integration, den gesellschaftlichen Zusammenhalt, ein diskriminierungsfreies Miteinander in Bund und Ländern und die tatsächliche Gleichstellung der Frauen und Männer fördern, zum Frieden und der sozialen Gerechtigkeit mahnen, die demokratischen Freiheiten verteidigen und der Wahrheit verpflichtet sein.«

Eben deshalb wird über Putin, Trump, Erdoğan und Co. kritisch berichtet. Überspitzt ließe sich also sogar sagen:

Voreingenommenheit ist Pflicht, wenn es gegen Demokratie und Freiheit geht. Auch wenn die USA, wie geschehen, in Guantanamo und Abu Ghraib »westliche Werte« mit Füßen treten, muss kritisch berichtet werden, und das haben die meisten Medien ja auch getan. Damals kam übrigens prompt der Vorwurf der Amerikafeindlichkeit.

Das *ZDF* bekommt derzeit viele Anrufe und Zuschriften, in denen sich Zuschauer darüber beschweren, dass über Trump zu negativ berichtet werde. Es stimmt, die Nachrichten über Trump – nicht nur die des *ZDF*, auch die der *ARD* und zahlreicher anderer Medien sind kritisch, negativ – eben weil Trump zumeist weder die demokratischen Institutionen noch die Wahrheit noch internationale Gepflogenheiten achtet. Es ist die Aufgabe der Presse, das zu berichten. Ursache der negativen Nachrichten über Trump sind nicht die Medien, Ursache ist Donald Trump.

So verhielt es sich auch bei der Ukraine-Berichterstattung über Putin. Nicht die ukrainischen Soldaten haben die russische Grenze überschritten, sondern umgekehrt. Und nicht die Ukraine hat russisches Staatsgebiet annektiert, sondern Russland die Krim. Das haben die Journalisten berichtet.

Das große Aber lautet nun allerdings: Das darf natürlich nicht dazu führen, dass nur in einer Richtung ermittelt wird, handwerkliche Fehler gemacht werden, Schwarz-Weiß-Geschichten konstruiert werden, wo die Realität hauptsächlich aus Grautönen besteht. Und doch ist es passiert. Nicht immer ist alles richtig gewesen in der Berichterstattung von *ARD* und *ZDF*, doch wenn Fehler passiert sind, wurden sie jedes Mal benannt.

Die *ZDF*-Satiresendung *Die Anstalt* provozierte am 23. September 2014 mit schweren Vorwürfen gegen die gesamte Ukraine-Berichterstattung deutscher Medien, unterlegte die satirische Überspitzung aber mit Fakten und Beispielen, wie etwa der Geschichte in Odessa.

Am 2. Mai 2014 war es in der südukrainischen Hafenstadt am Schwarzen Meer zu einer Straßenschlacht gekommen, an deren Ende 42 Tote und 125 Verletzte zu beklagen waren. Proukrainische Nationalisten und Fußball-Ultras stießen auf prorussische Aktivisten, die sich nach schweren Kämpfen in ein Gewerkschaftshaus zurückzogen und dort Schutz suchten. Sie wurden jedoch verfolgt und attackiert von den Ukrainern, die Molotowcocktails in das Haus warfen. 42 prorussische Aktivisten verbrannten oder stürzten bei dem Versuch, sich zu retten, in den Tod. Die anwesende ukrainische Polizei griff großteils nicht oder zu spät ein.[239]

Das deutsche Medieninteresse daran war gering. Wenn es überhaupt gemeldet wurde, dann klein, aber vor allem – und das nährte den Verdacht der Nachrichtenmanipulation – wurde nicht berichtet, dass diesmal die »Guten«, nämlich Ukrainer, die »Bösen« waren. Und die »Bösen«, nämlich »prorussische Aktivisten«, waren die Opfer. Das passte nicht ins Bild von den friedlichen Maidan-Aktivisten, das anfangs von vielen Medien möglicherweise tatsächlich etwas voreilig und unkritisch gezeichnet worden war. Wir können das nicht wissenschaftlich belegen. Aber es hat offensichtlich eine Weile gedauert, bis sich hier herumzusprechen begann, wes Geistes Kind manche dieser Maidan-Oppositionellen sind.

Es passierten jedoch weitere Fehler: Ebenfalls im Mai 2014 zeigte die *Tagesschau* Bilder eines von russischen Separatisten abgeschossenen angeblich ukrainischen Hubschraubers, bei dem es sich in Wahrheit um einen syrischen Hubschrauber handelte.[240] Dies wurde tags darauf von der *ARD* korrigiert und wäre daher vielleicht toleriert worden, wenn nicht andere Pannen gefolgt wären, zum Beispiel am 20. Mai 2014:

Ein Korrespondentenbeitrag der *ARD*-Nachrichten handelte vom Tod zweier Zivilisten in der Ost-Ukraine, erschossen von russischen Separatisten. Ein Zuschauer machte den Sender auf Ungereimtheiten aufmerksam, der Korrespondent prüfte sein Filmmaterial noch einmal und musste zugeben: Nicht russische Separatisten waren die Todesschützen, sondern Angehörige eines ukrainischen Freiwilligen-Bataillons.[241] Der *Tagesthemen*-Moderator Thomas Roth entschuldigte sich.

Und das alles, nachdem zuvor schon ein Dokument bekannt geworden war, in dem es hieß, der *ARD*-Programmbeirat werfe dem eigenen Sender »antirussische Tendenzen« vor. Die Berichterstattung sei nicht umfassend genug, es fehlten Hintergründe und Kritik an der Politik von NATO und Europäischer Union.[242]

Auch das *ZDF* kam nicht ungeschoren davon. In einem Bericht der *Jüdischen Allgemeinen* wurde ein Beitrag der *ZDF*-Nachrichtensendung *heute* bemängelt, in dem am 8. September 2014 Mitglieder des nationalistischen Asow-Bataillons gezeigt wurden, die für die ukrainische Regierung die Stadt Mariupol beschützen sollten. An ihren Stahlhelmen trugen die Kämpfer, gut sichtbar für die TV-Zuschauer, Hakenkreuze und SS-Runen. Dies, so monierte der Radiomoderator Armand Presser, sei völlig unkommentiert geblieben, und er fragte: »Wird unsere sogenannte westliche Freiheit in Mariupol nun auch schon von paramilitärischen, faschistischen, der NS-Ideologie anhängenden Einheiten verteidigt?«[243]

Eine sehr polemische Frage. Niemand hat behauptet, in der Ukraine werde unsere Freiheit verteidigt, und wer unsere Freiheit als sogenannte bezeichnet, sollte vielleicht erst einmal begründen, wie er zu dieser Bezeichnung kommt, und wie viele Orte auf der Welt er aufzählen kann, an denen Menschen freier leben können.

Das *ZDF* wies die Vorwürfe zurück: Man habe »ukrainische Milizionäre mit Hakenkreuzen und ähnlichen Symbolen gezeigt, was im Text erläutert wurde. Der Reporter sprach von Hardlinern und Freiwilligenbataillonen aus nahezu jedem politischen Spektrum.« Die Einstellungen seien als Bilddokumente verwendet worden, um zu zeigen, »dass auch auf ukrainischer Seite Kämpfer mit zweifelhaftem politischen Hintergrund anzutreffen sind«.[244]

Angesichts von SS-Runen vielleicht nicht die optimale Einordnung des Gezeigten. Aber so etwas passiert. Es passiert, wenn man alles in einen Beitrag packen muss, der nicht länger als eine Minute und dreißig Sekunden dauern darf. Es passiert in der Hektik des Nachrichtengeschäfts, wenn aktuell und unter hohem Zeitdruck berichtet werden muss und nahezu stündlich Sendungen zu beliefern sind. Gründliche Hintergrundrecherchen sind in der Aktualität einfach nicht immer möglich.

Auch der *ARD*-Chefredakteur Thomas Baumann stellte sich vor seine Mitarbeiter und wies den Vorwurf einer einseitigen und tendenziösen Berichterstattung über den Ukraine-Konflikt zurück. »Es gab und es gibt zahlreiche Beiträge, Sendungen und Sondersendungen im Ersten Programm, die in der Summe die Lage in der Ukraine und die Ursachen der Krise differenziert und unter verschiedenen Aspekten thematisiert haben und thematisieren«, sagte er dem *Tagesspiegel*.[245] Die Korrespondentinnen und Korrespondenten vor Ort trügen unter schwierigsten Bedingungen mit ihrer Arbeit entscheidend dazu bei, das *ARD*-Publikum umfassend und so wahrheitsgetreu wie möglich zu informieren.

Ja, die Berichterstattung aus Kriegsgebieten ist schwierig und vielfältigen Restriktionen unterworfen. Reporter werden nicht vorgelassen, in ihrer Arbeit behindert, irregeführt, belogen, bedroht, sie sind immer in Lebensgefahr, und aus der Heimat rufen die Redaktionen an und fragen, wann sie endlich ihre Berichte liefern. Und auch sie bekommen es mit Fake-Fotos, Fake-Videos und Propaganda zu tun. Es kostet Mühe und Zeit, die vielen im Netz kursierenden Handy-Fotos und Handy-Videos echter oder nur vermeintlicher Zeugen auf Authentizität zu überprüfen.

Dabei passieren Fehler. Sie sind unvermeidlich. Sie passieren ohne Absicht, können aber, wenn sie sich häufen und so gut wie jedes Mal eine bestimmte Seite benachteiligen, den ohnehin schon herrschenden Verdacht verfestigen, dass es genau darum gehe: die bewusste Benachteiligung einer Seite. Daher sind solche Fehler höchst ärgerlich. Der Verdacht, die Medien hätten den Ukraine-Konflikt bewusst einseitig dargestellt, ihr Publikum manipuliert und belogen, bleibt trotzdem abwegig.

Hätte die Ukraine-Berichterstattung besser sein können, differenzierter, genauer? Vermutlich ja. Der Westen habe auf dem Maidan nur »todesmutige Demokraten wahrnehmen wollen, nicht die Ultranationalisten«, kritisierte die *WDR*-Chefredakteurin Sonja Mikich in den *Tagesthemen* am 4. März 2014. Lesern und Zuschauern vermittelte sich anfangs wohl tatsächlich ein stark kontrastiertes Gut-Böse-Bild: Hier die guten ukrainischen Demokraten, dort die bösen russischen Aggressoren.

Es war ein bisschen wie beim »Arabischen Frühling«. Da hatte man hierzulande auch gejubelt, weil man dachte, es seien Demokraten, die jetzt ihre orientalischen Despoten in die Wüste schicken. Und dann entpuppten sich viele von ihnen als Mörder, Folterer, Fundamentalisten, Nationalisten, Vergewaltiger, die alles Mögliche wollten, nur nicht die Demokratie und Freiheit für alle. Sie, die Gewalttäter, verdrängten die friedlichen Demonstranten, vor allem die nach Freiheit lechzenden Frauen, und machten aus dem »Arabischen

Frühling« jene Abfolge von Mord und Totschlag, die Millionen Flüchtlinge nach Europa getrieben hat.

Auch im Fall der Aufstände gegen arabische Diktatoren war die anfängliche Berichterstattung unserer Medien wohl von so vielen Hoffnungen, dem Wunsch nach Freiheit und Demokratie für die Unterdrückten und auch von zu geringer Kenntnis getränkt, dass wesentliche Aspekte zunächst übersehen wurden. Es ist gewiss nicht unsympathisch, wenn die Presse sich eine Zeit lang ein bisschen zu sehr von Hoffnungen und demokratischem Überschwang leiten lässt. Professionell ist es leider auch nicht.

Es sollten schon zuerst die Fakten kommen und danach die Wünsche. Und man sollte genau kennen, worüber man berichtet. Dennoch rechtfertigen unabsichtlich gemachte Fehler minderer Schwere nicht den Vorwurf der Lügenpresse. Die Instrumentalisierung der kleinen Lüge eines Schulkindes durch einen russischen Außenminister, die systematische Flutung der sozialen Netze mit Desinformation aus der Lügenfabrik – das ist von ganz anderem Kaliber als eine nicht ganz zufriedenstellende Einordnung von SS-Runen auf dem Helm eines ukrainischen Kämpfers in einem neunzigsekündigen Beitrag. Lügenpresse ist das, was durch Putins Politik entsteht. Das kann man leicht übersehen, wenn man sich auf die Beobachtung westlicher Beobachter beschränkt, nur nach deren Fehlern sucht, und nicht zugleich auch die Berichterstattung der von Putin und anderen Diktatoren gelenkten Medien im Blick hat.

DREI

Absturz der fünften Gewalt

Ungefähr ein Jahr nach Beginn der Shitstorms gegen die Ukraine-Berichterstattung kam es zu einem weiteren Ereignis, an dem die Herausbildung der »fünften Gewalt« zu beobachten war. Man konnte zusehen, wie sie sich formierte, es war zu erkennen, wie heterogen sich diese neue Macht darstellte und äußerte, und man konnte bereits die sich etablierenden Routinen erahnen, nach denen sich diese »fünfte Gewalt« bei künftigen Ereignissen verhalten würde. Man weiß jetzt außerdem, dass man einen Teil dieser fünften Gewalt manchmal ebenso wenig ernstnehmen muss wie den boulevardesken Teil der vierten Gewalt. Daher kann man das Zusammenwirken der neuen mit den alten Routinen teilweise nur noch als Persiflage auf die veränderte Medienmaschine beschreiben.

Was also war geschehen? Am 24. März 2015 zerschellt ein Flugzeug auf dem Weg von Barcelona nach Düsseldorf in den südostfranzösischen Alpen an einer Felswand. Alle 150 Menschen an Bord sind tot. Auf Millionen Smartphones macht es »ping«, und man liest: »Eilmeldung. Flugzeug abgestürzt.« Die Netzgemeinde verbreitet die Nachricht in Windeseile mit »OMG« (Oh my God) und »WTF« (What the fuck) und schaltet das Fernsehgerät ein.

Schnell erfährt man: Vor dem Absturz ging der Airbus der Fluggesellschaft Germanwings in einen achtminütigen Sinkflug. Kein Notruf wurde abgesetzt. Für die Flugsicherung war die Maschine schon nicht mehr erreichbar. Rätselraten.

Die Netzgemeinde, im Folgenden nur noch »das Netz« genannt, mit den Smartphones und Tablets in der Hand vor den TV-Geräten versammelt, möchte jetzt schnellstmöglich wissen, was da los war, wie es zu dem Absturz gekommen ist, wer im Flugzeug saß und wer schuld ist. Kann ja nicht so schwer sein im Zeitalter des Internets und der Smartphones. Das Fernsehen jedoch kann zu diesem Zeitpunkt nur wiederholen, was es schon gemeldet hat. Also beginnt das Netz zu kritisieren: Die wissen noch gar nichts, aber senden schon.

Am Absturzort haben die Untersuchungen begonnen. Das Fernsehen wartet auf erste Ergebnisse dieser Untersuchungen und berichtet, dass es auf die Untersuchungsergebnisse wartet. Eigentlich könnte das Fernsehen jetzt wieder normal im Programm weitermachen. Aber in den Sendern merken sie, dass die Zuschauer jetzt nicht das normale Programm sehen, sondern erste Einzelheiten über den Flugzeugabsturz wissen wollen. Also sendet das Fernsehen weiter und teilt sehr ausführlich mit, dass es noch nichts mitzuteilen gibt, dass es aber hofft, bald etwas mitteilen zu können.

Die Zuschauer bleiben dran und schimpfen im Netz, dass das Fernsehen nur endlos wiederholt, dass es noch nichts weiß. Warum hören die denn nicht auf damit? Können sich doch wieder melden, wenn sie etwas wissen.

Die Zuschauer hätten ihr Gerät nun ausschalten und einfach später wieder einschalten können. Tun sie aber nicht. Sie bleiben dran und bekommen mit: Das Fernsehen hört auf mit seiner Endlosschleife aus Nichtinformationen und macht weiter mit seinem normalen Programm.

Haben die sie noch alle?, tönt das Netz. Ein Flugzeug stürzt ab, 150 Tote, und die spulen einfach ihre Konserven ab, machen weiter, als ob nichts wäre? Geht denn Quote über alles? Man ist sich einig, dass das Fernsehen gerade wieder einmal katastrophal versagt.

Unterdessen recherchieren die Nachrichtenredaktionen, die Talkshow-Redaktionen und die Magazinredaktionen, wer ein Experte für Flugzeugabstürze sein könnte, wer einen interessanten Tweet oder einen kompetent wirkenden Facebook-Post abgesetzt hat, wen man sonst noch fragen könnte, wer überhaupt für irgendein Statement infrage käme. In den Flugsicherungsabteilungen, den Pilotenvereinigungen und bei Germanwings laufen die Telefone heiß.

Im Fernsehen läuft weiter das normale Programm. Das ist die Stunde der Emsigen. Sie folgen Twitter, melden aufgeregt jeden Tweet zu #Germanwings und alles, was rund ums Fliegen und über die südostfranzösischen Alpen und drum herum getwittert wird, mit dem Absturz in Südfrankreich aber nichts zu tun hat. Sie halten das für einen Informationsvorsprung gegenüber dem Fernsehen, diesem lahmen Medium für Omas.

Das Oma-Medium folgt ebenfalls Twitter, auch Facebook und was es sonst noch gibt im Netz. Aber nichts Sendefähiges ist darunter.

Das Netz verbreitet die ersten Gerüchte. Eine Bombe war an Bord, meldet einer, der jemanden kennt, der in Südfrankreich Verwandte hat. Ein Terrorakt, weiß ein anderer, sagt aber nicht, woher er es weiß. Kann nur ein Maschinenschaden gewesen sein, sagt einer, der sich als sachverständig ausgibt. Nein, widerspricht ein weiterer Sachverständiger, alles deutet auf menschliches Versagen hin. Nein, ein Versagen der Bordelektronik war's, weiß ein Nerd zu berichten und scheinbar schlüssig zu begründen. Bestimmt wieder ein islamistischer Selbstmordattentäter, vermuten die üblichen Verdächtigen.

Da atmen sie auf im Fernsehen. Endlich haben sie etwas,

was den Wiederholungen des schon mehrfach Wiederholten hinzugefügt werden kann: Gerüchte im Netz. Also unterbricht das Fernsehen das normale Programm: Gerüchte im Netz. Jedoch nicht bestätigt. Schaltung zum Korrespondenten und Frage: Können Sie bestätigen, dass … Nein, kann er/sie nicht. Schaltung zu einem Sprecher von Germanwings: Weiß man inzwischen mehr? Nein, wir wissen auch nicht mehr.

Wieso berichten die schon wieder, dass sie nichts wissen?, mault das Netz. Wegen irgendwelcher Gerüchte verschwenden die ihre Sendezeit. Sollen doch weitermachen mit ihrem normalen Programm, bis sie wirklich etwas wissen.

Im Netz werden die Gerüchte unterdessen als Tatsachen gehandelt.

Im Fernsehen berichtet das Fernsehen, dass es sich nur um unbestätigte Gerüchte handelt.

Im Netz twittert das Netz, dass alles falsch ist, was getwittert wird, das habe man soeben im Fernsehen gesehen. Was aber richtig ist, haben die Luschen vom Fernsehen noch immer nicht herausgefunden. Arbeiten viel zu langsam, diese zwangsgebührenfinanzierten Fernsehbeamten.

Plötzlich ein Rauschen im Netz. Erste echte Neuigkeiten! Jemand hat getwittert: Rettungskräfte am Unglücksort haben den Datenschreiber der Maschine gefunden.

Stimmt es denn?, fragt das Netz. Das Fernsehen berichtet ja nichts davon.

Das Fernsehen kennt den Tweet auch, hat jedoch noch keine Bestätigung von offizieller Seite und meldet daher nur, dass angeblich …

Pffft, sagt das Netz, diese Langweiler, kriegen die denn gar nichts auf die Reihe?

Dann meldet das Fernsehen: Fund des Datenschreibers jetzt offiziell bestätigt.

Na also, ruft das Netz, haben die im Fernsehen es endlich

auch mitbekommen. Wahnsinnig langsames Medium. Total von gestern. Wird es nicht mehr lange geben.

Das Netz hat das Wettrennen gegen das Fernsehen gewonnen.

Am nächsten Tag meldet das Fernsehen ein erstes Zwischenergebnis aus der Auswertung des Datenschreibers: Absturzursache weiter ungeklärt. Terroranschlag durch eine Bombe eher unwahrscheinlich. Die Staatsanwaltschaft Marseille ermittelt wegen fahrlässiger Tötung.

Also immer noch nichts Konkretes, schimpft das Netz. Wie lang brauchen die denn noch?

Daher sieht sich das Netz jetzt gezwungen, selbst zu »ermitteln«. Vor allem an dem Wort »fahrlässige Tötung« entzündet sich die Fantasie. Der Pilot könnte ein Muslim gewesen sein. Oder war's ein »Psycho«? Das Fernsehen berichtet über die »Ermittlungen« des Netzes und bezeichnet sie als nicht bestätigt.

»Muslim« und »Psycho« waren nun allerdings die falschen Wörter. Plötzlich geht es nicht mehr um den Flugzeugabsturz, sondern um die Wörter. Daran entzündet sich ein Kampf zwischen Korrekten und Unkorrekten.

Die Korrekten: Man sagt nicht »Psycho«. Das diskriminiert die psychisch Kranken. Und die Vermutung, der Pilot könne ein Muslim sein, ist Ausdruck von Islamophobie und Fremdenhass. Im Übrigen hat der Terror nichts mit dem Islam zu tun. Der Islam ist eine friedliche Religion.

Die Unkorrekten: Das ist uns wurscht. Wir sagen, was wir wollen. Wir lassen uns von niemandem den Mund verbieten. Wir sagen auch weiterhin Negerkuss. Und wie friedlich die Islamisten und Salafisten sind, das wissen wir.

Es kommt zu Entfreundungen. Die Entfreunder fordern ihre Freunde, die noch mit den Entfreundeten befreundet sind, auf, diese ebenfalls zu entfreunden.

Das Netz ist nun eine Weile abgelenkt, denn der zum 1001. Mal ausgetragene Streit über Political Correctness muss nun zum 1002. Mal in aller Ausführlichkeit ausgetragen werden, so leidenschaftlich wie immer, auf circa zwölf verschiedenen Niveaus von der primitiven Beleidigung bis zum philosophisch-religiös-philologischen Exkurs.

Zwei Tage nach dem Absturz, am 26. März, wird das Netz von seinem Zwang, über alles spekulieren, alles kommentieren, alles bewerten und sein gesamtes Nicht- und Halbwissen verbreiten und durch Scheinwissen kompensieren zu müssen, für kurze Zeit befreit, denn das Fernsehen wartet jetzt mit echten News auf: Die französische Staatsanwaltschaft hat die Tonaufzeichnungen aus dem Cockpit ausgewertet und daraus den Schluss gezogen, dass der Kopilot Andreas Lubitz das Flugzeug anscheinend absichtlich abstürzen ließ. Zuvor habe er den Piloten aus dem Cockpit ausgesperrt. Noch bevor der Staatsanwalt vor die Presse tritt, hatten die *New York Times* und die Agentur *AFP* berichtet, dass nur ein Pilot im Cockpit war.

Das muss das Netz jetzt erst einmal verdauen. Aus dem Verdauungsprozess entsteht, und das ist das Neue und Überraschende, ein Tribunal, das die Medien anklagt, den Namen des Kopiloten genannt zu haben. Sogar mit Foto. Das sei skandalös, unmenschlich gegenüber dem Piloten und dessen Angehörigen. Der Name des Piloten gehe die Öffentlichkeit nichts an. Die Medien hätten ihn niemals nennen dürfen.

Während von Tag zu Tag neue Einzelheiten zum Absturz bekannt werden, die Düsseldorfer Staatsanwaltschaft von einer psychotherapeutischen Behandlung des Kopiloten und suizidalen Absichten berichtet, die Lufthansa zu erkennen gibt, von einer früheren Depression des Kopiloten während seiner Ausbildung gewusst zu haben und die französischen Ermittler nach Auswertung des zweiten Flugschreibers zu dem Schluss kommen, dass praktisch keine Zweifel mehr an einem absichtlich herbeigeführten Absturz bestehen, beharrt das Netz auf seiner Anklage: Die Presse hat den Namen des Kopiloten genannt, und das hätte sie nicht tun dürfen. Eine gewaltige Empörungswelle, ähnlich groß wie zuletzt bei der Ukraine-Berichterstattung, schwappt wieder in die Redaktionen hinein. Abermals werden Reporter, Moderatoren, Journalisten beschimpft und beleidigt.

Dieser Empörung hatte auch der damalige Vorsitzende des Bundes Deutscher Kriminalbeamter im BKA, auf seiner Facebookseite freien Lauf gelassen – in einer Form, die nicht ganz jenes Maß an Zurückhaltung erkennen ließ, die der Dienstherr wohl von seinen Beamten erwartet. Aber was er schrieb, gab ziemlich genau den Tenor der im Netz aufgestauten Empörung wieder. Neumann wählte für seine Attacke die Form eines offenen Briefes an Kai Diekmann, den Chef der *Bild*-Zeitung, der diesen Brief offenbar nicht beantwortete.[246]

Der damalige Vorsitzende zeigte mit der ganzen Autorität eines deutschen Kriminalbeamten den Journalisten, wo der Hammer hängt, indem er anprangerte, dass sich eine Tragödie ereignet habe, unter der viele Menschen litten, auch die Öffentlichkeit. Und diese Öffentlichkeit interessiere sich jetzt vor allem für die Wahrheit. Und darum gehe es Diekmann und dessen zahlreichen Kollegen, die nicht besser seien, ganz sicher nicht. Ihnen gehe es um Auflagen, wofür man auch mal über Leichen gehe. Das weiß er also sicher, der Beamte, der offenbar schon länger auf einen geeigneten Moment, einen Anlass, gewartet hat, um sich die gesamte Journaille mal so richtig zur Brust zu nehmen.

Noch etwas weiß er aufgrund seiner Erfahrung mit Medienvertretern, mit denen er schon mal »punktuell zusammenarbeiten durfte/konnte/musste«: Dass Journalisten verhinderte Polizisten seien, die es nicht in die Polizeischule geschafft haben – eine originelle Vermutung, die den Faktencheck erst noch bestehen müsste, aber egal, darum geht es ja eigentlich nicht. Worum es dem Beamten eigentlich geht, wird erst am Ende seiner Suada deutlich, nämlich um den Unterschied zwischen einem Kriminalisten und einem Journalisten. Letzterer dilettiert als Hobby-Detektiv, vernimmt Zeugen, durchsucht Orte, klaubt »Beweise« zusammen, liest Berichte und bastelt daraus eine Wahrheit, die keinen Staatsanwalt und Richter überzeugen und keiner ordentlichen Verteidigung standhalten muss. Der Kriminalist dagegen, der ermittelt. Während er noch ermittelt, posaunen die nichtsnutzigen Schreiberlinge schon die Wahrheit hinaus, erdreisten sich, den Namen des Kopiloten mit Foto zu veröffentlichen. Für einen Polizisten, einen Profi, dagegen gebe es im Augenblick nur wenig außer Fragezeichen und unendlich viele Möglichkeiten, wie es gewesen sein könnte.

Die ellenlange Wutrede des Beamten wurde auf Facebook 1640mal geteilt, und ähnlich oft geteilt wurden ähnliche Wutreden gegen die Medien im Allgemeinen und die Namensnennung im Besonderen. Es war eine riesige Diskussion, und bis zum 1. April 2015 hatte der Presserat über 400 Beschwerden wegen Verstoßes gegen den Pressekodex gezählt.

Nur: Es war nicht die *Bild*, sondern die französische Staatsanwaltschaft, die bereits am 26. März, fünf Tage vor Neumanns Fragezeichensetzung und dreifach verkündetem Konjunktiv der Weltöffentlichkeit ganz ohne Konjunktiv mitgeteilt hatte: Es war der Kopilot, und er heißt Andreas Lubitz.

Nun stelle man sich vor, wie das Netz gehämt hätte, wenn das Fernsehen, die *Bild* und alle anderen deutschen Medien diese amtliche öffentliche Mitteilung tagelang unter Verschluss gehalten hätten, während ringsherum alle Welt schon informiert war. »Ich bin schon groß, liebes Fernsehen, die Wahrheit ist mir zumutbar«, hätte es im Netz dann geheißen. »Wozu zahlen wir Zwangsgebühren für diese Nachrichtenunterdrückerei?« wäre gefragt worden.

Unterstellungen sonder Zahl, Spekulationen, Gerüchte, Verschwörungstheorien hätten die Runde gemacht, wenn die deutschen Medien wie auf Verabredung den Namen des Kopiloten nicht genannt hätten. Wollen sie einen Skandal in der Pilotenausbildung vertuschen? Wollen sie uns verschweigen, dass da oben noch mehr solcher »Psychos« mit vollbesetzten Maschinen herumfliegen? Handelte der Pilot auf Anweisung der CIA? War er ein CIA-Agent ... Der Fantasie wären keine Grenzen gesetzt worden, wenn die deutschen Medien den Namen des Kopiloten verschwiegen hätten.

Im Ausland hatte es diese Empörung über die Namensnennung übrigens nicht gegeben. Sie war eine rein deutsche Besonderheit. Dass die Empörung nicht gerechtfertigt war, hatte auch der Presserat so gesehen und entschieden, dass die Veröffentlichung des Namens des Kopiloten rechtens gewesen sei.

Der bodenlos selbstgerechte Ton von Neumanns Brief gibt jedoch ziemlich gut den Inhalt und Ton der gesamten Medienkritik im Netz wieder. Die Presse wurde dafür verdammt, dass sie ihren Job gemacht hatte. Wenn sie sich in jenen Tagen zu einer einzigen Person verdichtet hätte, hätte sie gesagt: Ich glaub, mich tritt ein Pferd.

Und tatsächlich gab die Presse, auch das ein Novum, den Tritt zurück und bashte ihre Kontrolleure als Laienspielerschar, die ohne Kenntnis der Regeln professioneller Berichterstattung einfach immer nur draufhaut. Hielte man sich an die im Netz gemachten Vorgaben für korrekte Berichterstattung, bestünde sie nur noch aus offiziellen Verlautbarungen. Über alles andere, all die Geschichten und Wahrheiten hinter den Verlautbarungen, müsste dann der Mantel des Schweigens gebreitet werden, die Presse könnte ja »Gefühle« verletzen. Das wäre das Ende der Pressefreiheit und einer für das Publikum relevanten Berichterstattung. Habt ihr sie noch alle? – so ungefähr lautete die Antwort der Medienprofis auf das Kesseltreiben gegen sie.

Andere Journalisten gingen behutsamer vor, begründeten ihren Lesern in einer fast persönlichen Ansprache, warum sie Name und Bild des Kopiloten veröffentlicht hatten. Mathias Müller von Blumencron beispielsweise stellte auf *faz.net*[247] noch einmal ausführlich dar, was die Ermittler den Medien berichteten, und wies explizit darauf hin: »Es sind nicht irgendwelche Ermittler. Es sind die Spezialisten der Luftfahrtbehörde BEA, der französischen Untersuchungsbehörde für Flugunfälle. Es sind erfahrene Spezialisten, deren vorläufige Erkenntnisse der französische Staatsanwalt Brice Robin mitgeteilt hat, ein routinierter Jurist aus der Verbrechensmetropole Marseille.« Zu erfahren, wie es zu der Tragödie gekommen sei, sei das gute Recht der Öffentlichkeit und der Angehörigen der Opfer, schrieb Blumencron. So ein Unglück müsse »erklärt werden, denn nur so können wir es überwinden. Dafür sind Reporter da, Redakteure, Webseiten, Zeitungen und TV-Sender.« Es sei »die Psyche von Andreas Lubitz, die Unfassbares verursacht hat. Die Lösung ist nach gegenwärtigem Stand nur in der Person des Kopiloten zu finden. Wir müssen uns mit ihm beschäftigen, wir müssen ihn ansehen, wir dürfen ihn sehen.«[248] Natürlich habe die Redaktion sich die Entscheidung nicht leichtgemacht. Es sei ausführlich diskutiert worden, »denn auch wir hatten zunächst Zweifel«. Aber dann habe man sich entschieden, Name und Bild zu veröffentlichen, so, wie sich auch viele der führenden Nachrichtenagenturen und Medien von Weltrang entschieden hatten.

Für die »fünfte Gewalt« war der Germanwings-Absturz kein Ruhmesblatt, aber für die »vierte« kein Anlass, zur Tagesordnung überzugehen, denn es gab im Netz auch eine Kritik, die sich nicht an Lubitz entzündete, sondern an Exzessen der Berichterstattung über die Angehörigen der Opfer. Und diese Kritik sollte sich die vierte Gewalt ruhig anhören, denn sie verdient es, ernstgenommen zu werden. Es war ein Schüler, der den Medien die Leviten las. Davon handelt das nächste Kapitel.

VIER

Ein Schüler liest den Medien die Leviten

Unter den Passagieren jener Germanwings-Maschine, die in den südfranzösischen Alpen zum Absturz gebracht wurde, waren vierzehn Schülerinnen und zwei Schüler der 10. Klasse sowie zwei Lehrerinnen des Joseph-König-Gymnasiums in Haltern am See, einer Kleinstadt im Regierungsbezirk Münster. Die Schulklasse befand sich auf dem Rückflug von einem Schüleraustausch mit einem spanischen Institut.

Sofort nach Bekanntwerden dieser Tatsache sprang der Teil der Medienmaschine an, der darauf programmiert ist, das Opferleid auszuschlachten. Und so bewegte sich ein schnell wachsender Tross von Journalisten mit Kameras, Ü-Wagen und allem Drum und Dran in die kleine Stadt Haltern. Die Menschen dort wollten trauern, den Angehörigen Trost spenden, zusammenstehen – aber das konnten sie nicht, weil da diese rücksichtslose Maschine in die kleine Stadt gestampft kam und das Regiment übernahm.

Mika Baumeister, ein Schüler aus dem Halterner Joseph-König-Gymnasium, hatte dieser Maschine bei der Arbeit zugesehen und dann am 30. März 2015 ebenfalls einen Brief geschrieben, adressiert nicht an Herrn Diekmann, sondern an alle »Sensationsjournalisten«. Sie fragte er: »Haben Sie schon einmal auf einen Schlag viele Ihrer Freunde, Bekannte oder sogar Verwandte verloren? Nein? Bei der Berichterstattung einiger Medien merkt man das. Und gerade jenen Pressevertretern möchte ich raten, sich einmal zu überlegen, wie sie sich bei dem letzten Todesfall in der Familie gefühlt haben. Was würden sie wohl machen, wenn ihre große Trauer von einem noch größeren Aufgebot von Kameras gefilmt wird? In den letzten Tagen ist viel passiert, das aus Sicht vieler vollkommen widerlich ist.«

Baumeister fasst die Ergebnisse seiner Beobachtungen, Fragen, Gespräche mit Angehörigen von Opfern, Halterner Bürgern, Lehrern, Notfallseelsorgern, anwesenden Journalisten zusammen mit dem Satz: Die Berichterstattung in Haltern war nicht in Ordnung.[249]

Das Ganze habe ihn an den Zoo erinnert, schreibt er. »Die Presse hinter ihren Absperrungen begaffte uns Schüler – vergleichbar mit exotischen Tieren im Tierpark und neugierigen Besuchern.« Die solchermaßen von den Journalisten bedrängten Halterner Bürger versuchten dann, die Trauernden durch eine Menschenmauer zu schützen, die sich so vor die Kameras postierte, dass keine ordentlichen Aufnahmen gemacht werden konnten. Doch die Sensationsjournalisten haben ihre Tricks und mischten sich zum Beispiel als Notfallseelsorger getarnt unter die Schüler oder versteckten Handykameras unter einem Strauß Blumen.

In seinem Blog spricht der Schüler die Pressevertreter direkt an und erinnert sie an ihre Verantwortung und den Pressekodex, in dem es heißt: »Die Berichterstattung über Unglücksfälle und Katastrophen findet ihre Grenze im Respekt vor dem Leid von Opfern und den Gefühlen von Angehörigen. Die vom Unglück Betroffenen dürfen grundsätzlich durch die Darstellung nicht ein zweites Mal zu Opfern werden.« Diese Grenzen seien in Haltern überschritten worden.

Aber nicht nur ans Verantwortungsgefühl der Medien appellierte Baumeister, sondern auch an das der Medienkonsumenten, denn diese bilden den »Markt«. Es sind ihre Neugier, ihr Voyeurismus, ihre Sensationsgeilheit, die den Tross in Bewegung setzen, um an den Orten der Trauer die leidenden Menschen zu bedrängen. Und so schrieb Mika Baumeister:

»**Liebe Pressevertreter:** Erinnern Sie sich an die Versprechen, die einst bei der Entgegennahme des Presseausweises gegeben wurden. Zeigen Sie, dass Sie noch Scham und Mitgefühl empfinden. Versuchen Sie nicht, das exklusivste Bildmaterial zu bekommen, koste es, was es wolle.

Liebe Konsumenten von *Bild, Bunte* und Co.: Vermeiden Sie, die reißerischen Neuigkeiten zu lesen. Seriöse Portale bieten bessere Infos, hetzen weniger und sind generell objektiver. Sie finanzieren als LeserInnen im Prinzip die Journalisten, die letzten Endes bei den Angehörigen vor der Haustüre stehen. Vielleicht ist die Zwangsabgabe an *ARD, ZDF* und die Dritten gar nicht so verkehrt.«

Der Schüler aus Haltern kritisiert auch das, was in anderen Medien, gedruckten wie online verbreiteten, kritisiert wurde: stundenlange Sondersendungen, deren Informationsgehalt in zehn Minuten zusammengefasst werden könnte.

Und der Schüler fragt: »Reicht es denn nicht theoretisch, wenn nur 4 Kameras vor Ort sind? Etwa die *ARD* für die ersten, zweiten und dritten Programme, die *dpa* sowie *Reuters* für private Sender und die Lokalzeitung?«

Medienprofis mögen milde lächeln über so einen Vorschlag. Aber mildes Lächeln ist keine Antwort. Die Profis werden auf mittlere Sicht nicht darum herumkommen, ihrem Publikum ernsthaft zu erklären, warum es nötig sein soll, Journalisten in Bataillonsstärke mit Hunderten von Kameras und Dutzenden von Ü-Wagen auf Trauernde losgehen zu lassen, gezielt nach Weinenden zu suchen, diese zu fotografieren und vor ihre Mikrofone zu zerren. Sie werden irgendwann begründen müssen, warum Journalisten zu Hunderten vor Privathäusern herumlungern, hinter Absperrgittern stehen und die Menschen davor zu ihren Objekten machen. Sie werden gezwungen sein, ihre eigenen von ihnen für unantastbar gehaltenen Regeln der Berichterstattung zu überprüfen und sich dann zu rechtfertigen, wenn sie keinen Änderungsbedarf sehen.

Das ist das Neue an der Medienkritik in den sozialen Medien: Sie mag laienhaft sein, aber es ist das Recht von Laien, Fragen zu stellen und darauf Antworten zu bekommen. Viele Medienkonsumenten machen sich seit ein paar Jahren erstmals öffentlich Gedanken über die Medien, die sie nutzen, und fragen, teilweise noch ganz naiv, ob tatsächlich alles so gemacht werden muss, wie es die Medien machen.

Und das ist gut so. Laien haben den frischen unbefangenen Blick auf etwas, das sie nicht kennen. Dieser Blick kann betriebsblinden Profis signalisieren, dass ihre Regeln, die schon lange keiner Überprüfung mehr standhalten mussten, vielleicht mal auf den Prüfstand gestellt werden sollten. Vielleicht sind diese Regeln ja tatsächlich noch immer so gut, dass sie keiner Änderung bedürfen, wie die Profis glauben. Aber dann muss das den zweifelnden Laien begründet werden. Vielleicht sind aber auch einige dieser Regeln nicht mehr zeitgemäß. Dann sollten sie geändert werden, denn sie sind nicht das Evangelium.

Dass zahlreiche Leser und Zuschauer plötzlich rufen: »Halt, hört auf, macht langsam, lasst das weg!«, sei neu, schreibt Stefan Niggemeier in der *FAZ* vom 29. März 2015 und merkt an: »Die Frage nach dem Warum, die sie – unterschiedlich schrill – an die Medien richten, ist dabei teilweise erstaunlich schwer zu beantworten. Warum müssen wir in das Gesicht des Kopiloten sehen, warum seinen Namen wissen? Was würden wir verlieren, was gewinnen, wenn wir darauf verzichten?«

Und, so könnte man die Fragereihe fortsetzen: Wozu müssen im Fernsehen weinende Menschen gezeigt werden, die ihr Einverständnis dazu nicht gegeben haben? Und selbst wenn jemand ausnahmsweise zugestimmt haben sollte, vor der Kamera zu weinen, dann begründet doch mal, warum das relevant sein soll. Wie kann eine ausufernde mediale Präsentation von privater Trauer und einsamem Leid mit »öffentlichem Interesse« gerechtfertigt werden? Wer definiert dieses Interesse? Wer unterscheidet zwischen angemessener Information, Ausbeutung von Gefühlen und Befriedigung voyeuristischer Gelüste? Ist es gerechtfertigt, diese Entscheidung »dem Markt« zu überlassen? Schulmeistert man sein Publikum, wenn man ihm bestimmte Bilder aus Respekt vor den Opfern vorenthält? Es lohne »die Mühe, sich diese Fragen tatsächlich zu stellen«, meint Niggemeier.

Den Fragen nicht länger auszuweichen, die Vernunft ihrer professionellen Regeln zu begründen, das hat, wie im vorigen Kapitel erwähnt, Mathias Müller von Blumencron versucht. Das ist gewiss die bessere Art, mit Medienkritik umzugehen, als einfach zurückzukeilen – wobei auch das erlaubt sein muss, wenn die Kritik an Journalisten jedes Maß übersteigt. Umgekehrt kann es nicht schaden, wenn insbesondere die Sensationspresse auch einmal ins Visier der fünften Gewalt gerät.

Aber auch die fünfte Gewalt ist nicht über jede Kritik erhaben. In ihr hat sich während der letzten beiden Jahre eine selbstgerechte Attitüde der Unfehlbarkeit breitgemacht, die nach dem Prinzip urteilt »Das Volk hat immer recht, Begründungen sind gar nicht nötig«. Dass Einzelne und Gruppen so tun, als verkündeten sie die Meinung und den Willen

»des Netzes« und »des Volkes«, ist eine Unsitte und schon deshalb Unfug, weil dieses »Netz« viel heterogener, anarchischer, chaotischer und unberechenbarer agiert als die Presse und im Ganzen eine vielstimmige Kakofonie produziert, die sich selten auf einen Nenner bringen lässt. Selbst ein ausgewachsener Shitstorm muss nicht unbedingt identisch sein mit der Stimmung oder gar der Stimme »des Volkes«.

In diesem Medium, das gerne »das Netz« genannt wird, geschieht meist unverbunden und unorganisiert alles gleichzeitig: Da agiert der Mob und verbreitet schockierende Hassparolen, es agieren aber auch ernsthafte Diskussionsgemeinschaften, NGOs, politische Parteien, klassische Medien, Unternehmen und gewöhnliche Interessengruppen. Da urteilen viele über alles teils schrecklich inkompetent, mit starken Meinungen auf schwacher Informationsgrundlage und wackliger Argumentation. Manchmal verdrängen Gerüchte, Spekulationen und gezielte Desinformation die Wahrheit fast ganz. Oft jedoch informieren und kommentieren in diesem Medium Laien wie Experten kompetent, professionell und auf der Grundlage eines breiten, gesicherten Wissens. Für all das gilt genauso die Presse- und Meinungsfreiheit wie für das, was die klassischen Medien drucken und senden. Und manchmal passieren im Netz Dinge, die man tatsächlich vergleichen kann mit der Kontrollfunktion der klassischen vierten Gewalt. Dann ist es gerechtfertigt, von einer fünften Gewalt zu sprechen.

Im Fall der Ukraine- und der Germanwings-Berichterstattung hatte sich diese fünfte Gewalt erstmals laut und vernehmlich artikuliert. Die Stimme eines Schülers kann darin genauso viel Gewicht haben wie die Stimme eines Chefredakteurs. Das ist gut. Das ist demokratisch. Und die Medien werden sich unter dieser nicht mehr verstummenden öffentlichen Kritik verändern.

FÜNF

»Warum müsst ihr das zeigen? Wir wollen das nicht sehen«

Die Öffentlichkeit ist sehr sensibel geworden bei der Frage, wie man mit den Bildern von Toten und Verletzten umgeht. In den sozialen Medien wird nicht nur gefragt: Warum macht ihr das?, sondern auch: Ist es nötig, die Bilder von Opfern zu zeigen?

Möglicherweise ändert sich wegen solcher Fragen daher gerade ein Konsens, der unter Nachrichtenprofis über eine lange Zeit Gültigkeit hatte. Bisher war es Konsens, bestimmte Bilder, auch wenn sie schwer Erträgliches zeigten, wie Opfer eines Krieges oder jenen Flüchtlingsjungen, der tot am Strand liegt, zu bringen. Begründung: Es gehört zu unserem Auftrag, die Grausamkeit einer bestimmten Realität abzubilden. Das ist Information. In dieser Information liegt zugleich eine Kritik, die dazu beitragen kann, eine grausame Praxis zu beenden. Und: Der Öffentlichkeit ein aussagekräftiges, politisch brisantes Bild vorzuenthalten wäre Nachrichtenunterdrückung.

Andererseits sehen Nachrichtenredakteure fast täglich Bilder, die sie ihrem Publikum niemals zeigen werden – weil sie zu grausam sind, weil sie nicht informieren, sondern nur den Voyeurismus sensationslüsterner Gaffer bedienen, oder weil das Zeigen der Bilder gegen die oberste Regel ihres

Geschäfts verstieße: die Würde des einzelnen Menschen zu achten, gerade auch eines toten Menschen. Man darf ihn nicht benutzen, um Emotionen zu wecken oder voyeuristische Bedürfnisse zu befriedigen, auch nicht für den Zweck, die Grausamkeit eines Krieges zu dokumentieren und anzuprangern.

Aber wie entscheidet man in so einem Konflikt zwischen der Pflicht zu informieren und der Pflicht, kein Opfer zu instrumentalisieren? Die Diskussion solcher Grenzfragen ist schwierig, aber gehört zum Alltag jeder Redaktion, und trotz der Schwierigkeiten bei grenzwertigen Fotos sind die Redaktionen der seriösen Medien in der Vergangenheit oft unabhängig voneinander zur selben Entscheidung gekommen.

Neu aber ist, dass nun plötzlich eine breitere Öffentlichkeit mitredet und die Entscheidungskriterien auch der seriösen Medien infrage stellt. Entscheidet eine Redaktion »Wir bringen es«, heißt es in den sozialen Medien immer öfter: Ihr hättet das nicht bringen sollen. Ihr bringt das nur um eurer Auflage und Quote willen. Wir aber wollen das nicht mehr sehen. Wir wollen nichts mehr sehen, was die Opfer entwürdigt. Eigentlich eine klare Ansage. Aber man weiß nicht genau: Geht es diesen Sensiblen tatsächlich um die Würde der Opfer? Oder um ihre eigene Schonung? Will man einfach nur seine Ruhe haben und von der Unbill da draußen nicht behelligt werden? Oder ist die Öffentlichkeit inzwischen sensibler, als es scheinbar hartgesottene Journalisten sind?

Für Redaktionen stellt sich die Frage, ob sie sich diesem Druck beugen oder widersetzen sollen. Es ist eine Frage, die nur von Fall zu Fall entschieden werden kann. Aber vermutlich wird künftig häufiger entschieden: Wir bringen es nicht.

Ist das dann besser so? Wie kompliziert, ja wie unmöglich es ist, darauf eine allgemeingültige Antwort zu geben, soll kurz am Beispiel des weltberühmten, mit dem Pulitzerpreis ausgezeichneten Foto des »Napalmmädchens« skizziert werden, das jeder kennt. Das ikonografische »World-Press-Foto« des Jahres 1973 zeigt schreiende, weinende Kinder, die aus einem mit Napalm bombardierten Dorf rennen, groß in der Mitte die neunjährige Kim Phúc, der flüssiger Brennstoff aus Bombenkanistern große Teile ihres Rückens verbrannt hatte.

Wenn sich durchsetzen sollte, dass man um der Würde der Opfer willen bestimmte Bilder nicht mehr zeigt, obwohl sie vielleicht eine hohe politische und möglicherweise sogar politikverändernde Aussagekraft haben, dann wäre eine Veröffentlichung solch eines Fotos heute nicht mehr möglich. Und? Wäre das gut oder schlecht?

Lange Zeit wurde dem Foto nachgesagt, dass es zur Beendigung des Vietnamkriegs beigetragen habe. Dieses Foto habe das grausame Gesicht des Krieges gezeigt und die Stimmung in den USA und auf der Welt gedreht. Also war es doch gut, dass das Foto veröffentlicht wurde. Heute wären solch realistische Fotos vom Krieg gar nicht mehr möglich, weil die Militärs daraus gelernt haben. Sie lassen Reporter nicht mehr in Kriegsgebiete, und wenn, dann nur unter Aufsicht, sodass »schlimme«, also wahrhaftige Bilder vom Krieg kaum mehr machbar sind.

Das Problem daran ist nun – und das macht die Sache noch komplizierter –, dass sich ausgerechnet dieses Foto nur schlecht eignet, um die Frage zu klären, was Medien zeigen sollen und was nicht. Die Veröffentlichung dieses Fotos erscheint nämlich von heute aus betrachtet gleich aus mehreren Gründen als fragwürdig, in erster Linie natürlich wegen der Würde der darauf Abgebildeten. In zweiter, weil das Originalfoto beschnitten wurde und etwas anderes, das auch zur Realität des Krieges gehört, ausblendet. Drittens, weil es sich bei der dem Foto nachgesagten Wirkung, den Vietnamkrieg verkürzt zu haben, um einen Mythos handelt, und dieser Erstmythos einen zweiten Mythos schuf.

Gerhard Paul, Historiker an der Universität Flensburg und einer der weltweit führenden Kenner für »Visual History«, hat die Geschichte dieses Fotos erforscht.[250] Aber der Reihe nach: Auf dem unbeschnittenen Originalfoto sieht man nicht nur die schreienden Kinder, sondern am rechten Rand auch die fotografierenden Reporter, Journalisten bei der Arbeit, darunter den *Time Magazine*-Reporter David Burnett, wie er seelenruhig den Film seiner Kamera wechselt, während Kim Phúc schreiend an ihm vorbeiläuft. Durch den Beschnitt wirken die Napalm-Qualmwolken am Horizont äußerst bedrohlich, ebenso die Männer mit Stahlhelmen im Hintergrund – keine Soldaten, sondern Reporter, aber das wurde nicht mitgeteilt.

Das Originalfoto hätte also nicht nur »den Krieg« gezeigt, sondern auch das Verhalten der Journalisten in Kriegen gegenüber seinen Opfern. Es hätte die Aussage des beschnittenen Fotos relativiert und vielleicht eine ganz andere Diskussion in Gang gesetzt: Warum halten die Reporter es für wichtiger, Opfer zu fotografieren, als ihnen zu helfen? Eine Frage, die heute mit an Sicherheit grenzender Wahrscheinlichkeit in den sozialen Medien heiß debattiert würde.

Praktisch ungehört blieb auch, worauf der Vietnam-Veteran Ronald N. Timberlake mehrfach hingewiesen hatte: Als das Foto entstand, habe es an jenem Ort schon gar keine US-Bodentruppen mehr gegeben. Und hinter dem Bombenabwurf auf das Dorf steckten auch nicht die Amerikaner, sondern die südvietnamesische Luftwaffe. Die Amerikaner waren bereits dabei, sich aus Vietnam zurückzuziehen und den im Land längst unpopulär gewordenen Krieg den Vietnamesen zu überlassen. Das Foto mag also geholfen haben, die Antikriegsstimmung in den USA zu verstärken.

Aber dass es diese Stimmung hervorgerufen hat, ist ein Mythos.

Ihm folgte der nächste Mythos, ja eigentlich eine Farce: Das »Napalmmädchen« Kim Phúc, längst erwachsen, zieht mit ihrer Familie 1992 nach Kanada und wird zum Medienereignis. Vier Jahre später arrangiert ein kanadisches Fernsehteam am Vietnam Memorial in Washington ein Treffen von Kim Phúc und dem Vietnam-Veteranen John Plummer, der von sich behauptete, er sei es gewesen, der damals die Napalmbombe auf Kims Dorf abgeworfen habe. Mit den Worten »Ich verzeihe, ich verzeihe« begegnete Kim Phúc dem ehemaligen US-Captain, der seit 1990 Pfarrer einer kleinen Methodistengemeinde in den USA war. Ein ganzes Volk ist zu Tränen gerührt, Vietnam-Veteranen schluchzen. Dank dieser melodramatischen Geste der Vergebung ernannte die UNESCO Kim Phúc am 10. November 1997 zur ehrenamtlichen Botschafterin für eine Kultur des Friedens.

Nur: Plummer konnte nicht der Bombenwerfer gewesen sein, als der er sich bezichtigte. Erstens waren zu jenem Zeitpunkt keine Amerikaner mehr in der Region. Zweitens hatten Plummers ehemalige Vorgesetzte bestätigt, dass dieser in keiner Weise an den Ereignissen von 1972 beteiligt gewesen war. Und drittens hatte sich der südvietnamesische Pilot gemeldet, der es wirklich gewesen war.

Wäre dieses Foto veröffentlicht und mit zahlreichen Preisen bedacht worden, wenn man zum Zeitpunkt der Veröffentlichung all dies schon gewusst hätte? Wohl kaum. Und damit wird dieses Foto nachträglich zu einem Argument der sensibilisierten Öffentlichkeit, die sagt: Zeigt uns nicht alles, zeigt weniger. Werdet vorsichtiger im Umgang mit Bildern. Erst recht heute, da Bilder nicht mehr nur beschnitten, sondern von jedem Schüler beliebig manipuliert werden können.

Und das geschieht auch: Die »Zeigen oder nicht zeigen«-Diskussionen in den Redaktionen werden häufiger und intensiver. Auch Nachrichtenredakteure sind heute sensibler als früher. Und: Der Aufwand der Bildprüfung steigt angesichts der allenthalben grassierenden Fake-News-Produktion. Das *ZDF* leistet sich einen eigenen Redakteur, der gelernt hat, wie man erkennt, wer ein Foto oder Video wann wo gemacht hat, und wenn er es nicht erkennt, erkennt er zumindest, dass es manipuliert wurde oder der zugehörige Text nicht stimmt. Auch die *ARD* beschäftigt solche »Bild-Forensiker«, die zwischen echt und gefälscht unterscheiden.

An dieser Stelle danken wir dem ZDF-Redakteur Axel Zimmermann, der uns im Frühjahr 2017 einen Einblick gewährt hat in die Arbeit solch eines Bild-Forensikers – eine Arbeit, die vermutlich auch in zahlreichen anderen Sendern und Bildredaktionen gemacht wird, aber bald nicht mehr gemacht werden kann, wenn sich immer mehr Medienkonsumenten weigern, für seriösen, aufwändigen Journalismus zu bezahlen.

SECHS

Der Silvesterknall von Köln

Die Zeit, als sehr viele Bundesbürger vom Glauben an die Medien abfielen, waren die Tage nach der Silvesternacht 2015 in Köln. Das ist insofern kurios, als nicht Medienversagen, sondern Polizeiversagen am Anfang einer Entwicklung gestanden hatte, in deren Verlauf plötzlich gefragt wurde, ob man den Medien noch glauben könne. Dabei hätte die Frage lauten müssen, ob man der Polizei noch glauben könne, denn diese meldete am Neujahrstag des Jahres 2016: »Wie im Vorjahr verliefen die meisten Silvesterfeierlichkeiten auf den Rheinbrücken, in der Kölner Innenstadt und in Leverkusen friedlich.« Die Einsatzlage habe sich »entspannt« gestaltet – »auch weil die Polizei sich an neuralgischen Orten gut aufgestellt und präsent zeigte«.[251]

An dieser Pressemitteilung der Kölner Polizei stimmte nichts. Vermutlich hätte sie beste Chancen, als falscheste Polizeimeldung der Welt ins Guinnessbuch der Rekorde aufgenommen zu werden. Und auch die Zeit, die von dieser ersten Falschmeldung bis zu ihrer Korrektur verging, ist rekordverdächtig. Eine ganze Woche später, am 8. Januar 2016, stellte der Kölner Polizeipräsident der Falschmeldung vom 1. Januar eine »Aktualisierung« voran, in der er schreibt, die Meldung sei »inhaltlich nicht korrekt« gewesen. Er »habe bereits am 5. Januar in einer Pressekonferenz öffentlich den Fehler eingeräumt«.[252]

Den »Fehler«? »Bereits« am 5. Januar? Eine sehr maßvolle Beschreibung des Polizeiversagens! Was wirklich geschah in jener Nacht, ist bis heute nicht ganz klar, und vermutlich werden sämtliche Einzelheiten nie mehr vollständig aufgeklärt werden. Erst im Verlauf mehrerer Tage schälte sich heraus, warum diese denkwürdige Silvesternacht in Köln in die Geschichte der Bundesrepublik eingehen wird: Rund um den Kölner Hauptbahnhof und Dom wurden unzählige Frauen aggressiv sexuell bedrängt und bestohlen von jungen Männern überwiegend arabischer und nordafrikanischer Herkunft.

Ein halbes Jahr nach dieser Nacht resümierte das *Zeit Magazin*: »Alles zusammengenommen gibt es 1 276 mutmaßliche Opfer der Silvesternacht, von denen die meisten nicht in Köln leben. Von den 183 Beschuldigten gelten 55 als Marokkaner, 53 als Algerier, 22 als Iraker, 14 als Syrer, 14 als Deutsche. 73 Beschuldigte sind Asylsuchende, 36 hielten sich illegal hier auf, 11 hatten eine Aufenthaltserlaubnis. Bei den übrigen ist der Status ungeklärt. Acht Beschuldigte befinden sich noch in U-Haft.«[253]

Der *Spiegel* berichtete nach Auswertung des Untersuchungsberichts des Düsseldorfer Landtags: 1 222 Strafanzeigen gingen bei der Staatsanwaltschaft ein, 513 davon bezogen sich auf Sexualdelikte – aber bis heute wurden nur wenige Täter verurteilt, kaum Verdächtige ermittelt.[254] Wie viele Täter es nun wirklich waren, woher sie kamen, wie kurz oder wie lange sie schon in Deutschland lebten und was genau in anderen bundesdeutschen Großstädten in der Silvesternacht 2015 los war – darüber gibt es bis heute noch keine gesicherten Erkenntnisse. Und es wird sie wohl auch nicht mehr geben.

Der mehr als 1 400 Seiten umfassende Abschlussbericht des Düsseldorfer Untersuchungsausschusses zur Kölner

Silvesternacht stellt das Ereignis als die Folge mangelhafter Führung, Kooperation und Kommunikation bei der Polizei und anderen Behörden dar.[255]

Polizeiversagen also. Da war sich der Ausschuss einig. Gewiss auch Politikversagen. Da war sich der aus Parteipolitikern zusammengesetzte Ausschuss natürlich nicht einig.[256] Die CDU-Oppositionspolitiker des nordrhein-westfälischen Landtags wollten möglichst viel Schuld auf die Regierung abwälzen. Diese wollte möglichst wenig Fehler eingestehen. Normal. Bemerkenswert ist nur: Von »Medienversagen« ist in dem ganzen Bericht nicht die Rede.

Nun gut, kann man sagen, die Fehler der Medien waren ja auch nicht der Untersuchungsgegenstand. Stimmt, aber angesichts der schweren Geschosse, die in den Tagen und Wochen nach der Silvesternacht auf die Medien abgefeuert wurden, auch von Politikern, hätte sich eigentlich etwas in dem Bericht finden müssen, wenn die Beschuldigungen gegen die Medien wenigstens einen Hauch von Substanz gehabt hätten.

Immerhin war schon wenige Tage nach dieser Silvesternacht den Medien unterstellt worden, sie hätten die Ereignisse bewusst totschweigen wollen, aus Rücksicht auf die Flüchtlingspolitik der Bundesregierung. Der ehemalige Innenminister Hans-Peter Friedrich sprach gar von einem »Schweigekartell« und einer »Nachrichtensperre«[257] und wiederholte den Vorwurf auf *NDR Info*, wo er sagte, »es besteht der Verdacht, dass man glaubt, dass man über solche Übergriffe insbesondere von Migranten und Ausländern deswegen nicht berichtet, weil man nach Möglichkeit die Bevölkerung nicht beunruhigen will«. Als Friedrich von der Moderatorin darauf hingewiesen wurde, dass der *NDR* seit Montagnachmittag von den Vorfällen in Köln berichte, seit bekannt war, welches Ausmaß das Ganze habe, sagte Friedrich: »Das ist gut. Meinen Glückwunsch zu dieser Entscheidung.«[258]

Friedrich begab sich damit ins Boot der Pegida-Lügenpresse-Brüller, die in den sozialen Medien schon längst ihre Version der Geschichte verbreitet hatten: Merkel ist schuld. Sie hat die Flüchtlinge unkontrolliert hereingelassen, und an Silvester hat man nun gesehen, wen sie da hereingelassen hat. Die vergewaltigen unsere Frauen. Aber das Schweigekartell der Mainstream-Medien berichtet es nicht.

Auch an dieser Geschichte stimmte nichts, aber sie wurde geglaubt, und weil sie geglaubt wurde, fiel auf, dass man davon nichts in den Zeitungen las, nichts im Radio hörte und nichts im Fernsehen sah – ein klarer Fall für all jene Kämpfer um Deutungshoheit, die schon Bescheid wissen, noch bevor die Fakten bekannt sind. Für sie war klar: Zuerst wollte die Polizei die Sache vertuschen, dann wollten es die Medien, die mit Merkel unter einer Decke stecken. Der schlimmste Schurke in diesem Spiel: das *ZDF*. Das hatte sich auch dann noch geweigert, über die Silvesternacht zu berichten, als alle anderen schon berichtet hatten. So weit die in sich schlüssige Verschwörungstheorie.

Und jetzt zu den Tatsachen: Bis die bundesdeutsche Öffentlichkeit von der Silvesternacht erfuhr, eine Ahnung vom Ausmaß des Geschehens bekam und auch erfuhr, dass es in zahlreichen anderen deutschen Städten ebenfalls zu sexuellen Übergriffen durch junge Männer aus arabischen und nordafrikanischen Ländern gekommen war, vergingen tatsächlich mehrere Tage – im Zeitalter allgegenwärtiger Smartphones und sozialer Netze eine kleine Ewigkeit. Und damit irgendwie merkwürdig.

Aber das hatte nichts mit einer »Nachrichtensperre« oder einem »Schweigekartell« zu tun, sondern zunächst mit der schlichten Falschmeldung der Polizei am Neujahrsmorgen.

Diese Meldung hatte die feiertagsbedingt ausgedünnten Redaktionen erst einmal eingelullt. Aber bereits am Abend desselben Tages, also am 1. Januar 2016, zitierte die Kölner Lokalpresse – *Express*, *Kölner Stadt-Anzeiger* und *Kölnische Rundschau* – Frauen, die angaben, in der Nacht von Männergruppen beschimpft, bedroht, beraubt und massiv begrapscht worden zu sein. Von da an recherchierten die Kölner Zeitungen, der *WDR* und die Polizei, was wirklich geschehen war.

Am Samstagabend, also am 2. Januar, brachte die *SZ* als erste überregionale Zeitung eine kleine Meldung auf ihrer Webseite. Sie hatte die Nachricht von der *dpa*. Damit war die Nachricht nun also bundesweit bekannt in den Redaktionen. Aber natürlich wussten die Redaktionen zu diesem Zeitpunkt noch nichts vom ganzen Ausmaß der Übergriffe. Aber Tatsache ist: Sie reagierten. Sie berichteten, was sie wussten. *RP-online* meldete um 19.34 Uhr: »In der Silvesternacht kam es in Köln zu einer ungewöhnlichen Häufung von Übergriffen auf Frauen.«[259] Zahlreiche Redakteure von Regionalzeitungen aus ganz Deutschland, denen die dürre *dpa*-Meldung nicht reichte, hätten beim *Kölner Stadt-Anzeiger* angerufen und weitere Informationen erbeten, sagte dessen Chefredakteur Peter Pauls.[260]

Aber: Die Redaktionen waren noch immer dünn besetzt, denn man befand sich »zwischen den Jahren«, in denen viele Urlaub machen. Und die Nachrichtenlage war noch immer dünn, weil die Polizei noch recherchierte. Deshalb flossen die Nachrichten am 2. Januar noch spärlich.

Am Sonntag, dem 3. Januar, »meldete die Polizei die Festnahme von fünf Männern, die an diesem Morgen Frauen bedrängt hätten. Es werde geprüft, ob sie auch für ›eine Reihe ähnlicher Übergriffe in der Silvesternacht‹ verantwortlich seien. Das war der *dpa* 21 Zeilen wert, und mehr war in überregionalen Medien nicht zu lesen. Dagegen ließ der *Kölner Express* an diesem Abend ein Opfer ausführlich zu Wort kommen und erfuhr von Ermittlern, dass die Polizei inzwischen von bis zu hundert Tätern und mehr als 35 angegriffenen Frauen ausgehe.«[261] Erstmals meldete auch *bild.de*: »Albtraum in der Silvesternacht: Männer nutzten das Getümmel um den Kölner Dom, um Frauen sexuell zu belästigen und auszurauben! Über 30 Opfer …«[262]

Erst am 4. Januar sind die Medien bundesweit voll darauf eingestiegen, und zwar nach einer Pressekonferenz der Oberbürgermeisterin Henriette Reker und des Polizeipräsidenten Wolfgang Albers. Jetzt erst, während dieser Konferenz, offenbarte sich das ganze Ausmaß der Silvester-Übergriffe.

Eigentlich hätte sich die Öffentlichkeit nun für die Frage interessieren müssen, warum die Polizei nach so einer Nacht am nächsten Tag eine so grotesk falsche Meldung in die Welt gesetzt hatte. Und warum sie drei Tage gebraucht hatte, um zu berichten, was wirklich los war.

Aber stattdessen wurde gefragt: Warum haben die Medien so lange gebraucht? Schon die in der Frage steckende Behauptung, zu lang gebraucht zu haben, war falsch. Aber Medienbashing war gerade groß in Mode. Wen interessierte da noch, dass am Anfang eine Falschmeldung der Polizei gestanden hatte und es die Kölner Medien waren, die frühzeitig berichteten, dass mit der Polizeimeldung wohl etwas nicht stimmt?

Dass zunächst nur lokale Medien berichteten, ist normal, denn sie sind am nächsten dran. Und dass sie nicht gleich mit der vollen Wahrheit aufwarten konnten, liegt daran, dass sie nicht hellsehen können. Sie mussten erst einmal recherchieren, und Recherchen verschlingen Zeit. Die Tatsache aber, dass recherchiert wurde, zwang die Polizei, aufzudecken, was sie bis dahin selbst ermittelt hatte. So kam es zur Pressekonferenz am 4. Januar. Nun berichteten die Medien bundesweit davon. »Manches Medium tat es zunächst nur zögerlich.«[263] Zu den Zögerlichen gehörte auch das *ZDF*. Die *heute*-Nachrichten von 19 Uhr meldeten am Montag noch nichts von den Vorfällen.

Warum? Ich (PG) hatte in jener Woche Urlaub, ließ mir aber hinterher von meinen Kollegen berichten, wie es zu dieser Zögerlichkeit gekommen war. Sie sagten mir, die Vorwürfe, die auf der Pressekonferenz geäußert worden waren, waren für sie so unvorstellbar und noch nie dagewesen, dass sie taten, was man in solchen Fällen professionellerweise tut: nämlich Vorsicht walten lassen und nicht vorschnell etwas hinausposaunen, ohne die Faktenlage selbst geprüft zu haben. Die Redaktion verzichtete also vorerst auf die Meldung der Pressekonferenz, mit der Absicht, anderntags – mit besserem Überblick – einen sehr gründlich recherchierten Bericht zu bringen.

Kurz danach betrachteten die *heute*-Redaktion und die in die Entscheidungsfindung eingebundene Redaktionsleitung dies selbst als Fehler. Und gestanden ihn auch rasch ein. Via Twitter und Facebook entschuldigte sich der stellvertretende Chefredakteur einen Tag später, am 5. Januar: »Die Nachrichtenlage war klar genug. Es war ein Versäumnis, dass die 19-Uhr-*heute*-Sendung die Vorfälle nicht wenigstens gemeldet hat. Die *heute*-Redaktion entschied sich jedoch, den geplanten Beitrag auf den heutigen Tag des Krisentreffens zu verschieben, um Zeit für ergänzende Interviews zu gewinnen. Dies war jedoch eine klare Fehleinschätzung.«[264]

Chefredakteur Peter Frey, den ich im Mai 2017 noch einmal auf den Fall ansprach, ergänzte, es werde »leicht vergessen, dass das ZDF an jenem 4. Januar das Geschehen der Silvesternacht durchaus thematisierte: Zunächst auf der

Webseite *heute.de*, danach auch in den Sendungen *heute-journal* und *heute+*.« Am 5. Januar berichtete dann auch *heute* über die Silvesternacht. Auf die Sendung folgte um 19.20 Uhr ein *ZDF spezial*. Aber auch er spricht von einer redaktionellen Fehlentscheidung der *heute*-Redaktion.

Das nützte nun aber nichts mehr. Die 1 872-mal geteilte Entschuldigung des stellvertretenden Chefredakteurs auf Facebook wurde zwar 1 832-mal geliked, aber auch 2 317-mal kommentiert, meist kritisch, negativ, gehässig, beleidigend. Viele Kommentare mussten gelöscht werden, teils wegen Geschmacklosigkeit, teils wegen Verstoßes gegen Persönlichkeitsrechte anderer.

»Schlimm ZDF.heute«, so lautete ein typischer Kommentar, »was soll man Ihnen noch glauben? Und was wurde alles schon unterdrückt? Haben Sie auch bei anderen Sachen mitgemacht, zum Beispiel bei der IRAK-Lüge? Wie lange geht das schon so?«

Ein anderer: »Die berichten grundsätzlich aktuell, objektiv, unabhängig und ohne voreingenommen zu sein. Dass der Regierungssprecher, der Stefan Seibert, mal beim ZDF gearbeitet hat, ist nur purer Zufall!!! Dass er jetzt im Kanzlerzimmer arbeitet, deutet keinesfalls daraufhin, dass das Kanzleramt Einfluss in die Berichterstattung nimmt.«

»Leider kommt das ZDF schon länger nicht mehr seiner öffentlich-rechtlichen Informationsaufgabe nach und positioniert sich lieber als meinungsmachender Staatsrundfunk, wie es das DDR-Fernsehen war. Was nicht der gewünschten Meinung entspricht, wird nicht gesendet.«

Man war sich also einig auf Facebook: das *ZDF* ein Merkel-Sender, Staatsrundfunk, DDR-Fernsehen … Es entwickelte sich wieder die für die sozialen Medien typische Eigendynamik, nach der eine meinungsführende Keulenriege auf Basis von null Fakten den Ton und den Inhalt der Kommentare vorgibt, die dann geteilt und geliked werden und innerhalb kurzer Zeit so viel Zustimmung erhalten, dass die anfangs bekundete bloße Meinung plötzlich vielen als Wahrheit gilt, die weitere Zustimmung generiert.

Interessant zu wissen wäre, ob die in diesem Kapitel dargelegten Fakten die Kommentierer nachträglich überzeugen können, dass Merkel und Seibert nicht im *ZDF* anrufen und das *ZDF* nichts vertuschen, die *heute*-Redaktion keine Nachricht unterdrücken, sondern aus Vorsicht noch etwas warten wollte. Wahrscheinlich eher nicht. Wer sich einmal dafür entschieden hat, das *ZDF*, die *ARD*, die ganze »Mainstream-Presse« als Lügenmedien zu betrachten, wird durch Fakten kaum mehr umzustimmen sein.

Was helfen könnte, die eigene Überzeugung wenigstens einen Augenblick lang infrage zu stellen, wären zwei einfache Gedanken. Der erste: Das *ZDF* konkurriert gegen die *ARD*, das Privatfernsehen und alle übrigen Medien, und seine Berichterstattung wird verglichen mit der aller anderen Medien einschließlich der ausländischen und mit allem, was in den sozialen Medien berichtet wird – kann man angesichts dieser Konkurrenz und gegenseitigen Kontrolle wirklich ernsthaft annehmen, ein einzelnes Medium könne es sich erlauben, über die Wirklichkeit da draußen so zu berichten, wie sie nicht ist?

Dem Medienwissenschaftler Bernhard Pörksen fiel auf, dass sich die Verschwörungstheoretiker der digitalen Medien bedienen, aber »die Macht der Medien strikt vordigital, isoliert, personalisiert« denken. Das erscheine ihm seltsam unzeitgemäß. »Die Verschwörungstheorien kehren just in einem Moment zurück, in dem Medienwirkung in diffuse, unkontrollierbare Netzwerke diffundiert ist. Es wäre gerade heute für Journalisten in diesem Land unendlich schwer, systematisch Information zu unterdrücken.

Ihre Macht und Deutungshoheit ist gebrochen. Alles ist sofort sichtbar.«[265]

Zweiter Gedanke: Ist es für einen Sender wirklich erstrebenswert, Fehler zu machen, die sogleich entdeckt und darum öffentlich eingestanden werden müssen und eine Entschuldigung verlangen? Wer wirklich glaubt, das höchste Glück sämtlicher Redakteure aller »Mainstream-Medien« bestehe darin, ihr Publikum zu belügen, Regierungspropaganda zu betreiben und dafür von der Konkurrenz vorgeführt zu werden, der muss sich fragen lassen, ob er noch bei Verstand ist.

Aber zugegeben: Diese Silvesternacht hat die Gemüter aufgewühlt. Und bei vielen so sehr, dass man in den Tagen und Wochen danach manchmal denken konnte, dass sie den Verstand verloren haben. Das hat damit zu tun, dass dieses Ereignis je nach Interesse, Sorge und politischer Einstellung fast automatisch von jedem Einzelnen mit anderen Themen verknüpft wurde: Flüchtlingen, dem Islam, Sexismus, Rassismus, Lügenpresse, Sicherheit, Pegida, AfD, Landespolitik in Nordrhein-Westfalen, Flüchtlingspolitik der Kanzlerin, Obergrenzenpolitik der CSU und einer Menge weiterer Nebenschauplätze.

Der Hauptkriegsschauplatz aber entbrannte zwischen den Befürwortern und Gegnern der Willkommenskultur, die den Hintergrund der Erschütterungen und der ganzen Hysterie nach der Silvesternacht bildet.

Als Angela Merkel am 4. September 2015 einer Öffnung der Grenze zustimmte, schlug den ankommenden Migranten eine Welle der Empathie entgegen. Von dieser war anfänglich auch die mediale Berichterstattung getragen. Gegen beides, die Empathie und die Berichterstattung, regte sich bald schon Widerstand.

Einem Teil der Bundesbürger wurde angst und bang. Manche prekär Beschäftigten und Hartz-IV-Empfänger sahen in den Geflüchteten Konkurrenten um die knapp bemessenen Sozialleistungen: »Wir müssen um jeden Euro betteln und wegen jedes Kühlschranks große Formulare ausfüllen, und die kriegen einfach alles so hingestellt.« Und in den Zeitungen inszenierten sich ehemals liberale Intellektuelle, wie etwa Rüdiger Safranski, zusammen mit immer schon konservativen Intellektuellen von Botho Strauss bis Peter Sloterdijk, plötzlich als Grenzschützer. Ein Staat, der seine Grenzen nicht mehr kontrollieren kann, erinnere ihn an die zerfallenden Staaten in Afrika, sagte etwa Safranski.[266] Und auch: »Die Politik hat die Entscheidung getroffen, Deutschland zu fluten.«[267] Von einer »Flutung des Landes mit Fremden« sprach auch Botho Strauß im *Spiegel*.[268]

»Wochenlang dominierten vor allem im öffentlich-rechtlichen Fernsehen Bilder die Nachrichten, die dankbare Flüchtlinge und ihre begeisterte Aufnahme zeigten«,[269] schrieb etwa die *FAZ*. Und sie meinte es tadelnd. Die Probleme, die sich unser Land mit dieser Willkommenskultur aufhalste, seien von vielen Medien, besonders dem öffentlich-rechtlichen »Willkommens-Fernsehen«[270] (Michael Hanfeld, *FAZ*) verharmlost oder unter den Teppich gekehrt worden. Ins selbe Horn stieß Jan Fleischhauer vom *Spiegel*, der von einem öffentlich-rechtlichen »Erziehungs-Journalismus« sprach, der es sich zur Aufgabe gemacht habe, »die Flüchtlingspolitik der Bundesregierung medial zu flankieren«.[271]

Und Peter Sloterdijk sagte in *Cicero* (Februar 2016): »Der Lügenäther ist so dicht wie seit den Tagen des Kalten Kriegs nicht mehr.« Im Journalismus trete die »Verwahrlosung« und die »zügellose Parteinahme allzu deutlich hervor«. Das Bemühen um Neutralität sei gering, »die angestellten Meinungsäußerer werden für Sich-Gehen-Lassen bezahlt, und sie nehmen den Job an.« Wer »Lügenpresse« sagt, ist Pegida, wer jedoch »Lügenäther« sagen kann, ist ein Philosoph.

Aber zurück zu den Fakten: Die Merkel'sche Flüchtlingspolitik war schon lange vor der Grenzöffnung am 4. September 2015 einem Trommelfeuer der Kritik ausgesetzt, und danach hat es sich noch einmal verstärkt. Und selbstverständlich hat sich diese Kritik in den Medien niedergeschlagen, auch im öffentlich-rechtlichen Fernsehen. Dafür sorgten allein schon die lautstarken Wutbürger-Sturmtruppen mit ihren Pegida-Hassparolen, über die selbstverständlich auch berichtet wurde, wenn auch nicht so positiv wie über das Engagement der Mutbürger für die Flüchtlinge.

Auch die Einwände der »besorgten Bürger« wurden ernst genommen und konnten im Fernsehen geäußert werden. Die unflätig beschimpfte *ZDF*-Moderatorin Dunja Hayali hatte immer wieder das Gespräch mit Wutbürgern gesucht, Verfechter der Lügenpresse-These ins *Morgenmagazin* eingeladen, damit sie selbst überprüfen konnten, wie Fernsehen gemacht wird, musste aber die Erfahrung machen, dass die Kommunikation schwierig war. Dennoch durften Pegida-Anhänger im Fernsehen reden, durften immer und immer wieder ihre als »Sorgen« und »Bedenken« verkleideten Nazisprüche in die Kameras sprechen.

Dem Vorwurf, die »Mainstream-Medien« würden die Probleme der Integration und die damit verbundenen Sorgen, Nöte und Ängste zahlreicher Bürger kleinreden, verharmlosen, schönreden, ja sogar verschweigen, ist sogar die Redaktion der *ZDF-heute-show* einmal nachgegangen. Sie hat daher alle großen Talkshows der letzten fünf Jahre zum Thema Integration untersucht, und in der Sendung vom 22. Januar 2016 machte sich Oliver Welke den Spaß, sämtliche Titel herunterzurattern. Das dauerte. »Özil hui, Ali Pfui. Welche Einwanderer brauchen wir?« oder »Halt's Maul, du Opfer – wer stoppt die jungen gnadenlosen Gewalttäter?« oder »Auf Streife für Allah – vor welchem Islam müssen wir

Angst haben?« und so weiter. Am Ende bemerkte Welke: Seit 2010 war Integration 85 Mal Thema, und das allein schon in den großen Talkshows – die kleineren wurden nicht untersucht, ebenso wenig wie Hörfunk oder Zeitungen und Zeitschriften. Das tatsächliche Ausmaß der Berichterstattung zum Thema Integration wäre von keiner Redaktion zu bewältigen gewesen. Wer also von einem Schweigekartell spricht, ist entweder nicht informiert oder tut das wider besseres Wissen.

Doch auch der Vorwurf, Stimmungsmache *gegen* die Flüchtlinge zu betreiben und immer viel zu schnell zu berichten, wird erhoben. So klagte beispielsweise die *taz*, dass die Täter von Köln ohne entsprechende Belege vorschnell als Flüchtlinge bezeichnet worden wären,[272] und auch in den sozialen Medien kann man Pressebeschimpfungen dieser Art lesen.

Dass Anhänger einer liberalen Flüchtlingspolitik, auch Journalisten, nach den Ereignissen in Köln tatsächlich versucht haben, die Übergriffe zu verharmlosen, und lange nicht wahrhaben wollten, was da geschah, kann nicht bestritten werden. Jakob Augstein zum Beispiel kritisierte am 7. Januar 2016 auf seiner Facebook-Seite, dass Angela Merkel wegen der Vorfälle die Kölner Oberbürgermeisterin angerufen habe. Er fand das übertrieben und notierte: »Normalerweise fällt die Ahndung von Straftaten nicht in den Bereich der Bundeskanzlerin. Minderschwerer Straftaten schon gar nicht.« Sie seien ein »Fall für den Kölner Stadtrat, vielleicht für den Landtag des Landes Nordrhein-Westfalen«.[273] Man muss einem wie Augstein, für den »begrapscht« offenbar harmlos und »sexuell bedrängt« zu abstrakt klingt, vielleicht empfehlen, die Polizeiprotokolle zu lesen, in denen Frauen zur Anzeige brachten, was ihnen in jener Nacht angetan wurde.[274] Und es passierte nicht zehn und nicht hundert, sondern Tausenden von Frauen nicht nur in Köln. Auch aus anderen bundesdeutschen Großstädten wurden ähnliche Vorfälle berichtet.

Im weiteren Verlauf des Jahres 2016 wurde um die Flüchtlingspolitik in den sozialen Netzwerken ein hasserfüllter, brutaler Streit ausgetragen, mit gegenseitigen Schuldzuweisungen, Aufrufen zur Lynchjustiz, Rassismus und Sexismus. Interessanterweise waren sich beide Lager einig, dass die Medien lügen. Wer in seiner Weltsicht von ihnen nicht bestätigt, gar widerlegt wurde, schrie einfach Lügenpresse. Das hat viele Bürger so verunsichert, dass sie sich fragten: Wem kann man denn noch glauben? Es wurde zur Frage des Jahres.

Sechster Teil

VERTRAUEN, ABER NICHT BLIND

EINS

Wem kann man denn nun noch trauen?

Als in den 1960er-Jahren die »gesellschaftliche Konstruktion von Wirklichkeit« entdeckt wurde, war das ein interessanter neuer Aspekt der Erkenntnistheorie. Aber heute scheint diese Theorie auch in Köpfen angekommen, die ihren intellektuellen Anforderungen weniger gewachsen sind.

Besonders ein Gedanke dieses Theoriengebäudes faszinierte diese Köpfe, dass nämlich alles, was mit dem Anspruch von Wahrheit daherkomme, eine Anmaßung sei, weil es sich »in Wahrheit« immer nur um soziale Konstrukte handle, die nur unter bestimmten gesellschaftlichen Bedingungen und unter dem Druck von Macht- und Finanzinteressen zur Wahrheit erhoben würden. Stimmt schon. Aber auch diese »Wahrheit« ist ein Konstrukt und leidet unter dem Schönheitsfehler, dass sie sich nicht so generalisieren lässt. Eins und eins ist zwei und Berlin die Hauptstadt der Bundesrepublik Deutschland, das sind keine Meinungen, sondern Fakten, egal, ob man sich im Reich von Trump oder von Putin befindet.

Fakten zu Meinungen zu erklären ist allerdings leider gerade unter den Mächtigen der Welt en vogue. Trump ist damit nicht allein. Putin hat Leute, die fabrikmäßig Lügen produzieren, um damit Wahlkämpfe in westlichen Demokratien zu beeinflussen. Und Recep Tayyip Erdoğan erklärt jeden politischen Gegner zu einem Anhänger der Gülen-Bewegung, zu einem Spion oder Terroristen, um ihn ohne rechtsstaatlichen Prozess ins Gefängnis werfen zu können.

Und ihr Beispiel macht Schule. Fake News werden geglaubt und weiterverbreitet, echte News als Lügen gebrandmarkt, Fakten bestritten. Wenn heute ein x-beliebiger Herr Müller aus Itzehoe irgendwo im großen World Wide Web etwas behauptet, was keinem Faktencheck standhält und von Dr. Meier blitzschnell widerlegt wird, stampft Müller trotzig mit dem Fuß auf und sagt: Nichts für ungut, aber das ist halt meine Meinung. Und zahllose Schmidts und Hubers glauben lieber die Meinung von Müller als die Fakten von Meier.

Das ist eines der großen Probleme unserer Zeit: Eine wachsende Zahl von Zeitgenossen bestreiten aus einem demokratischen Missverständnis heraus (und auch, weil Trump und Putin es ihnen vormachen), dass es Fakten und Wahrheiten gibt, die längst entschieden und darum nicht mehr verhandelbar sind.

Nun geht es nicht in jedem Teilbereich der Wirklichkeit so eindeutig zu wie in der Mathematik oder in der politischen Geografie Deutschlands. Meistens ist es komplizierter, aber auch in komplizierten Fällen sind Annäherungen an die Wahrheit möglich – durch systematische Forschung, Prüfung und Verwerfung von Hypothesen, durch Diskussion, in der Argumente auf Gegenargumente prallen. Am Ende solch eines Prozesses hat man zwar nicht immer die Wahrheit gefunden, aber doch einige Gewissheit über das erlangt, was ganz bestimmt nicht die Wahrheit ist.

Meinungs-Inhaber von der Sorte »nix für ungut« jedoch begreifen Diskussion nicht mehr als den Versuch, sich durch Argument und Gegenargument der Wahrheit zu nähern und Fehlurteile auszuschließen, sondern als Austausch von Meinungen, die alle gleich viel zählen. Von da ist es dann nur noch ein kurzer Schritt zur Immunisierung gegen Fakten, recherchierte Tatsachen, erforschte Teilwahrheiten, wissenschaftliche Erkenntnis und begründete Theorien.

Aus dieser Immunisierung gegen gesichertes Wissen hat sich während der letzten Jahrzehnte jene weitverbreitete Anything-goes-Haltung entwickelt, derzufolge die Wissenschaft auch nur irgendein Weltbild unter anderen sei. Alle Weltbilder seien gleichwertig und gleichrangig, und ob man sich für ein wissenschaftliches entscheidet oder für ein religiöses, esoterisches oder x-beliebiges, liege im Belieben jedes Einzelnen.

Aber da liegt es eben nicht! Die Wissenschaft hat zwar auf dem Feld der letzten Fragen keine Berechtigung, sehr wohl aber auf dem Feld der vorletzten und vorvorletzten. Dort haben Religion, Esoterik, Ideologie, Weltanschauung und eigenmächtig konstruierte Weltbilder nichts verloren. Dort sollten wir der Wissenschaft trauen, denn sie verfügt über ein Wahrheitskriterium, das in diesem großen Bereich der Wirklichkeit sehr zuverlässig funktioniert: dem Unterschied zwischen Erfolg und Misserfolg. Dauerhafter Erfolg beruht auf der richtigen Wahrnehmung von Wirklichkeit. Beschreibungen von Wirklichkeiten, die auf Erfolg und Vorhersagbarkeit beruhen, kann man auch dann trauen, wenn man die Ursachen des Erfolgs nicht versteht und von allen damit zusammenhängenden Prämissen und Ableitungen keine Ahnung hat.

Seit Bauern kapiert haben, dass Kunstdünger auf ihren Äckern mehr bewirkt als Weihwasser, nehmen sie Kunstdünger. Gegen Tuberkulose half jahrtausendelang kein Glauben und kein Beten, kein animistisches, philosophisches oder esoterisches Weltbild. Was allein half, war die systematische Erforschung der Ursachen dieser Krankheit, die 1882 zur

Entdeckung des Krankheitserregers *Mycobacterium tuberculosis* durch Robert Koch führte. In den Jahrzehnten darauf wurden ein Impfstoff und ein Antibiotikum entwickelt.

Dass sich durch die Anwendung wissenschaftlicher Methoden Probleme lösen ließen, an denen alle, die sich in den Jahrtausenden zuvor daran versucht hatten, gescheitert waren, führte im 20. Jahrhundert allerdings zu einer großen Wissenschaftsgläubigkeit. Einen ihrer Höhepunkte feierte diese Wissenschaftsgläubigkeit, als es erstmals gelang, einen Menschen auf den Mond zu schießen und ihn von dort wieder heil zurückzubringen. Damals konnte sich jeder Laie denken: Ich verstehe zwar die Zusammenhänge zwischen Lichtgeschwindigkeit, Materie, Masse, Energie, Erddrehung, Planetenbewegung und Elektromagnetismus nicht, aber die, die das Projekt Mondlandung gestemmt haben, die müssen diese Zusammenhänge wirklich verstanden haben, sonst wären sie ja gescheitert. Wenn mir eine Pille den Schmerz nimmt, eine andere verhindert, dass eine Frau schwanger wird, wenn ein Kühlschrank kühlt und ein Flugzeug fliegt, sind das Beweise dafür, dass die Wissenschaftler zahlreiche komplizierte Zusammenhänge tatsächlich verstanden haben, und diese Beweise gibt es hunderttausend- bis millionenfach.

Daher braucht bis heute fast jeder, der an ein Schalthebelchen der Macht will, einen Universitäts- oder Fachhochschulabschluss, um zu dokumentieren, dass er die Methoden der Wahrheitsfindung beherrscht. Er häuft dann auf einem Spezialgebiet so viel Expertenwissen an, dass ihm kein Laie, kein Politiker und kein anderer Experte mit anderem Spezialgebiet mehr dreinreden kann. Der Experte hat das Sagen, und der Laie muss ihm vertrauen, ja, sich ihm ausliefern. Aber gegen dieses Vertrauen-Müssen auf die Experten, vor allem gegen deren wachsende Macht und deren Machtansprüche, regt sich Widerstand, nicht erst seit heute, sondern schon länger.

Zunächst war dieser Widerstand gut begründet. Die Experten selbst hatten ihn verursacht, und die Gründe dafür tragen Ortsnamen wie Tschernobyl und Harrisburg, Seveso, Bhopal oder die Asse. Die mit diesen Orten verbundenen Katastrophen sowie tote Fische im Rhein und in den Meeren, sterbende Wälder, geborstene Ölbohrinseln und schwere Havarien auf dem Wasser und in der Luft widerlegten all jene Experten, die zuvor behauptet hatten, so etwas sei nach menschlichem Ermessen ausgeschlossen. Zuletzt kam noch Fukushima hinzu. Auch das, was dort passierte, hätte nach den Berechnungen der Experten nicht passieren dürfen. Und selbst vom guten alten Kunstdünger wissen wir heute: Er verseucht das Grundwasser mit Nitraten und Phosphaten.

Eben das hat die Laien im Verlauf von Jahrzehnten immer misstrauischer gemacht. Eben das führt jetzt zur Rebellion gegen die Expertokratie. Und diese Rebellion hat sich inzwischen auf alle Arten von Experten ausgeweitet, denn: Finanzexperten haben uns die Finanzkrise beschert, Politexperten die Schuldenkrise, Nahost-Strategen die Flüchtlingskrise, Globalisierungs- und Freihandelsexperten die Jugend- und Massenarbeitslosigkeit, Bildungsexperten die Bildungskrise – und so weiter. Zuletzt hat es die Experten der Information getroffen, die Journalisten. Ihnen hatte man noch nie hundertprozentig über den Weg getraut, jetzt aber, so scheint es, kann man ihnen überhaupt nicht mehr glauben.

Was ist da zu tun? Wie sollen Experten und Laien damit umgehen? Wie kann Vertrauen neu begründet werden? Wie finden wir wieder heraus aus diesem Lügen-, Desinformations- und Propagandagestrüpp?

Die Lösung kann nicht in der Rückkehr zum Weihwasser liegen, und auch nicht darin, wie es einige schon empfehlen, aufs Impfen zu verzichten. Und schon gar nicht kann die Lösung darin liegen, dass wir die Unterscheidung von wahr und unwahr, richtig und falsch aufgeben und jede beliebige Meinung gleichermaßen gelten lassen.

Der erste Lösungsvorschlag, der uns einfällt, ist schon älter, es ist der viel zitierte Leitspruch des guten alten Immanuel Kant: »Habe Mut, dich deines eigenen Verstandes zu bedienen!«

Tatsächlich müsste dann jedem, der nur eine Minute lang von seinem Verstand Gebrauch macht, unter anderem dämmern, dass all die so übel beschimpften Eliten nicht ausschließlich aus jenen Idioten bestehen können, als die sie im Netz dargestellt werden. Wäre es so, wie die Expertenkritiker glauben, müssten wir in einem chaotischen Land leben, in dem nichts funktioniert. Unser komplexes Land mit all seinen hochkomplexen Subsystemen funktioniert aber auf eine so erstaunliche Weise gut, dass sehr viele Menschen aus weniger gut funktionierenden Ländern zu uns strömen, um hier zu leben.

Das Wasser, das aus den Hähnen kommt, ist sauber und bezahlbar. Die Müllabfuhr kommt pünktlich. Die Züge sind nicht immer pünktlich, aber meistens kommt man trotz Verspätung mit dem Zug schneller von München nach Frankfurt als mit dem Auto. Wird man krank, zahlt die Versicherung. Man hungert nicht. Werdende Mütter genießen Mutterschutz. Wer seinen Job verliert, bekommt Arbeitslosengeld, später Hartz IV. Wir haben eine funktionierende Justiz …

Man könnte noch tausend Einzelheiten aufzählen, die alle zu dem Schluss zwingen: Irgendetwas müssen diese Eliten und Experten richtig machen. Dass die Generation der heute 60- bis 70-Jährigen in ihrem Leben noch nie etwas anderes kennengelernt hat als Frieden und Freiheit in wachsendem

Wohlstand – daran können die Experten nicht ganz unschuldig sein.

Unser zweiter Lösungsvorschlag lautet: sich von der Illusion verabschieden, als mündiger Bürger könne nur der gelten, der sich über jedes Gebiet gründlichst informiert, um sich sein eigenes Urteil zu bilden. So haben wir das in Wahrheit noch nie gemacht. Weil es gar nicht geht. Schon bei der Aufgabe, unser Gesundheitssystem zu durchdringen, würden 99,9 Prozent der Bundesbürger scheitern. Und so verhält es sich mit jedem anderen komplexen System auch.

Also: Wir sind darauf angewiesen, uns auf Experten zu verlassen. Aber wir sind nicht darauf angewiesen, uns blind auf sie zu verlassen, denn man muss nicht kochen können, um einem Koch sagen zu dürfen, dass das Schnitzel, das er uns aufgetischt hat, eine Ledersohle ist. Und wenn man immer mehr Geld in die Krankenversicherung einzahlen muss und dafür immer schlechtere Leistungen bekommt, kapiert auch der Laie, dass die in diesem System agierenden Experten irgendetwas falsch machen.

Ein zweiter Grund dafür, dass wir Experten nicht blind vertrauen müssen, besteht in freien Gesellschaften darin, dass sich die Experten durch ihre Konkurrenz untereinander selber kontrollieren. Sie ringen um Einfluss, Geld, Posten, Aufmerksamkeit, Planstellen, Etats, Studenten, Publizität, Erfolg. Wer in dieser harten Konkurrenz als Experte versagt, wird von den anderen rasch identifiziert und aus dem Rennen geworfen.

Wenn das nicht geschieht, führt es dazu, dass ein Atomkraftwerk in die Luft fliegt, eine Bohrinsel brennt oder die Fische im Rhein verenden. Spätestens dann wird offenbar, dass schlechte Experten am Werk waren, und das führt – wiederum nur in freien, demokratischen Gesellschaften mit funktionierenden Institutionen – zu Konsequenzen. Die

Schlechten werden durch Bessere ersetzt. Kommen sie im Streit über die Lösung zu einem bestimmten Problem einmütig zur selben Antwort, ist die Wahrscheinlichkeit hoch, dass die Antwort gut ist.

Das wird aber nicht die Regel sein. Die Regel wird sein, dass sie streiten – vier Ärzte am Krankenbett, acht Meinungen. Und wir sind der Patient. Wem sollen wir glauben? Wie sollen wir uns entscheiden? Das beschreibt exakt die Situation jedes Bürgers in komplexen Gesellschaften.

In der Vergangenheit verlief der Entscheidungsprozess meistens so: Wir hören uns jede einzelne Meinung der Ärzte an, und am Ende entscheiden wir uns irgendwie, ohne genau begründen zu können, warum wir uns so entschieden haben, denn es bleibt immer ein letzter Rest von Unwägbarkeit, sodass am Ende Sympathien, Antipathien, das Bauchgefühl und bisher gemachte Erfahrungen den Ausschlag geben.

Inzwischen aber gibt es das Internet und die sozialen Netzwerke. Inzwischen gibt es zu fast jeder Krankheit Facebook-Gruppen, die sich über Ärzte, Therapien, alternative Therapien, Erfolge und Misserfolge austauschen, sodass Ärzte es jetzt mit vor-informierten Patienten zu tun bekommen. Oft aber auch mit fehl-informierten Patienten, denn Wahrheit und Stuss liegen in den sozialen Netzwerken nah beieinander. Der Arzt kann es mit Patienten zu tun bekommen, die sich im Netz so gut informiert haben, dass sie fast auf Augenhöhe mit dem Arzt die unterschiedlichen Therapiemöglichkeiten besprechen können. Er kann es aber auch mit einem Patienten zu tun bekommen, der sich ihm einfach anvertrauen sollte, es aber nicht tut, weil sein Kopf durch das Netz mit Schwachsinn zugemüllt wurde.

Daraus folgt unser dritter Lösungsvorschlag: Medienkompetenz entwickeln. Medienkompetent ist nicht, wer sich im Internet bei Amazon eine Drohne bestellen kann. Medienkompetent ist nicht, wer es in jedem Computerspiel auf den höchsten Level schafft. Medienkompetent ist nicht, wer sich als Unwissender in diversen Internetforen mit anderen Unwissenden so lange über nicht Gewusstes austauscht, bis er glaubt, er wisse etwas. Medienkompetent ist nur, wer in der Lage ist, seriöse Quellen von dubiosen zu unterscheiden und verlässliche Quellen zu suchen und zu finden.

Das kann man lernen. Dafür gibt es Kriterien. Zum Beispiel: Verlässlich ist eine Quelle, wenn ausgewiesene Experten Behauptungen belegen durch Verweise auf andere Expertisen. Verlässlich ist sie, wenn Gegenargumente, Gegenmeinungen – wiederum mit Quellenverweisen – genannt werden. Verlässlich ist sie, wenn sauber argumentiert und die eigene Position selbstkritisch reflektiert wird. Seriös ist sie, wenn sie sich der Kritik anderer Experten stellt und ihr argumentativ und mithilfe von Fakten und gesichertem Wissen begegnet. Überall dort, wo auch nur eines dieser Kriterien fehlt – Quellenangaben, Expertise, Argumente, Gegenmeinungen, Reflexion, Diskussion, Kontroversen –, ist Vorsicht geboten.

Um also die Frage, wem man denn noch trauen kann, endgültig zu beantworten: Vertrauen können Sie vor allem sich selbst. Sie selbst müssen anhand der soeben genannten Kriterien herausfinden, wem Sie außerdem noch vertrauen wollen, und sollten das vor sich selbst und anderen überzeugend begründen können.

ZWEI

Liebeserklärung an die Zeitung – und: ein Lob der »Zwangsgebühren«

»Wann immer ich wo auch immer ein mir noch unbekanntes Kunstmuseum betrete, stets tue ich das mit einem Gefühl der Spannung und des Staunens: Was mag mich da alles erwarten? Und: Dass das da alles auf mich wartet! Kunstmuseen nämlich zählen zu den ganz raren Orten auf dieser Welt, an denen man den Glauben an die Menschheit gewinnen bzw. wiederfinden kann: Entgegen jeder Wahrscheinlichkeit sind im Laufe der Jahrhunderte gut und gern 95 % aller wirklich wichtigen Bilder nicht in Privatsammlungen gelandet – sei es in Villen oder in Datschen –, sondern in jedermann zugänglichen Gebäuden, wo sie gegen wenig Geld betrachtet werden können und mit viel Aufwand für alle Zeiten gehegt und beherbergt werden müssen.«[275] So beschrieb der Dichter Robert Gernhardt die Neugier, ja das Hochgefühl, das sich bei ihm vorm Betreten eines neuen, ihm noch unbekannten Museums einstellt.

Im kleineren Maßstab und im Rahmen des Alltäglichen empfinden dieses »Gefühl der Spannung und des Staunens« auch wir, die zwei Autoren dieses Buches, jeden Morgen beim Frühstück vor dem Aufschlagen unserer drei Tageszeitungen *FAZ* und *SZ* und *Mainzer Allgemeine Zeitung*. Mal sehen, womit sie heute für uns aufwarten. Womit werden sie uns erfreuen? Oder ärgern – das auch. Aber vor allem: Was da alles drinsteht. Die Zeit reicht nie, um alles von vorne bis hinten zu lesen. Es ist auch nicht alles gleichermaßen interessant, unterhaltsam, relevant. Aber es bleibt doch immer genug, um sich während der Lektüre gegenseitig auf diesen oder jenen Artikel aufmerksam zu machen, ihn Freunden und Verwandten zu schicken oder ihn zum Anlass für ein Facebook-Posting zu nehmen. Oder selbst einen Artikel zu schreiben.

Unsere Lektüre bleibt indes nicht auf diese drei Zeitungen beschränkt. Schon von Berufs wegen sind wir Medienjunkies, müssen wir auch zur Kenntnis nehmen, was die anderen schreiben, die *FAS*, die *FR*, der *Freitag*, der *Spiegel*, der *Stern*, die *taz*. Wir hören die Wort-Sendungen von *BR*, *DLF*, *DLR*, *HR*, *SWR* und *WDR*, und natürlich gucken wir *ARD*, *ZDF*, *arte*, *3sat*, *ZDF Neo*, gelegentlich auch die Privaten, nichts davon systematisch, schon gar nicht vollständig, vieles online, via Links, auf die wir von Freunden, Kollegen, den eigenen Kindern aufmerksam gemacht werden.

Kein normaler Mensch verbringt so viel Zeit mit Produkten der Kollegen und der Konkurrenz wie Journalisten. Muss auch nicht sein, zeigt aber, welch eine Fülle an Informationsmöglichkeiten jeder Mensch in diesem Land hat. Und bis jetzt sprachen wir nur von deutschen Angeboten. Dank des Internet sind heute die *BBC*, der *Guardian*, der *New Yorker*, die *New York Times* oder die *Washington Post* nur einen Mausklick von einem entfernt, ebenso die anderen großen Zeitungen und Sender dieser Welt, dazu Blogs renommierter Wissenschaftler, anerkannter Juristen, Youtube-Videos öffentlicher Vorlesungen von Professoren und noch vieles mehr. Es war wirklich noch nie so billig und leicht wie heute, sich selbst ein zutreffendes Bild von der Welt da draußen zu erarbeiten.

Was wir vor allem sagen wollen: Zeitungen zählen zu den raren Dingen auf dieser Welt, die uns weiterhin an die Menschheit glauben lassen. Zeitungen – und natürlich auch Rundfunk und Fernsehen – betreiben einen gewaltigen Aufwand, um für jeden die ganze Welt lesbar zu machen. Sie berichten, recherchieren (manche ihrer Reporter unter Gefahr für Leib und Leben), analysieren politische, wirtschaftliche und gesellschaftliche Entwicklungen und helfen, uns und unsere Welt besser zu verstehen und uns in ihr zu orientieren. Die meisten Journalisten sind heutzutage hervorragend ausgebildet, vielsprachig, weit gereist, gut vernetzt und oft selbst Experten auf einem Gebiet. Und darum gefürchtet von den Diktatoren dieser Welt. Und stets die Ersten, die verhaftet, gefoltert, ermordet werden, wenn es ein autokratischer Herrscher geschafft hat, die Macht zu ergattern.

Daher meinen wir: Jeder sollte eine Zeitung seines Vertrauens haben, so wie man einen Bäcker, Metzger oder Friseur seines Vertrauens hat. Und jeder sollte bereit sein, die Arbeit der Journalisten so zu bezahlen, wie er seinen Bäcker, Metzger und Friseur bezahlt. Journalismus ist kein Hobby, sondern ein Dienst an der Demokratie und ein Dienst für jeden Bürger.

Zugleich aber sollte man es sich zur Pflicht machen, sich regelmäßig mit Meinungen zu konfrontieren, die einem persönlich nicht passen. Sie zwingen einen dazu, die eigenen Ansichten zu überprüfen, infrage zu stellen, ja vielleicht sogar, sie zu korrigieren oder zu ändern. Oder die eigene Argumentation zu verbessern.

Lange bevor der Begriff Filterblase geprägt wurde, gab es diese schon. Ihr entkommt niemand. Jeder bewegt sich immer schon in so einer Blase, denn jeder wird in ein bestimmtes Milieu hineingeboren, und dieses Milieu – katholisch, lutherisch, atheistisch, dörflich, städtisch, wohlhabend, ärmlich, kaufmännisch, wissenschaftlich, künstlerisch, handwerklich, Arbeiterviertel, Villenviertel – beeinflusst, was man glaubt, was man für wichtig hält, wem man vertraut, worauf man baut. Kein Mensch, auch kein Journalist, ist völlig frei davon, daher wird ein Journalist lieber bei der Zeitung arbeiten, die mit seiner eigenen Grundhaltung übereinstimmt.

Und daher stimmt es, was der Doyen der Medienforschung, Hans Mathias Kepplinger, sagt: »Journalisten sind keine Lügner, aber Gläubige, die ihre Sicht für die Wahrheit halten.«[276] Nur hat Kepplinger versäumt hinzuzufügen, dass dasselbe auch für ihn, den Forscher, gilt. Und für die Kunden der Journalisten, die Leser, Hörer, Zuschauer. Auch sie sind Gläubige und suchen sich das Medium, das sie in ihrem Glauben bestärkt und bestätigt.

Die *SZ* beispielsweise hat, grob gesagt, eine liberale Ausrichtung, mit Ausschlägen ins linke, bürgerliche und grüne Lager. Die *FAZ* dagegen ist konservativer, zumindest im Politik- und Wirtschaftsteil. Feuilletons tendieren sowieso fast alle in linksliberale Richtungen. Dennoch bleiben Unterschiede, die aus den Unterschieden der persönlichen Grundhaltungen der Redakteure resultieren.

Der Medienkonsument wiederum, der sich für das Medium entschieden hat, das ihn in seiner eigenen Grundhaltung bestätigt, macht die Erfahrung, dass dieses tatsächlich eher die Nachrichten auswählt, die ihn mehr interessieren als die Auswahl der Konkurrenzzeitung mit anderer politischer Ausrichtung. Die Zeitung seines Vertrauens empfiehlt ihm tatsächlich eher die Bücher, die Konzerte, die Kinofilme und die TV-Sendungen, die ihn mehr interessieren als das, was andere Zeitungen empfehlen. Und wenn er nicht aufpasst, plappert er nach, was ihm seine Zeitung eingeflüstert hat, und sieht die Welt so, wie deren Redakteure sie beschreiben. Deshalb ist es gut, wenn man – so wie man vor einer Operation im Krankenhaus eine zweite Meinung einholt – die eigene Filterblase öfter einmal verlässt und sich umhört, was in anderen Blasen so gesagt und gedacht wird. Überhaupt sollte man sich angewöhnen, möglichst oft zu reisen, nicht nur durch verschiedene Länder und Kontinente, sondern auch durch verschiedene Filterblasen. Auch das weitet den Horizont, stärkt das Vertrauen ins eigene Urteil und immunisiert gegen Verschwörungstheorien.

Vom Segen der fünften Gewalt

Wurde soeben gesagt, dass es noch nie so billig und leicht gewesen ist, sich zu informieren, wie heute, so muss jetzt ergänzt werden: Auch für die ganz großen Skeptiker mit ganz großem Misstrauen gegenüber allen etablierten Medien war es noch nie so leicht wie heute, sich zu informieren, und zwar abseits von den Etablierten. Deren wachsende Schwierigkeit, Qualitätsjournalismus zu finanzieren, führt gegenwärtig zum Entstehen einer Fülle neuer journalistischer Entwicklungen, meistens Online-Produkte, von denen einige wirklich geeignet sind, Skeptikern weiterzuhelfen.

Übermedien[277] zum Beispiel. *Übermedien* ist eine Online-Zeitung. Teile davon sind kostenlos, manche Texte nur für zahlende Abonnenten zugänglich. Stefan Niggemeier und Boris Rosenkranz versuchen nämlich, von dieser Dienstleistung zu leben. Und die ist ihr Geld wert, denn in *Übermedien* beobachten diese beiden professionellen Beobachter die professionellen Beobachter aller übrigen Medien.

Indem sie den Medienschaffenden auf die Finger sehen, deren Fehler aufdecken und Verstöße gegen den Pressekodex nachweisen, tragen sie dazu bei, die Medien besser und transparenter und die Journalisten demütiger zu machen.

Immer häufiger steht inzwischen unter Reisereportagen, dass die Reise des Journalisten von einem Touristikunternehmen bezahlt wurde, vereinzelt geben Wirtschaftsjournalisten an, ob sie Aktien der Firmen besitzen, über die sie berichten. Und so mancher Politikjournalist, der über einen Parteitag berichtet, legt inzwischen offen, ob er Mitglied dieser oder einer anderen Partei ist. Nichts davon ist ehrenrührig oder verboten, es ist nur viel sauberer, es den Leser, Hörer, Zuschauer wissen zu lassen.

Übermedien beobachten auch kritisch das bunte Treiben in den sozialen Netzwerken oder in anderen Internetmedien oder verlinken auf interessante Neuentwicklungen der Medienszene. Sie sind Teil der wahren »fünften Gewalt« und schon jetzt unentbehrlich für alle, die den Überblick behalten wollen im turbulenten Mediengeschäft und der gigantischen Datenhalde des Internets. Schon älter als *Übermedien* ist *BILDblog*,[278] das Onlinemedium, das ursprünglich auf die Beobachtung der *Bild*-Zeitung spezialisiert war und tagesaktuell Fehler in der Berichterstattung, ungenügend recherchierte Artikel, Schleichwerbung und Verstöße gegen den Pressekodex in *Bild*, *Bild am Sonntag* und *bild.de* identifizierte. Inzwischen wird auf *BILDblog* auch, wie in *Übermedien*, allgemeine Medienkritik betrieben, die sich auf deutschsprachige Zeitungen, das Fernsehen, Online-Medien und Nachrichtenagenturen erstreckt. Beide zusammen, *BILDblog* und *Übermedien*, bilden so etwas wie den harten Kern einer Gegenöffentlichkeit, und es ist ihnen zu wünschen, dass sie wirtschaftlich überleben.

Für eine dezidiert linke Gegenöffentlichkeit sorgt schon seit vielen Jahren der knorrige Albrecht Müller mit seinen Nachdenkseiten.* Der ehemalige Leiter der Planungsabtei-

* http://www.nachdenkseiten.de

lung im Bundeskanzleramt bei Willy Brandt und Helmut Schmidt streift mit seinen Beiträgen zwar manchmal die Grenzen der Demagogie, aber viele der auf diesem Portal veröffentlichten Gegenmeinungen, Gegenstatistiken und Gegenpolemiken regen tatsächlich zum Nachdenken an. Und wenn man den daraus abgeleiteten Schlussfolgerungen auch nicht folgen will oder kann und einem die mit innigem Amerikahass verbundene Putinfreundlichkeit oft gar zu weit geht, so wird man dort doch auf Tatsachen und Entwicklungen aufmerksam gemacht, auf die etablierte Medien erst später einsteigen.

Eine korrigierende Form von Öffentlichkeit stellen auch zahlreiche NGOs, Bürgerinitiativen und Bürgerbewegungen her. *Abgeordnetenwatch*[279] zum Beispiel durchleuchtet Abgeordnete. *Campact*[280] – nicht zu verwechseln mit dem rechtslastigen Lügenportal *Compact*[281] – informiert kritisch über den globalen Handel, Freihandelsabkommen, Schiedsgerichte, Gentechnik, Hormonfleisch etc. und startet Onlinepetitionen für dieses und gegen jenes. Es gibt zahlreiche weitere Bürgerbewegungen, die im Netz Informationen bereitstellen, zu Kampagnen aufrufen, Möglichkeiten bieten, sich in die Politik einzumischen, und etwas herstellen, was noch fehlt: eine europaweite, teilweise weltweite Öffentlichkeit. Eine Liste von Links zu solchen Netzaktivisten, die es wert sind, einmal angeklickt zu werden, fügen wir ans Ende dieses Kapitels.

Man sollte sie nicht als Ersatz für die Etablierten nehmen. Auch die neuen Medienprodukte haben nicht die Wahrheit für sich gepachtet. Auch bei denen tummeln sich Ideologen mit starken Meinungen und schwachem Faktenfundament. Aber als Ergänzung können sie nützlich sein, weil sie manches früher, anderes schärfer sehen und über manches umfassender berichten als die Etablierten.

Ein interessanter Versuch, in Zeiten von Geldmangel und Personalabbau in den klassischen Medien kritischen Journalismus weiter zu ermöglichen, ist Crowdfunding. Die *Krautreporter*[282] zum Beispiel übertrugen die Idee des Crowdfunding auf ihr Geschäft. Schwer zu sagen, ob sie überleben. Zu wünschen wäre es ihnen, denn sie schreiben und recherchieren mit Leidenschaft und Haltung.

Dass Journalismus per Crowdfunding funktionieren kann, zumindest anfänglich, wurde erst jüngst wieder bewiesen von einem Schweizer Team, das 2018 mit *Republik* starten und beweisen will, dass »Journalismus unabhängig von den Großverlagen existieren kann«.[283] Innerhalb weniger Wochen haben mehr als 13 000 Unterstützer Geld gegeben, damit eine Crew aufgebaut und ein Unternehmen gegründet werden kann, das ab 2018 mit unabhängigem Journalismus aufwarten will.

Einen ganz anderen, technologiegetriebenen und darum spannenden, innovativen Versuch, Journalismus neu zu etablieren, wagt *Merkurist.*[284] »Chefredakteur« ist eine Software, die auf den schönen Namen M3XO hört. Das Programm entscheidet auf der Basis von Leserdaten, was die Leser gerne wissen möchten, worüber sie informiert werden wollen und welchem Leser welcher Artikel geschickt wird. Echte Journalisten gibt es auch. Sie sind die, denen der »Chef« sagt, wo und was sie recherchieren sollen. Sie schreiben die Artikel und erfahren sofort, wie viele Leser sich dafür interessieren und wie sie ihn bewertet haben. Die schreibenden Redakteure nutzen aber auch selbst die kontinuierlich wachsende Datenbank, um herauszufinden, welches Thema morgen, übermorgen oder in einer Woche für die verschiedenen Nutzergruppen interessant werden könnte. Finanziert wird diese neue Art von Journalismus fast so wie der alte: über Werbung. Allerdings geht *Merkurist* auch dabei neue Wege, vom Verkauf über Werbe- und Premiumbanner an lokale Anbieter bis hin zur Marktforschung für einen einzelnen Blumenladen oder einem Content-Marketing-Artikel zu Stützstrümpfen.

Mehr etwas für Journalisten, aber durchaus auch nützlich für Mediennutzer, ist das Angebot des *Netzwerks Recherche*.[285] Der eingetragene Verein kümmert sich um den Journalistennachwuchs, bringt ihm Recherchetechniken bei, vermittelt Wissen über investigativen Journalismus, beobachtet aber auch die Medienszene und debattiert darüber. Viele auf der Webseite veröffentlichte Beiträge sind auch für Mediennutzer interessant.

Ebenfalls unentbehrlich ist *mimikama*,[286] die Fake-Polizei im Netz. Sie entlarven Falschmeldungen im Internet, rücken Tatsachen zurecht, warnen vor all den vielen Betrügern, die im Netz unterwegs sind und sich immer wieder neue Tricks einfallen lassen, um andere hereinzulegen, auszunutzen und auszunehmen.

Worauf man gern verzichten würde, sind die Lügen aus den russischen Trollfabriken. Aber auch dagegen ist inzwischen ein Kraut gewachsen: Es heißt *stop fake*,[287] ein vielsprachiges Onlineportal, das sich auf die russischen Desinformationskampagnen spezialisiert hat. Dort erfährt man regelmäßig, welche Märchen, Halbwahrheiten und Verdrehungen sich Putins Truppen diesmal wieder ausgedacht haben, was ein Foto oder Video wirklich zeigt, wo es wirklich entstanden ist, wer es gemacht, manipuliert oder gefälscht hat. Das Portal hat sich inzwischen zu einem umfassenden Informationsangebot entwickelt, in dem nicht mehr nur die Propaganda über die Ukraine untersucht wird, sondern auch die Methoden der Beeinflussung anderer Länder und Regionen, von Syrien über die Türkei bis hin zur EU und den ehemaligen Ländern der Sowjetunion.

Fassen wir also zusammen: Den deutschen Leitmedien –

FAZ/FAS, *FR*, *SZ*, *taz*, *Welt*, *Spiegel*, *Stern*, *Zeit* und den vielen seriösen Regionalzeitungen (ohne Anspruch auf Vollständigkeit) – können Sie trauen, weil sie von Profis gemacht werden, die ihr Handwerk gelernt haben. Sie haben gelernt, Propaganda von Fakten zu unterscheiden, Halbwahrheiten als solche zu erkennen, nach dem zu suchen, was man ihnen verschweigen möchte, und aus dem Gemisch aus Fakten, Propaganda, Lügen und Halbwahrheiten die Wahrheit herauszufinden. Das gelingt im Allgemeinen auch deshalb ganz gut, weil jeder, der einen Journalisten anlügen will, einen Konkurrenten hat, der ihm beweisen will, dass der andere lügt. Der Konkurrent tischt dann möglicherweise wieder andere Lügen auf, eben seine eigenen, aber da tritt dann der Bohr-Effekt ein: Der Physiker Niels Bohr hat auf einer Almhütte die verblüffende Erfahrung gemacht, dass man schmutziges Geschirr in schmutzigem Wasser wäscht und mit schmutzigen Tüchern trocken reibt, und am Ende ist das Geschirr sauber. Das beschreibt ziemlich gut, wie Journalisten arbeiten, um sich der Wahrheit anzunähern.

Sie können ihnen zweitens auch deshalb trauen, weil sie in Konkurrenz zueinander stehen und sich gegenseitig beobachten. Und alle zusammen werden neuerdings auch noch von dieser fünften Gewalt im Internet beobachtet – professionell von Online-Diensten wie *Übermedien* und *BILDblog*, semiprofessionell bis amateur- und laienhaft von allen übrigen Medienkritikern im Netz. Das ist der dritte Grund, warum Sie vertrauen dürfen. Alle drei Gründe zusammen schließen Lügen aus und reduzieren handwerkliche Fehler auf ein Minimum. Grobe Fehler werden sofort öffentlich. Wer trotzdem weiterhin behauptet, dass die Mainstream-Medien lügen, kann dies nur tun, wenn er sich dem Trumpschen Vorbild gemäß seine eigene Wirklichkeit aus »alternativen Fakten« konstruiert.

Sie können den Leitmedien auch trauen, weil sie derzeit unter dem wirtschaftlichen Druck, dem sie ausgesetzt sind, große Anstrengungen unternehmen, um ihre Attraktivität zu erhöhen und ihre Existenzberechtigung zu beweisen. Die *SZ* zum Beispiel hat sich mit dem *NDR* und dem *WDR* zu einem Rechercheverbund organisiert, um aufwendige Recherchen betreiben zu können. Diese sind rar geworden in Zeiten der Finanznot von Verlagen. Daher ist diese Kooperation zukunftsweisend. Diesem Rechercheverbund ist es zu verdanken, dass wir vom Whistleblower Edward Snowden erfuhren, was die Geheimdienste alles so treiben, wie sie in unseren E-Mails schnüffeln und sogar das Handy der Kanzlerin abhören. Der Verbund durchleuchtete die deutsche Salafistenszene, berichtete über die Legalisierung des Steuerbetrugs in Luxemburg, deckte den VW-Abgas-Betrug auf, und seinen bisher größten Coup landete er mit den Panama Papers, die inzwischen vom BKA aufgekauft wurden, was jetzt viele Geldwäscher, Mafiosi, Waffenhändler und Steuerhinterzieher zum Zittern bringt und zu Politikerrücktritten geführt hat.

Dagegen gibt es auch Kritik. Der Verband Privater Rundfunk und Telemedien, VPRT, wirft dem Rechercheverbund Wettbewerbsverzerrung zugunsten der *SZ* vor und hat daher Rechtsaufsichtsbeschwerde eingelegt. Außerdem meint der VPRT, die Zusammenarbeit der *ARD*-Anstalten mit einer Zeitung seien vom öffentlich-rechtlichen Funktionsauftrag nicht gedeckt.

Das mag aus Sicht einer Lobbyistenvereinigung so sein, aus der übergeordneten Sicht eines demokratischen Gemeinwesens jedoch kann man es nur begrüßen, wenn Medien kooperieren, um ihre Recherchepower zu erhöhen. Alle anderen Medien, die auch unter dem Druck von Google und Facebook stehen, sich deshalb aufwendige Recherchen kaum mehr leisten können und daher in ihrer Not die Zeitung mit verbrämten PR-Artikeln, Verlautbarungsjournalismus, zu viel Meinung und zu vielen Nichtigkeiten füllen und gleichzeitig ihre Mitarbeiter zur Selbstausbeutung zwingen, täten gut daran, diesen Zustand zu ändern, indem sie ebenfalls Kooperationen eingehen, um wieder gründlich recherchieren zu können. Daran sollten sie nicht gehindert werden. Und sie lassen sich auch nicht daran hindern. Andere Medien beginnen derzeit ebenfalls, sich Partner zu suchen, mit denen zusammen sie ihre Recherchepower steigern können.

Ein in dieser Hinsicht interessantes neues Projekt ist beispielsweise das internationale *Recherche-Netzwerk Investigate Europe*.* Sein Ziel: ein europäisches Thema gründlich und umfassend recherchieren und es dann in alle europäische Länder zu verkaufen, egal ob in Print, Radio, Fernsehen oder online. Damit soll eine europaweite Öffentlichkeit hergestellt und sollen Probleme und Skandale auf internationaler Ebene aufgedeckt werden. Anfang des Jahres 2017 berichtete es über das dysfunktionale EU-Grenzregime, im April 2017 über die Abhängigkeit europäischer Staaten und ihrer Verwaltung vom Softwarekonzern Microsoft.

Das Team besteht derzeit aus neun Journalisten aus acht europäischen Zeitungen, darunter dem Berliner *Tagesspiegel*. Noch steht es wirtschaftlich nicht auf eigenen Füßen und bedarf der Unterstützung durch die Hans-Böckler-Stiftung, die norwegische Stiftung Fritt Ord, die Stiftung Hübner & Kennedy, die Rudolf-Augstein-Stiftung und die Open Society Initiative for Europe.

Ein anderes Netzwerk ist *European Investigative Collaborations* (EIC),** an dem der *Spiegel* beteiligt ist. Einer der

* http://www.investigate-europe.eu/en/

** https://eic.network

ersten Berichte dieses Netzwerks beschrieb den internationalen Handel mit gebrauchten Schusswaffen und die Herkunft jener Waffen, die bei den islamistischen Anschlägen im vergangenen Jahr, etwa in Paris und Kopenhagen, verwendet wurden.

Als »erstes gemeinnütziges Recherchezentrum im deutschsprachigen Raum« bezeichnet sich *Correctiv*.* Das Team recherchiert nach eigener Aussage »langfristig zu Themen, die andere Medien zu wenig beachten«.**

Und auch gegen die internationalen Propaganda-, Verunsicherungs-, Manipulations- und Fake-News-Kriege ist inzwischen ein Kraut gewachsen, heißt Bellingcat (bellingcat.com) und wertet täglich hunderte von öffentlich zugänglichen Daten und Videos aus, um Lügen, Fälschungen, Desinformation aufzudecken. Das britische Bürger- und Recherchenetzwerk, gegründet von dem Blogger Eliot Higgins, hat schon vieles aufgedeckt, worauf sich zahlreiche Zeitungen und Medien, auch in Deutschland, stützen konnten: z. B. den Einsatz von Splitterbomben und Chemiewaffen durch das syrische Regime und die Beteiligung des russischen Buk-Raketensystem beim Abschuss des Air Malaysia Verkehrsflugzeugs MH17. Dafür wurde die Netzwerkplattform 2015 mit dem Hanns-Joachim-Friedrichs-Preis ausgezeichnet.

Rettet den Journalismus!

Sich gut und umfassend zu informieren ist heute wirklich kein Problem mehr, aber: Niemand weiß, wie lange das noch so sein wird, denn – und das ist nun schon mehrfach er-

* correctiv.org

** https://correctiv.org/correctiv/

wähnt worden – es wird immer schwieriger, guten, seriösen Qualitätsjournalismus zu finanzieren. Der kostet nun mal Geld. Und dieses Geld wird immer weniger und führt in einen Teufelskreis.

Die Medien müssen sparen, also streichen sie Stellen für Redakteure. Die Qualität des Journalismus sinkt, der Leser merkt's und kündigt das Abo. »›Da steht doch nichts mehr drin.‹ Wie oft habe ich in den vergangenen Monaten diesen Satz gehört als Begründung für die Abkehr von der Lokalzeitung«, schrieb Michael Konken, ehemaliger Bundesvorsitzender des Deutschen Journalisten-Verbandes, im Branchenmagazin *kress*.[288]

Die Einnahmen sinken weiter. Noch weniger Redakteure müssen die Zeitung machen. Die Qualität sinkt weiter. Und irgendwann ist Schluss. Und, sagt Konken, man solle sich nichts vormachen. All die Versuche, die jetzt gestartet werden, um Journalismus doch noch weiterhin finanzieren zu können – Crowdfunding, Spenden, Gelder der Bundesanstalt für politische Bildung, Stiftungen, Bezahlschranken, Querfinanzierung, Erfindung neuer Formate, die Neuerfindung der Presse im Internet – würden die Werbeetats, die mal die Kassen der Verlage gefüllt haben und jetzt in den Kassen von Facebook, Google und Co. landen, nicht mehr zurückbringen. Das alles werde »nicht reichen, um langfristig Qualitätsjournalismus in seiner Vielfalt zu sichern und Journalisten so zu honorieren, dass sie unabhängig arbeiten können« (Konken).

Viele Versuche werden früher oder später scheitern. Warum sollen die vielen, die nicht mehr bereit sind, ein Abo zu zahlen, plötzlich bereit sein, massenhaft idealistische Crowdfunding-Projekte zu finanzieren? Wie also kann gewährleistet werden, dass es auch künftig eine vierte Macht gibt, die den anderen Mächten kritisch auf die Finger sieht? Konken macht dazu einen Vorschlag, der bisher noch weitgehend auf taube Ohren stößt, bei Politikern genauso wie bei Journalisten und Bürgern: »Wir brauchen eine andere Finanzierung des Journalismus. Sozusagen eine Abgabe für den Journalismus. Staatsfern natürlich.«[289]

»Staatsfern« klingt natürlich gut. Das soll die vielen stolzen Journalisten beruhigen, die aufschreien bei dem Gedanken, dass ihre Arbeit künftig vielleicht durch eine Zwangsabgabe, eine Steuer oder wie immer man das auch nennen mag, subventioniert werden soll. Aber darauf läuft der Konkensche Vorschlag letztlich hinaus. Und er ließe sich auch rechtfertigen. Die Demokratie ist auf die Existenz einer freien Presse angewiesen. Wenn diese Existenz nicht mehr anders gesichert werden kann als durch eine Zwangsabgabe, dann muss sie von der Politik eben durchgesetzt werden.

Doch niemand spricht über diese Möglichkeit. Die Journalisten, von denen viele seit Jahren gegen die »Zwangsgebühren« des öffentlich-rechtlichen Fernsehens wettern, möchten auf keinen Fall mit diesen in einen Topf geworfen werden. Lieber geben sie sich weiterhin der Illusion hin, dass sich schon genügend Leute finden werden, die bereit sind, ihnen ihre Leitartikel, Reportagen, Feuilletons notfalls einzeln abzukaufen.

Aber, so möchte man die stolze Zunft fragen: Was macht es eigentlich für einen Unterschied, ob man durch Werbung oder durch Steuern subventioniert wird? Oder, wie einige neu gegründete Recherchenetzwerke und Online-Medien, durch Spenden?

Müssen sich Lehrer oder Pfarrer, die schon immer aus Steuern bezahlt werden, dafür genieren oder gar schämen? Was ist ehrenrühriger und gefährlicher für die eigene Unabhängigkeit: Vom Staat für seine Leistung Geld zu nehmen oder mit seiner Leistung hausieren zu gehen? Wer ist abhängiger: der steuer- oder der werbefinanzierte Journalist? Oder

der Journalist von Googles (Amazons, Facebooks) Gnaden? Und: Gibt es bei uns eine Berufsgruppe, die stolzer, freier und unabhängiger ist als jene unserer steuerlich finanzierten Richter?

Es wird ein weiter Weg sein, bis die Journalisten sich für diesen Gedanken öffnen. Es werden noch viele Zeitungen verschwinden, viele Redaktionen auf null gebracht werden und viele hoffnungsvolle Neugründungen und Neuerfindungen des Journalismus scheitern müssen, bis sich die Zunft mit dem Gedanken einer öffentlichen Subventionierung anfreunden wird.

Für die Demokratie könnte es dann schon zu spät sein, denn ausgerechnet jetzt, da es mit der Gutenberg-Galaxis zu Ende geht und niemand weiß, wohin die Reise gehen wird und wie die neue Zukunft gestaltet werden soll, brauchen wir mehr Information, mehr kritische Reflexion und mehr Orientierung als jemals zuvor. Die Entwicklung der künstlichen Intelligenz stößt demnächst in Bereiche vor, in denen Maschinen sehr viele Menschen arbeitslos machen werden. Sie wird verknüpft werden mit der Hirnforschung, der Gentechnik und mit Biocomputern. Wie soll der Mensch die Herrschaft darüber behalten? Die Technik, die es braucht, um eine Dystopie wie George Orwells *1984* zu realisieren, ist inzwischen ausgereift. Und ebenso die Technik, die Aldous Huxleys *Brave New World* ermöglicht, ja sogar eine Verschmelzung beider Horrorvisionen erscheint realisierbar, und in China arbeiten sie schon daran.

Dort haben sie damit begonnen, mithilfe von Big Data, Social Media und einem digitalen Punktesystem jegliches menschliche Fehlverhalten durch perfekte Kontrolle zu verhindern. In Shanghai gibt es dafür schon die entsprechende App »Ehrliches Shanghai«. »Du lädst sie herunter. Dann meldest du dich an. Die App scannt dein Gesicht. Erkennt dich. Und ruft die Daten ab. Im Moment könne sie pro Bürger exakt 5 198 Einzelinformationen von insgesamt 97 Ämtern und Behörden liefern.«[290] Noch ist das ist eine Spielerei, die Teilnahme freiwillig. Aber bald schon nicht mehr. Bis 2020 soll in ganz China jeder einzelne Bürger erfasst werden mit dem Ziel, einen Algorithmus anhand aller verfügbarer Daten einer Person entscheiden zu lassen: Ist diese Person vertrauenswürdig oder nicht?[291]

Jeder erhält ein Punktekonto, wird hochgestuft oder abgewertet. »Du kannst ein AAA-Bürger sein (›Vorbild an Ehrlichkeit‹, mehr als 1 050 Punkte). Oder ein AA (›Ausgezeichnete Ehrlichkeit‹). Du kannst aber auch abrutschen zu einem C mit unter 849 Punkten, ›Warnstufe‹. Oder gar zu einem D mit weniger als 599 Punkten, also ›unehrlich‹. In dem Fall kommt dein Name auf eine schwarze Liste, die Öffentlichkeit wird informiert, du wirst zum ›Objekt signifikanter Überwachung‹.«[292]

Es wird sehr viele mündige Bürger brauchen, die sehr gut informiert und auf der Höhe ihrer Zeit sein müssen, um solche am Horizont auftauchende Gespenster eines neuen Totalitarismus zu bannen. Wie soll das gelingen ohne aufklärende Medien, ohne eine demokratische Öffentlichkeit und ohne öffentliche Diskussion? Und: Ohne entsprechende Bildung dieser Bürger? Denn auch das ist ein Faktor, der während der letzten zwanzig Jahre sträflich vernachlässigt wurde: politische Bildung. Wenn das Bedürfnis nach politischer Information nicht schon in der Schule und im Elternhaus geweckt wird, dann wird es später kaum von selbst entstehen, wird es keine mündigen Bürger geben, die einen Bedarf an Information haben, also auch nicht an Medien, die diesen Bedarf decken könnten. Dann könnte die Demokratie eine kurze Episode der Geschichte gewesen sein.

Und, ja, auch die »Zwangsgebührensender« sind ein Segen

Wir möchten das nicht. Wir möchten, dass die Demokratie auch in der Zukunft Bestand hat. Wenn diese Zukunft aber gefährdet ist, weil die Existenz freier Medien gefährdet ist, dann ist es umso wichtiger, den öffentlich-rechtlichen Rundfunk zu erhalten. Uns ist klar, dass wir damit eine unpopuläre Forderung erheben und querliegen zu allen Parolen gegen die sogenannten »Zwangsgebührensender«. Und ja, wir sind in dieser Angelegenheit voreingenommen und befangen, aber denken, dass wir die Notwendigkeit des öffentlich-rechtlichen Rundfunks zum Teil schon im vorigen Abschnitt teilweise begründet haben.

Wir möchten dieses Kapitel und dieses Buch daher beenden mit einem Plädoyer für den öffentlich-rechtlichen Rundfunk. Was ihm immer als Nachteil und Schwäche ausgelegt wird – der Einfluss der Politik –, ist auch eine Stärke, zumal jetzt, da ihr Einfluss höchstrichterlich begrenzt worden ist. Es muss auch einmal gesagt werden, dass es sich bei den Politikern in den Gremien weder um Unmenschen noch um Diktatoren handelt, sondern um demokratisch gewählte Repräsentanten, die sich zudem gegenseitig in Schach halten, da ja immer auch die jeweilige Opposition mit am Tisch sitzt. Außerdem konkurrieren die Öffentlich-Rechtlichen gegen die Privaten und die immer noch zahlreich vorhandenen Printmedien, die ebenfalls eine Kontrollfunktion ausüben.

Natürlich stehe der Rundfunkbeitrag »quer zum Zeitgeist«, wie Hermann Eicher, Justiziar des *SWR*, uns sagt. Denn es herrsche die Mentalität: »Ich zahle nur für das, was ich auch nutze. Es ist das Prinzip vieler Angebote vom *Sky*-Abo mit Livespielen der Fußball-Bundesliga bis zu Streaming-Diensten wie Netflix oder Amazon Prime« (Eicher).

Machte man sich diese Logik zu eigen, dürfte der öffentlich-rechtliche Rundfunk nur noch senden, was sich rechnet. Alle Minderheitenprogramme entfielen, und er verlöre gerade das, was seinen Wert ausmacht. Und er unterschiede sich nicht mehr von den Privatsendern, von denen es schon genügend gibt. Das Hörfunkkulturprogramm *SWR2* zum Beispiel »bräuchte viermal so viele Hörer, wie es tatsächlich hat, wenn es sich allein aus den Rundfunkbeiträgen seiner Hörer finanzieren müsste. Die Auslandskorrespondentenplätze von *ARD* und *ZDF* müssten aufgegeben werden, wenn ihre Kosten von den Beiträgen derer bestritten werden müssten, die sich die Korrespondentenberichte anschauen. Eine schnelle, unabhängige Berichterstattung von den Brennpunkten dieser Welt wäre unmöglich, wenn nur jene zahlen würden, die gucken«. (Eicher).

Anspruchsvolle Mediennutzer klagen gerne: Ich würde ja nichts sagen, wenn ich für mein Geld Qualität erhielte statt Florian Silbereisen, Stefanie Hertel, immerzu Helene Fischer, die vielen Quiz- und Quasselformate, Telenovelas, Klatschmagazine, Rosamunde Pilcher und das Traumschiff.

Aber es gibt ein Publikum, das genau dies will. Und dieses Publikum zahlt denselben Beitrag, den der anspruchsvolle Nutzer zahlt, der dafür lieber die Berliner Philharmoniker, die Doku über Neo Rauch und die Serie *Breaking Bad* möchte. Und übrigens auch bekommt. Und das alles deshalb bekommt, weil das Telenovelapublikum Neo Rauch und die Berliner Philharmoniker mitfinanziert.

Ja, aber das wird doch immer so spät gesendet, klagt der anspruchsvolle Mediennutzer. Sollte das wirklich noch ein Problem sein in Zeiten von Mediatheken und Internet? Und die programmierte Aufzeichnung von Sendungen, an der früher sogar Akademiker scheiterten, beherrscht inzwischen jedes Kind.

Nein, die »Zwangsgebühren« sind eine Solidarabgabe, die dadurch, dass wirklich alle sie zahlen, relativ geringgehalten werden kann und doch so viel Geld einspielt, dass damit ein Programm gestaltet wird, von dem sich sagen lässt: Was mag mich da alles erwarten? Und: Dass das da alles auf mich wartet!

Und darüber hinaus zum Funktionieren der Demokratie beiträgt.

Links zu Bürger-, Informations- und Recherchenetzwerken

abgeordnetenwatch.de
bellingcat.com
campacte.de
correctiv.org
die-offene-gesellschaft.de
eic.network
europa-neu-begruenden.de
freedomhouse.org
freespeechdebate.com
indivisibleguide.com
investigate-europe.eu
opendemocracy.net
pulseofeurope.eu
restart-europe-now.eu
trulies-europe.de
wemove.eu
wir-haben-es-satt.de

DREI

Die acht wichtigsten Regeln für Mediennutzer

- Die Medien liefern Ihnen kein verkleinertes Abbild der Wirklichkeit da draußen, sondern ein verkleinertes Abbild der Änderungen von Tag zu Tag. Was als wichtigste Nachricht des Tages gilt, ist daher relativ, weil »das Wichtigste vom Tage« von den Zufälligkeiten dieser Veränderungen abhängt. An ereignisarmen Tagen rückt nach vorne, was an ereignisreichen Tagen hinten stünde.

- Medien sind nie hundertprozentig objektiv. Zwar gibt es professionelle Regeln für die Auswahl und Gewichtung von Nachrichten, aber es bleibt ein Spielraum, in dem die politische Ausrichtung eines Mediums, die persönlichen Grundüberzeugungen seiner Redakteure, manchmal auch die vermuteten Erwartungen des Publikums und die Interessenlage des Eigentümers einfließen. Gerade weil sich ein Rest Subjektivität der Medienmacher nicht eliminieren lässt, ist garantiert, dass es nie lauter gleichgeschaltete Mainstream-Medien geben kann.

- Die Regeln, nach denen Informationen ausgewählt und gewichtet werden, sind nichts ewig Gültiges. Sie ändern sich mit der Zeit, und Sie als Leser, Hörer, Zuschauer wirken an der Regeländerung mit – durch den Ausschaltknopf, den Kauf einer Zeitung, Ihre Briefe an die Redaktion, Ihre Kommentare in den sozialen Medien.

- Die Welt da draußen ist in Wahrheit viel besser, als sie in den Medien abgebildet wird. Die Presse in einer Demokratie muss vor allem darstellen, was faul ist im Staate Dänemark. Und da immer irgendwo irgendwie etwas faul ist, bleibt für das Positive kaum Platz. Aber: Die Welt besteht nicht nur aus ungelösten oder gar unlösbaren Problemen, sondern auch aus zahlreichen Lösungsversuchen. Die Berichterstattung darüber sollte ausgeweitet werden. Das können Sie fordern.

- Wenn ein Journalist mit einer ganz großen Sache kommt, dann sollten Sie in Betracht ziehen, dass er übertreibt – eine Berufskrankheit der Journalisten. Wenn »der Südpol zerbricht« *(Bild)*, hat sich vielleicht nur ein sehr großer Eisberg gelöst.

- Vorsicht bei Zahlen: Selbst die besten Journalisten versagen manchmal kläglich bei der Interpretation von Statistiken, die sich meist in sehr unterschiedliche Richtungen deuten lassen.

- Kein Medium serviert Ihnen die Wahrheit so, dass Sie sie nur zur Kenntnis nehmen müssen. Darum sollten Sie sich regelmäßig unterschiedlicher Medien bedienen, die Information aus diesen Quellen mit Ihrer Lebenserfahrung abgleichen und Ihrem Spezialwissen verknüpfen und daraus möglichst intelligente Schlüsse ziehen.

- Sapere aude! In der Kant'schen Übersetzung: Wage es, dich deines eigenen Verstandes zu bedienen.

ANMERKUNGEN

1 vgl. Michael Hanfeld, Wrestling bis zum Umfallen, FAZ 03.07.2017

2 Markus Frühauf, Kursrally statt Börsenschock, FAZ, 12.11.2016

3 Norbert Kuls, Hedgefonds-Manager in Amerika, FAZ.NET, 11.11.2016

4 http://www.boersenverein.de/sixcms/media.php/976/Titelproduktion_Erst_und_Neuauflage_final.1818659.pdf

5 https://de.statista.com/statistik/daten/studie/72084/umfrage/verkaufte-auflage-von-tageszeitungen-in-deutschland/

6 lt. Verband Deutscher Zeitschriftenverleger, https://www.youtube.com/watch?v=ueTMR5GV0tQ&t=2s

7 https://de.statista.com/themen/591/radio/

8 Thomas Gutschker, Absturz der Meinungsforscher, FAS, 13.11.2016

9 Vgl. Jürgen Kaube, Die Irrtümer der Wähler-Beschimpfer, FAZ, 10.11.2016

10 Wolf Schneider/Bernd Matthies/Matthias Naß/Christian Nürnberger/Martin Tschechne/Bernd Ziesemer, Unsere tägliche Desinformation. Wie die Massenmedien uns in die Irre führen, Hamburg 1984

11 FAZ, 18.10.2015

12 Spiegel online, 12.01.2017, http://www.spiegel.de/politik/ausland/donald-trump-die-luege-wird-zur-weltordnung-gemacht-kolumne-a-1129673.html

13 Konstantinische Schenkung, Evangelisches Kirchenlexikon (Digitale Bibliothek), S. 7015

14 SZ, 19.05.2010, http://www.sueddeutsche.de/wissen/frage-der-woche-was-war-die-groesste-faelschung-aller-zeiten-1.888156-2

15 http://www.bistumlimburg.de/nc/meldungen/meldung-detail/meldung/kostenrahmen-des-dioezesanen-zentrums-steht-fest.html

16 Jürgen Kaube, Die Realität ist nicht konsenspflichtig, FAZ, 17.01.2017

17 FAS, 09.10. 2016

18 https://web.archive.org/web/20140701075927/http://www.tagesschau.de/wirtschaft/adac-102.html

19 eine gute Dokumentation des Falles unter: http://www.spiegel.de/spiegel/print/d-17976118.html

20 http://www.rbb-online.de/kontraste/ueber_den_tag_hinaus/migration_integration/der_fall_joseph.html

21 Die Zeit, 25.11.2010, http://www.zeit.de/2010/48/S-Sebnitz/komplettansicht

22 Die Zeit, a.a.O.

23 http://www.deutschlandfunk.de/wenn-die-recherche-ausbleibt.862.de.html?dram:article_id=123506

24 http://www.focus.de/kultur/medien/presse-frei-erfunden-nie-gefuehrt_aid_183541.html

25 https://www.heise.de/tp/features/Kummer-ueber-Kummer-3449911.html

26 http://www.hossli.com/articles/2009/02/08/kummer-kummert-wieder/ und https://www.nzz.ch/feuilleton/medien/plagiate-in-weltwoche-und-reportagen-tom-kummers-unlautere-textcollagen-ld.104200

27 http://www.spiegel.de/panorama/justiz/news-of-the-world-skandal-murdochs-handy-hacker-schockieren-die-briten-a-772688.html, vgl. auch in diesem Buch das Kapitel »Wem die Medien gehören«

28 https://www.welt.de/wirtschaft/bilanz/article161301875/

Diesen-Medien-beschert-Donald-Trump-neue-Abonennten.html
29 FAS, 04.06.2017
30 Harald Staun, Verdammtes Glück, FAS, 16.04.2017
31 Staun, a.a.O.
32 alle Zahlen: https://www.welt.de/wirtschaft/bilanz/article161301875/Diesen-Medien-beschert-Donald-Trump-neue-Abonennten.html
33 zit. nach Staun, a.a.O
34 Stephan Weichert, Fake News und Wahlen: Danke, Donald Trump!, https://blmplus.de/fake-news-und-wahlen/
35 Weichert, a.a.O.
36 Jürgen Schmieder, Unpopuläre Populisten, SZ, 31.05.2017
37 Schmieder, a.a.O.
38 Schmieder, a.a.O.
39 Ein Segen für die Medien? Wie Trump ungewollt den Journalismus stärkt, Handelsblatt, 28.02.2017
40 Vgl. zum Beispiel: Die Selbstbediener. Wie bayerische Politiker sich den Staat zur Beute machen, Heyne, 2013; oder: Die Hebel der Macht und wer sie bedient. Parteienherrschaft statt Volkssouveränität, Heyne, 2017
41 Von Island bis Malta: Das Panama-Beben, SZ, 03.04.2017
42 Jahrbuch 2016 Qualität der Medien, https://www.foeg.uzh.ch/de/jahrbuch.html
43 Jahrbuch 2016 Qualität der Medien, Hauptbefunde, https://www.foeg.uzh.ch/dam/jcr:4bf34f40-d9a5-476a-91ee-bdaa427e73de/Hauptbefunde_2016_ohne Sperrfrist.pdf
44 Markus Knöpfli, 22.11.2016, in: http://www.horizont.net/schweiz/nachrichten/Jahrbuch-Qualitaet-der-Medien-2016-Ein-starker-Service-public-foerdert-das-Vertrauen-ins-Mediensystem-144265
45 Dass es vor allem die Jüngeren sind, die sich fast nur aus sozialen Medien informieren und den traditio-nellen Medien misstrauen, belegt ebenfalls die Schweizer Studie
46 Die Zeit, 24. 06.2015

47 http://www.infratest-dimap.de/umfragen-analysen/bundesweit/umfragen/aktuell/glaubwuerdigkeit-der-medien/
48 FAZ, 16.12.2015
49 http://www.br.de/nachrichten/inhalt/br-medien-studie-100.html
50 Zeit online, 25. 01.2017
51 http://www.hausderpressefreiheit.de/Home/Diskurs/Vertrauenskrise-in-den-Medien--Einde-Studie-des-Forschungsschwerpunktes-Medienkonvergenz-der-Johannes-Gutenberg-Universität-Mainz.html
52 a.a.O.
53 Carsten Reinmann/Nayla Fawzi, Eine vergebliche Suche nach der Lügenpresse, Tagesspiegel, 24.01.2016
54 Reinmann/Fawzi, a.a.O
55 Allensbacher Archiv, IfD Umfrage 11062, Repräsentativ-Umfrage unter 1.458 Personen der Bevölkerung ab 16 Jahren
56 Elisabeth Noelle-Neumann, Die Schweigespirale. Öffentliche Meinung – unsere soziale Haut, Langen Müller, 1980
57 Trash-TV. RTL II feiert seinen 20. Geburtstag, Der Spiegel, 10/2013
58 Was guckst du?, Die Zeit, 10.03.2005
59 Henri Nannen, zit. nach Gerd Bucerius, Der angeklagte Verleger, München, 1974, S. 135
60 Michaela Wiegel, Die Kluft zwischen Presse und Politik, FAS, 23. April 2017
61 Ulrich Wickert, Medien: Macht und Verantwortung, Hoffmann und Campe, 2016
62 Wickert, a.a.O.
63 Wickert, a.a.O.
64 lt. https://www.welt.de/print-welt/article681924/Meister-der-Verunsicherung.html
65 Wickert, a.a.O.

66 Wickert, a.a.O.
67 http://www.fazit-stiftung.de/historie.html
68 Tagesspiegel, 09.04.2016, http://www.tagesspiegel.de/medien/das-ende-der-parteikratie-im-zdf-erst-ging-brender-jetzt-geht-die-politik/13425614.html
69 SZ, 25.04.2014, http://www.sueddeutsche.de/medien/urteil-zum-zdf-staatsvertrag-kampfansage-ans-politbuero-1.1921324
70 DLF, 17.06.2015 http://www.deutschlandfunk.de/zdf-staatsvertrag-der-fall-brender-und-die-freiheit-des.724.de.html?dram:article_id=322898
71 Tagesspiegel, a.a.O.
72 Inga Wagner, Informelle politische Kommunikation: Eine Rekonstruktion des Falls Nikolaus Brender, Springer Wissenschaftsverlag, 2016
73 http://www.bundesverfassungsgericht.de/SharedDocs/Entscheidungen/DE/2014/03/fs20140325_1bvf000111.html
74 https://www.zdf.de/zdfunternehmen/zdf-fernsehrat-funktion-vorsitz-und-mitglieder-100.html
75 https://www.zdf.de/zdfunternehmen/zdf-verwaltungsrat-100.html
76 Wickert, a.a.O.
77 Hans Leyendecker/Nicolas Richter, Sex Pistols, SZ, 09.07.2011
78 Wikipedia
79 Leyendecker/ Richter, a.a.O.
80 Gina Thomas, Murdochs Imperium wechselt die Seiten, FAZ, 17.11.2009
81 Gina Thomas, a.a.O.
82 Christian Zaschke, SZ, 25.04.2015
83 Sascha Zastiral, Der Brexit wurde herbeigeschrieben, Zeit online, 5.07.2016 http://www.zeit.de/politik/ausland/2016-07/britische-zeitungen-times-the-sun-brexit-rupert-murdoch
84 Roland Lindner, FAZ, 18.02.2017

85 Roland Lindner, a.a.O.
86 Kathrin Werner, SZ,13.03.2017
87 Kathrin Werner, a.a.O.
88 Roland Lindner, a.a.O.
89 Sacha Batthyany, Chaostage im West Wing, SZ, 18.05.2017
90 Carsten Volkery, Britische Boulevard-Queen vor Gericht, Spiegel online, 20.02.2014 http://www.spiegel.de/kultur/gesellschaft/handy-abhoerskandal-rebekah-brooks-sagt-vor-gericht-aus-a-954756.htm
91 Murdoch-Reporter spähten Brown aus, FAZ, 13.07.2011
92 SZ, 15.05.2014
93 SZ, 22.07.2011
94 Leyendecker/Richter, a.a.O.
95 Der Spiegel, 7.7.2011, http://www.spiegel.de/panorama/abhoeraffaere-murdoch-nimmt-skandalblatt-news-of-the-world-vom-markt-a-773084.html
96 Spiegel online, 24.06.2014
97 SZ, 26.04.2012
98 Stefan Kornelius, Medien mauscheln, Politik pariert, SZ, 05.09.2011
99 Gina Thomas, a.a.O.
100 im Interview mit Stefan Aust und Marcel Rosenbach, »Ich werde alle überraschen«, Der Spiegel, 03.05.2004
101 Aust/Rosenbach, a.a.O.
102 FAZ, 15.12.2006
103 Winand von Petersdorff, Ein Latino-Sender gegen Donald Trump, FAZ, 25.10.2016
104 The Washington Post, 10.12.2016, https://www.washingtonpost.com/politics/univision-chair-a-clinton-donor-urged-campaign-to-hit-trump-on-immigration/2016/10/10/be1d5e44-8f14-11e6-9c52-0b10449e33c4_story.html?utm_term=.486f27e72976
105 http://www.axelspringer.de/artikel/Die-Essentials_40218.html
106 Der Standard, 18.06.2010

107 Der Standard, a.a.O.
108 SRF, 24. März 2017, https://www.srf.ch/news/schweiz/das-wort-zum-freitag
109 SRF, a.a.O.
110 Charlotte Theile, Mann mit Seeblick, SZ, 03.04.2017
111 https://de.statista.com/themen/101/medien/
112 http://meedia.de/2017/01/02/tv-jahr-2016-em-pusht-ard-und-zdf-rtl-prosieben-und-sat-1-mit-schwaechsten-marktanteilen-seit-ueber-20-jahren/
113 https://media.adac.de/print-digital/adac-motorwelt.html
114 knapp zwei Millionen, http://www.horizont.net/medien/nachrichten/IVW-I2016-Auflagen-von-Spiegel-Welt-und-Bild-brechen-zweistellig-ein-139882
115 http://www.wortundbildverlag.de/Verlagsnachrichten/Auflagenzahlen-63581.html
116 https://www.blm.de/files/pdf1/alm_vielfaltsmonitor_1-halbjahr-2016-1.pdf
117 Ulrike Simon, Das sind die größten Medienkonzerne der Welt, Horizont, 11.01.2017, http://www.horizont.net/medien/nachrichten/Ranking-Das-sind-die-groessten-Medienkonzerne-der-Welt-145331
118 https://de.wikipedia.org/wiki/Beteiligungen_der_Axel_Springer_SE
119 http://www.spiegel.de/wirtschaft/unternehmen/uber-axel-springer-verlag-beteiligt-sich-an-fahrdienstvermittler-a-1143820.html
120 http://www.axelspringer.de/presse/Axel-Springer-verkauft-Runtastic-an-Adidas_24097710.html
121 lt. Burkhard Graßmann, BurdaNews-Geschäftsführer, im Interview mit Kress Pro, 06/2017
122 kress, 28.07.2017, https://kress.de/mail/news/detail/beitrag/138228-kress-pro-chefredakteur-markus-wiegand-ueber-digitale-angeber-aus-der-medien branche.html
123 Eine genaue Zahl lässt sich nicht ermitteln, da Angaben der Agenturen aus verschiedenen Zeiten stammen und

manche die Zahl der festangestellten Journalisten und die der freien getrennt angeben, andere sie addieren. Anhaltspunkte zu den einzelnen Agenturen finden sich hier: https://www.afp.com/de/die-agentur/afp-zahlen, https://www.ap.org/about/our-story/, https://www.thomsonreuters.com/en/products-services/reuters-news-agency.html, https://www.dpa.com/de/unternehmen/faq/

124 zit. nach Wolf Schneider, Unsere tägliche Desinformation, Hamburg, 1984, S. 183

125 http://www.sueddeutsche.de/bayern/anruf-beim-zdf-csu-wollte-bericht-ueber-spd-parteitag-verhindern-1.1504207

126 http://www.sueddeutsche.de/bayern/zdf-anruf-seehofer-distanziert-sich-von-csu-sprecher-strepp-1.1505766

127 zitiert nach Bülend Ürük, kress, 02.02.2017

128 Jörg Schindler, Der Lack ist ab, FR, 17.11.1999

129 Schindler, a.a.O.

130 Jana Simon/Stefan Willeke, Missbrauch am Odenwald-Internat. Das Schweigen der Männer, Die Zeit, 25.03.2010

131 Simon/Willeke, a.a.O.

132 SZ, 20.03.2010

133 FR, 16.07.2009

134 http://www.tagesspiegel.de/berlin/dokumentiert-der-brief-des-canisius-rektors/1672092.html

135 Simon/Willeke, a.a.O.

136 Simon/ Willeke, a.a.O.

137 http://www.eurasischesmagazin.de/artikel/Russische-Frauen-ueberleben-ihre-Maenner-um-13-Jahre/20081012

138 Lt. der Bundeszentrale für politische Bildung befindet sich ungefähr die Hälfte der russischen Bevölkerung entweder im Bereich der chronischen oder der situationsabhängigen Armut (http://www.bpb.de/internationales/europa/russland/48264/analyse-armut-in-russland?p=1)

139 http://www.bpb.de/internationales/europa/russland/47954/justizsystem?p=1
140 https://www.dpa.com/de/unternehmen/zahlen-fakten/
141 http://www.bild.de/news/leserreporter/schleswig-holstein/verirrte-schnee-raupe-nur-ein-pr-gag-48968592.bild.html
142 http://www.ndr.de/nachrichten/schleswig-holstein/Pistenbully-auf-Abwegen-war-PR-Aktion, seefeld108.html
143 a.a.O.
144 lt. Merkur, http://www.merkur.de/welt/pistenraupe-im-falschen-seefeld-so-dreist-fuehrte-eine-pr-firma-leser-hinters-licht-zr-7024448.html
145 http://www.ndr.de/nachrichten/schleswig-holstein/Pistenbully-auf-Abwegen-war-PR-Aktion,seefeld 108.html
146 Das Wind-Ei, Stern, 21/1983
147 Jens Tönnesmann, Objektivität von Medien. Verzerrte Welt, Handelsblatt, 29.10.2007
148 Der Spiegel, 28.01.2017
149 Auf dem Spiegel-Titelbild 7/2017
150 in einem Spiegel-Gespräch mit Günter Grass, 19.06.2006
151 http://www.tagesspiegel.de/medien/das-ende-der-parteikratie-im-zdf-erst-ging-brender-jetzt-geht-die-politik/13425614.html
152 http://www.spiegel.de/politik/deutschland/spiegel-affaere-die-chronologie-a-850071.html
153 http://www.spiegel.de/spiegel/print/d-25673830.html
154 Das hatte nach meiner (CN) Erinnerung Wolf Schneider uns Schülern der Hamburger Henri-Nannen-Schule erzählt.
155 Hauptquelle für dieses Kapitel ist die Nichtregierungsorganisation *Reporter ohne Grenzen*, die regelmäßig Ranglisten der Pressefreiheit weltweit veröffentlicht und über Zensur, Pressebehinderung und presse-feindliche Gesetzgebungen berichtet. Weiteres Material findet man unter

https://www.reporter-ohne-grenzen.de/rangliste/2017/ und https://www.reporter-ohne-grenzen.de/deutschland/nahaufnahme/2016/

156 So wird das überall zitiert, nur leider nie mit einer genauen Quellenangabe

157 Sabine Carey/Anita Gohdes, Canaries in a coal-mine? What the killings of journalists tell us about future repression, zit. in der FAS, 04.06.2017

158 FAZ, 21.12.2016

159 https://www.reporter-ohne-grenzen.de/russland/

160 https://www.nzz.ch/international/facebook-regulierung-mit-der-keule-des-gesetzes-ld.151552

161 https://www.nzz.ch/meinung/hasskommentare-im-internet-deutschland-die-zensur-republik-ld.1085869

162 http://www.zeit.de/gesellschaft/2016-04/reporter-ohne-grenzen-pressefreiheit-medien-verschlechterung

163 a.a.O.

164 http://www.presseportal.de/pm/51548/3305625

165 27.03.1995, http://www.spiegel.de/spiegel/print/d-9176410.html

166 #FreeDeniz und der Risikovermeidungsverein ARD, http://www.rnd-news.de/Blog/DieMedienkolumne/Medienkolumne15

167 Der Spiegel, a.a.O.

168 lt. SZ, 17.05.2017

169 http://www.rnd-news.de/Blog/DieMedienkolumne/Medienkolumne16

170 a.a.O.

171 https://www.welt.de/welt_print/politik/article4235636/Als-aus-der-DDR-die-DDR-wurde.html

172 Medium Magazin, 03/2017

173 Siegfried Weischenberg/Maja Malik /Armin Scholl, Die Souffleure der Mediengesellschaft. Report über die Journalisten in Deutschland, UVK 2006

174 Magreth Lünenborg/Simon Berghofer (Institut für Publizistik- und Kommunikationswissenschaft),

Politikjournalistinnen und -journalisten, Berlin 2010, Studie im Auftrag des Deutschen Fachjournalisten-Verbandes (DFJV) und der Gesellschaft für Fachjournalistik Berlin

175 Merlind Theile, Die Herde ist stärker, Zeit online, 19.09.2013, http://www.zeit.de/2013/39/gruene-journalisten

176 Theile, a.a.O.

177 Thomas Meyer, Die Unbelangbaren. Wie politische Journalisten mitregieren, Suhrkamp 2015

178 zitiert nach Brigitte Baetz, Politischer Journalismus in Deutschland, DLF, 06.07.2015, http://www.deutschlandfunk.de/politischer-journalismus-in-deutschland-zweifelhafte-macht.1310.de.html?dram:article_id=324655

179 http://www.berliner-zeitung.de/marietta-slomka-bekommt-hanns-joachim-friedrichs-preis-1361102

180 lt. Heribert Prantl, Journalismus als Schlachtfest, SZ, 15. Mai 2015

181 Baetz, a.a.O.

182 Prantl, a.a.O.

183 Siegfried Weischenberg, Der Schein trügt, Die Zeit, 41/2005

184 https://www.morgenpost.de/kolumne/schumacher/article208702349/Wie-Donald-Trump-mir-die-Augen-oeffnete.html

185 so Michael Thumann in der ZEIT, http://www.zeit.de/politik/2016-11/populismus-volksparteien-afd-rentenerhoehung-polen-5vor8

186 https://www.pro-medienmagazin.de/medien/journalismus/2016/11/13/wegen-trump-springer-verlag-und-andere-ueben-selbstkritik/

187 http://mobile2.bazonline.ch/articles/5825f549ab5c371538000001

188 Jost Kaiser, Wo geht es hier zur Unterschicht?, FAS 4.12.2016

189 Zitat aus »Freaks«, SZ, 09.08.2016
190 »Freaks«, SZ, 09.08.2016
191 Michael Martens, Für immer Türke, FAS, 19.2.2017, http://www.faz.net/aktuell/politik/ausland/kommentar-fuer-immer-tuerke-14885078.html
192 Martens, a.a.O.
193 Martens, a.a.O.
194 Martens, a.a.O.
195 Özlem Topçu, Kann ein Türke objektiv sein?, Zeit online, 22.02.2017, http://www.zeit.de/2017/09/welt-korrespondent-deniz-yuecel-tuerkei-objektivitaet
196 Özlem Topçu, a.a.O.
197 Ciğdem Toprak, Martens hat recht, FAS, 26.02.2017
198 aus: Alice Schwarzer, »Frauenarbeit – Frauenbefreiung« (edition Suhrkamp 1973 – wieder aufgelegt 1985 unter dem Titel »Lohn: Liebe«)
199 Das Zitat entstammt einer alten Notiz von Christian Nürnberger, damals leider ohne Datum und Quelle versehen. Alice Schwarzer teilte uns am 14. August 2017 per Mail mit: Das »Zitat muss aus den ersten Jahren EMMA stammen«. Welcher Jahrgang, welche Nummer, das kann sie leider auch nicht mehr verifizieren, aber zweifellos sei es von ihr.
200 Ulrich Wickert, Medien: Macht und Verantwortung, Hoffmann und Campe, 2016
201 Wickert, a.a.O.
202 vgl. Wolfgang Janisch, Der neue Preis der Ehre, SZ, 13.07.2016
203 Thorsten Denkler, Als moralische Instanz versagt, SZ, 13.12.2011
204 Frank Schirrmacher, Der Kredit des Präsidenten, FAZ, 14.12.2011
205 Hans Mathias Kepplinger, Medienhatz – Wie die Presse Wulff zum Rücktritt zwang, Cicero, 22.01.2014
206 Kepplinger, a.a.O.

207 http://www.journalismus-handbuch.de/muessen-sich-journalisten-bei-wulff-und-ihren-lesern-entschuldigen-nein-warum-auch-4916.html

208 http://www.journalismus-handbuch.de/muessen-sich-journalisten-bei-wulff-und-ihren-lesern-entschuldigen-nein-warum-auch-4916.html

209 SZ, 10.04.2013

210 aus der Rede von Tom Schimmeck zur Jahreskonferenz des Netzwerks Recherche 15.–16.06.2007, https://netzwerkrecherche.org/blog/haltungen-popper-und-moneten-tom-schimmeck-2007/

211 Frank A. Meyer, Rede auf der Jahrestagung des Netzwerks Recherche am 20.05.2006, https://netzwerkrecherche.org/blog/rede-von-frank-a-meyer-2006/

212 Meyer, a.a.O.

213 Tom Schimmeck, a.a.O., Jahreskonferenz des Netzwerks Recherche 2007

214 Jürgen Leinemann, Höhenrausch. Die wirklichkeitsleere Welt der Politiker, Blessing, 2005

215 Jürgen Leinemann, Rede auf der Jahrestagung des Netzwerk Recherche am 04.06.2005 in Hamburg, https://netzwerkrecherche.org/blog/medien-im-hoehenrausch-von-juergen-leinemann-2005/

216 Leinemann, a.a.O.

217 Leinemann, a.a.O.

218 Leinemann, a.a.O.

219 Leinemann, a.a.O.

220 Thomas Leif, Macht ohne Verantwortung. Der wuchernde Einfluss der Medien und das Desinteresse der Gesellschaft, Bundeszentrale für Politische Bildung, 26.05.2002, http://www.bpb.de/apuz/25982/macht-ohne-verantwortung?p=all

221 Oliver Gehrs, »Wir schaffen das (nur die ›Welt am Sonntag‹ nicht)«, Übermedien, 13.06.2017, http://uebermedien.de/16570/wir-schaffen-das-nur-die-welt-am-sonntag-nicht/?utm_campaign=email_login&utm_

content=button&utm_medium=email&utm_source=publisher-uebermedien

222 zitiert nach Gehrs, a.a.O.

223 zitiert nach Gehrs, a.a.O.

224 Frank A. Meyer, a.a.O.

225 Frank A. Meyer, a.a.O.

226 Frank A. Meyer, a.a.O.

227 FAZ, 15.08.2011, http://www.faz.net/aktuell/feuilleton/buergerliche-werte-ich-beginne-zu-glauben-dass-die-linke-recht-hat-11106162.html

228 Stephan Lebert, Journalismus ist der tollste Beruf der Welt, Die Zeit, 12.12.2016, http://www.zeit.de/2016/51/journalismus-kritik-establishment-medien-macht

229 Stephan Lebert, a.a.O.

230 vgl. Kerstin Holm, So lügen Sie mit dem größten Erfolg, FAZ, 27.02.2017

231 DLF, 12.12.2016, http://www.deutschlandfunk.de/sorge-vor-falschinformationen-die-russen-haben-begriffen.694.de.html?dram:article_id=373731

232 ARD, 31.10.2016, https://www.tagesschau.de/inland/social-bots-wahlkampf-101.html

233 Dinah Riese, Die neue Propaganda. Eine Studie untersucht die digitale Meinungsmache, FAZ, 22.06.2017

234 Riese, a.a.O.

235 ZEIT online, 26.02.2017, http://www.zeit.de/2017/09/bundestagswahl-fake-news-manipulation-russland-hacker-cyberkrieg

236 Zeit online, 26.02.2017, a.a.O.

237 FAS, 31.01.2017

238 Niggemeier in seinem Blog vom 05.11.2014, http://www.stefan-niggemeier.de/blog/19716/von-putinverstehern-und-journalistenverstehern/

239 http://www.spiegel.de/politik/ausland/ukraine-tote-bei-feuer-in-odessa-nach-brandstiftung-a-967340.html und https://www.heise.de/tp/features/Die-Tragoedie-von-Odessa-3365129.html

240 FAZ, 03.10.2014

241 FAZ, 01.10.2014

242 Der Spiegel, 23.09.2014, http://www.spiegel.de/kultur/tv/ard-streit-um-ukraine-berichterstattung-a-993304.html

243 Jüdische Allgemeine, 18.09.2014

244 Tagesspiegel, 11.09.2014, http://www.tagesspiegel.de/medien/ukraine-konflikt-im-zdf-hakenkreuz-und-ss-rune-protest-von-zuschauern/10685462.html

245 Tagesspiegel, 18.09.2014, http://www.tagesspiegel.de/medien/ukraine-konflikt-ard-kritisiert-ard/10720438.html

246 Inzwischen hat der Beamte alle Posts gelöscht, aber zu finden ist der Sachverhalt noch unter meedia.de/2015/04/01/sie-kennen-die-wahrheit-nicht-herr-diekmann-der-wut-brief-des-ober-kriminalers-an-den-bild-chef/

247 27.03.2015, http://www.faz.net/aktuell/gesellschaft/absturz-in-den-alpen/warum-faz-net-das-bild-von-andreas-lubitz-zeigt-13509080.html

248 Blumencron, a.a.O.

249 Mika Baumeister, Umgang der Medien mit Schülern und Angehörigen in Haltern, http://meistergedanke.de/2015/umgang-der-medien-mit-schuelern-und-angehoerigen-in-haltern/43, alle weiteren Zitate ebenfalls aus diesem Brief

250 Gerhard Paul, Die Geschichte hinter dem Foto. Authentizität, Ikonisierung und Überschreibung eines Bildes aus dem Vietnamkrieg, Zeithistorische Forschungen, Heft 2/2005, http://www.zeithistorische-forschungen.de/2-2005/id%3D4632

251 http://www.presseportal.de/blaulicht/pm/12415/3214905

252 a.a.O.

253 Was geschah wirklich? Zeit Magazin, 28.06.2016, http://www.zeit.de/zeit-magazin/2016/27/silvester nacht-koeln-fluechtlingsdebatte-aufklaerung

254 Der Spiegel zum Untersuchungsbericht zur Kölner Silvesternacht 2015, 31.03.2017, http://www.spiegel.de/

panorama/justiz/koeln-bericht-ueber-silvester-2015-belastet-polizei-und-stadt-a-1141368.html

255 SZ, 01.04.2017; vgl. zu den Fehleinschätzungen und Fehlentscheidungen der Polizei auch http://www1.wdr.de/nachrichten/landespolitik/pua-silvesternacht-abschlussbericht-100.html

256 SZ, 01.04.2017

257 Tagesspiegel, 07.01.2016, http://www.tagesspiegel.de/medien/kritik-an-den-medien-wegen-koeln-bericht erstattung-schweigekartell-und-nachrichtensperren/12797422.html

258 http://www.tagesspiegel.de/medien/kritik-an-den-medien-wegen-koeln-berichterstattung-schweigekartell-und-nachrichtensperren/12797422.html

259 http://www.rp-online.de/nrw/panorama/koeln-serienweise-uebergriffe-auf-frauen-am-bahnhof-aid-1.5665055

260 lt. Christian Meier, Die Welt, 07.01.2016, https://www.welt.de/kultur/article150753534/Der-brand gefaehrliche-Vorwurf-des-Schweigekartells.html

261 lt. SZ, Warum die Medien so spät über Köln berichteten, 07.01.2016

262 http://www.bild.de/regional/koeln/sexuelle-belaestigung/sexuebergriffe-koeln-vierzig-taeter-43997892.bild.html

263 SZ, 07.01.2016, a.a.O.

264 https://www.facebook.com/ZDFheute/photos/a.275406990679.144521.112784955679/10153865883565680/?type=3

265 Tagesspiegel, 20.01.2016, im Interview mit Joachim Huber, http://www.tagesspiegel.de/medien/medien wissenschaftler-bernhard-poerksen-zu-koeln-die-simulation-von-einordnung-laesst-einen-froesteln/12851788.html

266 Safranski im Interview in: Die Weltwoche, 52/2015, http://www.weltwoche.ch/ausgaben/2015-52/

politischer-kitsch-die-weltwoche-ausgabe-522015.html
267 https://www.welt.de/politik/deutschland/article 146941915/Deutschland-fluten-Da-moechte-ich-gefragt-werden.html
268 02.10.2015
269 http://www.faz.net/aktuell/feuilleton/medien/bilanz-der-berichterstattung-zu-fluechtlingen-14416314.html
270 FAZ, 06.11.2015, http://www.faz.net/aktuell/feuilleton/merkel-in-der-fluechtlingskrise-willkommens-journalismus-bis-zum-abwinken-13896405.html
271 Der Spiegel, 05.01.2015
272 taz, 05.01.2016
273 https://de-de.facebook.com/JakobAugstein/posts/1072466122798315:0
274 Vgl. zum Beispiel: Was geschah wirklich? Zeit Magazin, 28.06.2016 http://www.zeit.de/zeit-magazin/2016/27/silvesternacht-koeln-fluechtlingsdebatte-aufklaerung
275 Robert Gernhardt, Der letzte Zeichner. Aufsätze zu Kunst und Karikatur, Frankfurt am Main 2001
276 kress, 28.06.2017, https://kress.de/mail/news/detail/beitrag/137993-hans-mathias-kepplinger-journalisten-sind-keine-luegner-aber-glaeubige-die-ihre-sicht-fuer-die-wahrheit-halten.html
277 http://uebermedien.de
278 http://www.bildblog.de/
279 abgeordnetenwatch.de
280 campact.de
281 compact-online.de
282 https://krautreporter.de/
283 https://www.project-r.construction, https://www.republik.ch, https://www.republik.ch/crowdfunding
284 https://merkurist.de
285 https://netzwerkrecherche.org
286 http://www.mimikama.at
287 http://www.stopfake.org

288 Michael Konken zur Finanzierung von Journalismus: Ein Paradigmenwechsel, inszeniert von Journalisten und Politik, muss her, kress, 28.07.2017, https://kress.de/news/detail/beitrag/138229-michael-konken-zur-finanzierung-von-journalismus-ein-radikaler-paradigmenwechsel-inszeniert-von-journalisten-und-politik-muss-her.html

289 kress, a.a.O.

290 Kai Strittmatter, Punkteregime. Schuld und Sühne, SZ 20.05.2017

291 Strittmatter, a.a.O.

292 Strittmatter, a.a.O.

PERSONENREGISTER

T

U

V

W

X

Y

Z